# 律师执业风险
# 管控研究

蒋登科◎著

中国民主法制出版社

**图书在版编目(CIP)数据**

律师执业风险管控研究/蒋登科著. —北京:中

国民主法制出版社,2023.8

ISBN 978-7-5162-2922-4

Ⅰ.①律… Ⅱ.①蒋… Ⅲ.①律师业务 – 风险管理 –

研究 – 中国 Ⅳ.①D926.5

中国版本图书馆 CIP 数据核字(2022)第 167571 号

**图书出品人:**刘海涛
**出 版 统 筹:**石 松
**责 任 编 辑:**翟琰萍 甄亚平

---

**书名/**律师执业风险管控研究
**作者/**蒋登科 著

---

**出版·发行/**中国民主法制出版社
**地址/**北京市丰台区右安门外玉林里 7 号(100069)
**电话/**(010)63055259(总编室) 63058068 63057714(营销中心)
**传真/**(010)63055259
**http://** www.npcpub.com
**E-mail:**mzfz@ npcpub.com
**经销/**新华书店
**开本/**16 开 710 毫米 × 1000 毫米
**印张/**18.5 **字数/**281 千字
**版本/**2023 年 8 月第 1 版 2023 年 8 月第 1 次印刷
**印刷/**三河市宏图印务有限公司

---

**书号/**ISBN 978-7-5162-2922-4
**定价/**59.00 元

# 序
# 中国律师如何走向新时代?

作为曾经的"中国律师打工者",也作为后来的"中国律师志愿者",更作为当下的"中国律师观察员",在2022年国庆大喜的日子里,我很欣喜地读到了一部有关中国律师未来的专著。

这部专著就是来自湖南人和人律师事务所蒋登科律师的《律师执业风险管控研究》,可以说,不简单、不容易、不平凡。

谁也无法否认,目前的中国律师业渐渐成了一个人人渴望跻身挑战一番的黄金行当,一种个个希望抓住机会拼搏一回的利好职业。众所周知,中国律师业的确经历了一个从无到有、从小到大、从少到多的艰辛而漫长的过程。从20世纪50年代的昙花一现到70年代末的恢复重建,从80年代的艰难探索到90年代的改革创新,从21世纪初的红红火火到党的十八大之后的有声有色,中国律师业的确出现了日新月异的发展变化。其中值得大书特书的是两个时间节点:一是1992年初邓小平南方谈话后,司法部适时推出的"重中之重"律师改革举措掀起的律师发展浪潮;二是2012年党的十八大之后,律师管理体制走向新时代的加速度发展成就。

别的不说,单从律师发展规模就可以看出我国律师制度恢复重建43年来的发展成就。1996年,中国律师首次突破10万人;2000年,为11万余人;2010年,突破20万人;2013年,突破25万人;2016年,突破30万人;2018年,突破40万人;2020年底,突破52万人;预计2022年底,中国律师人数将突破60万人。

由上可见,从1979年恢复律师制度到1996年《中华人民共和国律师法》颁布,人数首次突破10万大关,用了17年;突破第二个10万,用了14年;突破第三个10万,用了6年;突破第四个10万,仅用了2年;突破第五个10万,也用了2年;第六个10万的突破,还不到2年。

如果以10年为周期来分析,我们发现从2012年底到2022年底,我国律师在党的十八大以来这10年总人数增长了40万。近5年，中国律师行业从业人数每年更是以10%以上的速度递增。按照目前每年5万人的递增速度，2030年前后中国律师人数可能超过100万人。根据司法部发布的《2021年度律师、基层法律服务工作统计分析》，截至2021年底，全国共有执业律师57.48万人。律师人数超过1万人的省（区、市）有22个，其中超过3万人的省（市）有7个（分别是广东、北京、江苏、上海、山东、浙江、四川）。其中，广东省的律师人数在全国率先突破6万，目前已达6.5万，仍是全国第一律师大省。

面对发展如此风光的行业、人数如此众多的群体，有谁看到了其中隐含的诸多问题？对于这些问题，我们应该如何面对和应对？

20年前，时任《中国律师》杂志总编辑的我撰写了一篇题为《救亡与图存：中国律师业面临十大难题》的文章，刊发在2002年第11期《中国律师》杂志上。我在文中提出了如下十个问题：一是职业定位：在野法曹？自由职业？二是市场秩序：既要安内，又要攘外；三是执业环境：法外有法，难上加难；四是管理体制：给谁松绑？谁唱主角？五是内部管理：案头必备，心头必虑；六是执业机构：三分天下，分久必合；七是组织结构：扩编扩军，迎接挑战；八是队伍素质：既要数量，更要质量；九是职业形象：一言一行，生死攸关；十是责任赔偿：纠正过错，提高信用。风光背后，必定有风险。其中最后一点有关"责任赔偿"的分析，就是关于律师执业风险的预警。

当年的我感觉到了律师发展风光背后的风险，今天的蒋登科律师同样也意识到了这个执业风险。从这个意义上说，蒋登科律师推出的这部专著，应当是对这十大难题的完美概括。现在看来，有的难题已是现在完成时，有的难题属于正在进行时，有的难题即将走向未来完成时。

我之所以说蒋登科律师这部专著不简单、不容易、不平凡，是因为从研究内容看，这既是一部总结过去、展望未来的专著，也是一部研究政策、寻找对策的专著，更是一部以案说法、以案说责的专著；从研究方法看，这部专著历史研究有高度，文献研究有深度，实证研究有力度；从研究效果看，对司法行政管理是建言献策，对律师行业管理是献计献策，对律师内部管理是出谋划策。

从历史研究方法看，这是一部总结过去、展望未来的专著。作者本着把握历史脉络、找到发展规律的思路，从律师执业风险管控视角切入，折射中国律师业40多年来的发展成就。为此，作者提出了时代之题、社会之需、司法之急、律协之难、律所之愁、律师之盼等诸多既是理论也是实践、既是管理也是业务、既是高层也是基层的实际问题。在作者看来，从过去到现在，从当下到未来，都是在面对这些问题基础上一步一步不断改革的，都是在应对这些问题基础上一步一步不断发展的。由此而来，在新时代走向全面依法治国总目标的道路上，如何解决完善律师执业保障机制、健全律师执业管理制度、加强律师队伍建设、充分发挥律师在全面依法治国中的重要作用，同样是一个更加严峻的挑战、更加光荣的使命。

从文献研究方法看，这是一部研究政策、寻找对策的专著。许多律师经常引用我曾经说过的一段话：律师这个职业，其实是一个看起来很美、说起来很烦、听起来很阔、做起来很难的职业。其实我想表达的就是，律师执业不仅很难，而且还很险。这个"险"，既有律所管理之险，也有律师管理之险。本书作者通过对多达87部法律、法规和文件的研究，全面梳理了有关律师执业风险的来龙去脉，系统分析了有关律师执业风险管控的前因后果，深入论证了律师执业风险管控的天经地义。显然，作者的逻辑思路是，既要研究政策，更要找到对策。"烦"也好，"难"也罢，最终只要能够实现有效的风险管控，就是最有效的管理与最有用的治理。

从实证研究方法看，这是一部以案说法、以案说责的专著。经过历史回顾与资料分析，作者将我国近年来发生的有关律师执业风险典型案例纳入了研究视野。通过法官贪腐案牵扯出的律师向法官行贿案、律师代理牵扯出的参与虚假诉讼案、债券欺诈发行引发的天价赔偿案等实案分析，指出了律师执业面临的刑事责任风险与民事责任风险，提出了律师执业风险管控的底线、边线、高压线，理出了律师执业风险的非规制管控方向。通过实证研究，作者认为，我国恢复律师制度已经40多年了，随着社会的进步、法治的完善，律师的执业环境得到了较大的改善。从律师执业风险管控角度看，原有的风险诱因已经出现了变化，律师因为刑法第306条规定被追究刑事责任的情形已经越来越少了，但律师向法官行贿的情况却愈演愈烈，值得重点研究与管控。

看起来，律师是一个很风光的职业，但事实上却又是一个高风险的行业。如果仿照"股市有风险，投资需谨慎"来造句，有人说"地球很危险，人类需谨慎"；蒋登科律师会说"律师有风险，入行需谨慎"。无论是大所还是中小所，不论是资深律师还是年轻律师，都需要面对这个问题。

从我多年观察来看，确实言之有理，也言之有据。律师们虽然外表光鲜，却时时处处面临风险。一支60万人的队伍如何管理，一个60万人的群体如何服务，一种60万人的行业如何管控风险，值得司法行政部门更加重视，值得行业协会特别重视，值得3万多家律师事务所非常重视。

蒋登科在本书中以律师执业之险破题立意，通过界定风险之义，探讨风险之源，区分风险之类，寻找风险之因，研究风险之控，应对风险之变，最终推出了这部既有学术价值又有专业内涵的专著。格外高兴而欣慰的是，这样一部优秀专著将在我供职的中国民主法制出版社重点推出。

中国律师如何走向新时代？作者最后得出结论，只要坚持律师执业风险的规制管控与非规制管控的有机统一，坚持"严管"与"厚爱"齐抓，"举旗"与"亮剑"并重，中国的律师执业就一定会拥有辉煌的未来，就一定能走向更有作为更有地位的新时代。

从问题到破题，从困惑到解惑，从管理到管控，这部专著为我们提供了一个值得借鉴与参考的方案，这个方案究竟怎么理解，打开本书就可以一目了然。

是以为序。

刘桂明
2022 年国庆节

# 前　言

笔者从事律师行业多年，对律师执业的深切感受，不自今日始；对律师执业风险的了解，也不自今日始；对律师执业风险管控的认识，更不自今日始。

然而，在中国律师制度已恢复四十多年的今天，我和我的不少律师同行却不无遗憾地发现，现今律师界，对律师执业风险具有一定学术认知的论著却并不多见。在这些并不多见的论著里，对律师执业风险及其管控方面，能够多角度、宽视野、深层次地进行分析研究的论著更是凤毛麟角。这些不多的论著，还有一个共同特征，就是对律师执业风险管控的研究，还基本停留于司法行政机关通过法律规范，对律师事务所和执业律师的行政处罚；以及律师协会通过行业规范和惩戒规则，对律师事务所和执业律师的行业惩戒层面。

对律师事务所和执业律师违反法律规范和行业规范的"合规"管理或"规制"管控，是否为律师执业风险唯一的管控之路，笔者不敢妄下结论。然而，全国政协委员、全国律师行业党委委员、中华全国律师协会监事长吕红兵先生在《中国律所访谈：四十周年纪念版（上册）》中的一句话，却引人深思。他说："衡量一个行业的成熟度，可以把握两个标准：一个是规范、完善的自律规则体系；另一个是有底线、能包容的行业文化建设。一个具有近四十年恢复并发展的历史，一个拥有近四十万成员的队伍，一个发展速度超过国际经济发展指标的行业，是迫切需要加强文化建设、培育职业精神的。有一句谚语说，当我们走得太快的时候，要停下来等一等我们的灵魂；另有学者说，我们的路走得太远太快，但忘记了为什么出发。因此，我们应倡导并践行'忠诚''为民''正义''明法''厚德'的价值观，当社会良心，做道德之师。"在《让律师文化成为事业发展的核心竞争力（下）》（《中国律师》2019 年第 10 期总第 348 期）一文中，他更进一步提出："时代需要航标，社会需要榜样，思想需要先导，文化需要弘扬。运用榜样的力量弘扬核心价值观和行为准则，以感人至深的先进事迹和崇高精神感染人、激励人、凝聚人，这是文化建设的关键所在。"

吕红兵先生所说的文化建设，在笔者看来，绝不是狭义的文化建设，而是广义的文化建设，是大文化建设。它不但包括人的文化素养，还应该包括人的理想信念、法治信仰、伦理道德、价值观念和人生境界。与司法行政机关的行政处罚和律师协会的行业惩戒等惩罚性的规制管控相比较，这六大示范引领对于律师执业风险的管控，虽然更为无形，但却更为深沉，更为根本，也更为久远。这种管控，笔者称之为非规制管控。如果将行政处罚与行业惩戒等惩罚性的规制管控，与示范引领性的非规制管控有机结合、有机统一起来，将会在律师执业风险的管控中，发挥更加有力的作用。这一有机结合与有机统一所产生的作用，既符合目前律师执业风险管控的实际情况，也更能达到司法部在律师执业维权惩戒方面所提出的"严管与厚爱齐抓""举旗与亮剑并重"的效果。更具体地说，就是不忘初心、牢记使命，发挥党建对律师维权惩戒工作的引领作用，实现律师维权惩戒工作"加强党建，保障权利，守住底线，发挥作用"的总体效果。

以上，谨为笔者撰写《律师执业风险管控研究》一书的心路历程。

蒋登科

2022 年 7 月

# 目　录

# 第一章 律师执业风险管控问题的提出

## 第一节 时代之题

马克思说:"问题就是时代的声音。"习近平总书记指出:"问题是创新的起点,也是创新的动力源。只有聆听时代的声音,回应时代的呼唤,认真研究解决重大而紧迫的问题,才能真正把握历史脉络,找到发展规律,推动理论创新。"

### 一、正确认识社会主要矛盾的变化

党的十八大以来,在以习近平同志为核心的党中央领导下,中国特色社会主义进入了新时代。然而,人类总是在解决旧问题中进入新时代,而新时代又面临着新问题。要解决新时代出现的新问题,首先必须要认清新时代社会主要矛盾的变化。

习近平总书记在党的十九大报告中明确指出:"中国特色社会主义进入新时代,我国社会主要矛盾已经转化为人民日益增长的美好生活需要和不平衡不充分的发展之间的矛盾。"这是一个意义非常重大而深远的新判断。

"正确认识和把握我国在不同发展阶段的社会主要矛盾,是确定党和国家中心任务,推动社会发展进步的重要前提。对于我国社会主要矛盾,从党的八大指出'人民对于经济文化迅速发展的需要同当前经济文化不能满足人民需要的状况之间的矛盾',到党的十一届三中全会指出'人民日益增长的物质文化需要同落后的社会生产之间的矛盾',再到党的十九大阐明我国社会主要矛盾发生的重大变化,以习近平同志为核心的党中央作出了一个根本性、全局性的重大判断。"①

---

① 范毅:《创新驱动县乡财政转型对接研究》,知识产权出版社 2019 年版,第 134~135 页。

我国已经进入新时代，新时代的社会主要矛盾已经演变为"人民日益增长的美好生活需要和不平衡不充分的发展之间的矛盾"。人民对于美好生活的需要不仅体现在传统意义的物质文化层面，而且不同领域法律服务需要也是人民对于美好生活需要的组成部分，法律服务领域也同样存在发展不平衡、不充分的问题。

"理论是实践的先导，思想是行动的指南。习近平新时代中国特色社会主义思想蕴含着丰富的马克思主义思想方法和工作方法，既是世界观、历史观，也是认识论、方法论；既讲是什么、为什么，又讲怎么办、怎么干，为推进新时代律师事业改革发展、广大律师执业活动提供了先进理论武器和科学思想指引。"[①]

## 二、全面推进依法治国总目标与律师制度改革

### 1. 全面推进依法治国总目标必须进一步改革完善律师制度

依法治国是坚持和发展中国特色社会主义的本质要求和重要保障，是实现国家治理体系和治理能力现代化的必然要求。党的十八届四中全会审议通过的《中共中央关于全面推进依法治国若干重大问题的决定》，明确提出全面推进依法治国的总目标，即建设中国特色社会主义法治体系，建设社会主义法治国家。

全面推进依法治国是一个系统工程，涉及立法、执法、司法、守法等各个方面，涉及中国特色社会主义事业"五位一体"总体布局的各个领域，必须加强顶层设计、统筹谋划，在实际工作中必须有一个总揽全局、牵引各方的总抓手，围绕这个总抓手来谋划和推进依法治国各项工作。这个总抓手就是建设中国特色社会主义法治体系。《中共中央关于全面推进依法治国若干重大问题的决定》针对我国法治建设面临的突出矛盾和问题，体现推进各领域改革发展对提高法治水平的迫切要求，从法律规范体系、法治实施体系、法治监督体系、法治保障体系和党内法规体系等方面对法治体系建设提出目标要求，从依法治国、依法执政、依法行政共同推进和法治国家、法治政府、法治社会一体建设方面对法治中国建设作出战

---

① 期刊评论员：《用科学思想指导新时代律师事业改革发展》，载《中国律师》2019 年第9 期。

略部署和总体安排。

全面依法治国不仅是"四个全面"战略布局的重要组成部分，也是协调推进"四个全面"战略布局的基础和保障。律师是全面依法治国的重要力量，在建设社会主义法治国家中，承担着维护当事人合法权益、保障法律正确实施、促进社会公平正义的重要职责使命。加强宪法实施、提高立法质量，需要律师发挥自身优势，推动提高科学立法、民主立法水平。推进依法行政、建设法治政府需要更多律师参与其中，促进政府提高依法决策水平。保证司法公正、提高司法公信力，需要律师履行好辩护代理职责，发挥好在审判活动中的职能作用。增强全民法治观念、推进法治社会建设，需要更多律师参与普法工作，促进全社会增强厉行法治的自觉性。全面依法治国，推进科学立法、严格执法、公正司法、全民守法，都对律师工作提出了新的更高要求，需要通过深化律师制度改革，坚持和完善中国特色社会主义律师制度，进一步保障律师执业权利，规范律师执业行为，加强律师队伍建设，更好地发挥律师在全面依法治国中的作用，为全面依法治国提供强有力的支撑。

党的十八大以来，以习近平同志为核心的党中央将全面依法治国纳入"四个全面"战略布局，明确习近平法治思想在全面依法治国中的指导地位，作出一系列重大决策部署，将律师工作摆在全面依法治国的重要位置统筹推进。

习近平总书记高度重视律师在全面依法治国中的作用，多次对律师工作作出重要指示，提出明确要求，强调律师队伍是依法治国的一支重要力量，要把拥护中国共产党领导、拥护我国社会主义法治作为从业基本要求，坚持正确政治方向，依法规范诚信执业，认真履行社会责任，满腔热忱投入社会主义法治国家建设。

2013 年 11 月，党的十八届三中全会把改革完善律师制度作为全面深化改革的重要内容作出部署。

2014 年 10 月，党的十八届四中全会通过《中共中央关于全面推进依法治国若干重大问题的决定》，从依法治国全局高度对加强新时期律师工作和律师队伍建设作出部署。

2015 年 9 月，中央全面深化改革领导小组第十六次会议审议通过了《关于深化律师制度改革的意见》，明确了深化律师制度改革的指导思想、基本原则、发展目标，从完善律师执业保障机制、健全律师执业管理制度、加强律师队伍建设、充分发挥律师职能作用等方面作出全面部署。

2016 年 5 月，中央全面深化改革领导小组第二十四次会议审议通过了《关于发展涉外法律服务业的意见》，明确提出要建立一支通晓国际规则、具有世界眼光和国际视野的高素质涉外律师人才队伍，建设一批规模大、实力强、服务水平高的涉外法律服务机构。

2019 年 10 月，党的十九届四中全会从坚持和完善中国特色社会主义制度、推进国家治理体系和治理能力现代化的高度，对完善中国特色社会主义律师制度提出明确要求。

2020 年 12 月以来，党中央先后印发《法治社会建设实施纲要（2020—2025 年)》《法治中国建设规划（2020—2025 年)》《法治政府建设实施纲要（2021—2025 年)》，统筹谋划和推进全面依法治国，对充分发挥律师在全面依法治国中的作用作出具体部署。[①]

**2. 进一步完善律师制度改革要重点解决的问题**

（1）完善律师执业保障机制

为完善律师执业保障机制，2016 年 6 月，中共中央办公厅、国务院办公厅印发《关于深化律师制度改革的意见》，提出了六个方面的措施。

一是保障律师诉讼权利。制定保障律师执业权利的措施，强化诉讼过程中律师的知情权、申请权、申诉权等各项权利的制度保障，严格依法落实相关法律赋予律师在诉讼中会见、阅卷、收集证据和发问、质证、辩论等方面的执业权利。完善律师收集证据制度，律师办理诉讼和非诉讼法律业务，可以依法向工商、公安、海关、金融和不动产登记等部门调查核实有关情况。

二是完善便利律师参与诉讼机制。律师进入人民法院参与诉讼确需安全检查的，应当与出庭履行职务的检察人员同等对待。完善律师会见室、阅卷室、诉讼服务中心、专门通道等接待服务设施，规范工作流程，方便律师办理立案、会见、阅卷、参与庭审、申请执行等事务。

三是完善律师执业权利救济机制。对阻碍律师依法行使诉讼权利的，

---

① 蔡长春、张晨：《深入学习贯彻习近平法治思想　奋力谱写律师事业发展新篇章——党的十八大以来我国律师事业发展综述》，载《法治日报》2021 年 10 月 11 日。

有关司法机关要加强监督，依法启动相应程序予以纠正，追究相关人员责任。律师因依法执业受到侮辱、诽谤、威胁、报复、人身伤害的，有关机关应当及时制止并依法处理。

四是建立健全政府购买法律服务机制。将律师担任党政机关和人民团体法律顾问、参与信访接待和处理、参与调解等事项统筹列入政府购买服务目录。

五是研究完善律师行业财税和社会保障政策。推行律师事务所和律师强制职业责任保险。

六是优化律师执业环境。严肃查处假冒律师执业的行为，明确对假冒律师执业的，依法追究刑事责任。

（2）健全律师执业管理制度

《关于深化律师制度改革的意见》对健全律师执业管理制度提出了五个方面的要求。

一是健全律师执业行为规范。进一步完善规范律师执业行为的规章和行业规范，制定律师会见在押人员和参与庭审应当遵守的规定及惩戒办法，完善律师和律师事务所违法行为处罚办法、律师协会会员违规行为处分规则，依法规范律师与司法人员、司法行政人员的接触交往行为。

二是严格执行执业惩戒制度。建立健全投诉受理、调查、听证处理等工作程序，加强行政处罚和行业惩戒的工作衔接。完善处罚种类。对因违法违纪被吊销执业证书的律师，终身禁止从事法律职业。实行律师不良执业信息记录披露和查询制度，及时发布律师失信惩戒信息。定期发布被注销、吊销律师执业证书人员的公告。

三是完善职业评价体系。健全律师事务所年度检查考核和律师年度考核制度，完善律师职业水平评价制度，形成优胜劣汰的激励约束机制。

四是健全执业管理体制。坚持和完善司法行政机关行政管理和律师协会行业自律管理相结合的律师工作管理体制。司法行政机关要切实履行对律师、律师事务所和律师协会的监督、指导职责，强化市、县两级司法行政机关日常监督职能。健全司法行政机关查处工作管辖机制，完善律师到注册地以外的地方执业管理机制，规范对异地执业的管理。加强司法行政机关律师管理力量，强化管理职责。加强律师协会建设，发挥好党和政府联系广大律师的桥梁纽带作用，依法依章程履行行业管理职责，提高行业自律管理能力，维护律师合法权益，健全自律规范体系，规范律师执业行为。加强律师事务所管理，建立科学的律师事务所管理结构，探索律师事务所设立专职管理合伙人。完善律师事务所及其负责人责任追究制度。

五是健全跨部门监管协调机制。司法行政机关会同有关部门完善信息共享和工作协调机制，及时发现问题，研究提出解决意见。建立司法行政机关、律师协会就律师遵守职业道德、执业纪律情况征求意见的工作机制。建立有关机关根据律师在办案中的执业表现向司法行政机关、律师协会提出处理建议的工作制度。

（3）加强律师队伍建设

围绕加强律师队伍建设，《关于深化律师制度改革的意见》提出以下措施。

一是加强思想政治建设。坚持把思想政治建设摆在首位，始终坚持把拥护中国共产党领导、拥护社会主义法治作为律师从业的基本要求，增强广大律师走中国特色社会主义法治道路的自觉性和坚定性。加强法治文化建设，培育中国特色社会主义律师执业精神。

二是加强职业道德建设。每名律师每年接受不少于 12 课时的职业道德培训，量化考核标准，实现律师职业道德教育经常化、制度化。推进律师执业信息公开，建立全国律师信息查询系统，建立中国律师诚信网，完善律师行为信用记录制度，纳入全国统一的信用信息共享交换平台。

三是加强业务素质建设。大力加强律师教育培训工作，促进专业分工。建立律师事务所导师制度，严格实习考核。加强国家律师学院和律师教育培训基地建设。

四是加强律师行业党的建设。健全完善行业党建工作管理体制，不断巩固和扩大党的组织和工作覆盖面。建立完善律师事务所党组织在事务所决策、规范管理、违法违规惩戒中发挥作用的工作机制。进一步做好发展党员工作，努力提高律师队伍中党员的比例。

五是完善律师队伍结构。完善律师业务结构，建设通晓国际法律规则、善于处理涉外法律事务的涉外律师人才队伍。统筹城乡、区域律师资源，建立激励律师人才跨区域流动机制，解决基层和欠发达地区律师资源不足问题。积极发展公职律师、公司律师队伍，构建社会律师、公职律师、公司律师优势互补、结构合理的律师队伍。各级党政机关和人民团体普遍设立公职律师，企业可设立公司律师。针对公职律师、公司律师的职业特点，明确其法律地位及权利义务。

六是建立健全律师人才培养选用机制。将律师作为专门人才纳入国家中长期人才发展规划。加大各级立法机关、人民法院、人民检察院从符合条件的律师中招录立法工作者、法官、检察官的力度，积极推荐优秀律师参政议政，担任各级人大代表、政协委员，鼓励优秀律师通过公开选拔、公务员录用考试等途径进入党政机关。

（4）充分发挥律师在全面依法治国中的重要作用

为充分发挥律师在全面依法治国中的重要作用，《关于深化律师制度改革的意见》明确以下五个方面。

一要充分发挥律师在立法、执法、司法、守法中的重要作用。建立健全律师参与法律法规的起草、修改等工作的制度性渠道，促进科学立法。按照普遍建立法律顾问制度的要求，吸纳律师担任各级党政机关、人民团体、企事业单位法律顾问。引导律师认真做好案件辩护代理工作，促进司法公正。建立律师以案释法制度，在执业过程中传播社会主义法治理念和权利义务观念。

二要充分发挥律师在维护社会和谐稳定中的重要作用。重视运用律师诉讼和非诉讼法律服务手段，参与信访接待和处理。逐步实行对不服司法机关生效裁判、决定的申诉由律师代理制度。完善律师参与诉前、诉中调解制度，加强律师参与物业纠纷、医患纠纷、损害赔偿纠纷等领域的专业调解。

三要充分发挥律师在依法管理经济社会事务中的重要作用。加强市场经济专业领域法律服务工作，鼓励和支持律师为银行、证券、保险、环境保护等领域提供专业法律服务，把律师专业意见作为特定市场经济活动的必备法律文书。

四要充分发挥律师在服务和保障民生中的重要作用。推进覆盖城乡居民的公共法律服务体系建设，加强民生领域法律服务。发展公益法律服务机构和公益律师队伍，推动法律服务志愿者队伍建设。加强律师参与法律援助工作，明确规定律师每年承办法律援助的工作量。建立法律援助值班律师制度。

五要加强涉外法律服务工作。支持律师事务所设立境外分支机构，支持律师事务所承接跨国跨境业务。鼓励、支持我国律师参与国际民商事法律组织、仲裁机构活动并担任职务。到 2020 年，建设一批规模大、实力强，具有国际竞争力和影响力的律师事务所。

"律师制度改革被上升至战略高度，是关乎新一轮司法改革能否取得预期效果的重要因素。推进律师制度改革，是进行司法体制改革的应有之义，也是建设中国特色社会主义法治体系的重要途径。"毋庸置疑，《关于深化律师制度改革的意见》"是律师制度改革的顶层设计，对推动中国律师行业健康稳定发展发挥着举足轻重的作用。《意见》以高屋建瓴之势，以力除我国律师行业痼疾为目标，充分彰显了党中央全面深化司法体制改革的精神"。[①]

我国律师制度是社会主义法律制度的重要组成部分，坚持和完善中国特色社会主义律师制度是推进全面依法治国的客观需求。党的十八大以来，律师制度改革取得重要成果。先后修订和出台了《中华人民共和国律师法》《关于依法保障律师执业权利的规定》《律师执业管理办法》《律师事务所管理办法》，律师规章制度和政策体系进一步健全完善。《中华人民共和国刑事诉讼法》（简称《刑事诉讼法》）、《中华人民共和国律师法》（简称《律师法》）等法律的修订，推动了律师执业权利保障制度和措施不断健全。《关于依法保障律师执业权利的规定》的出台，强化了律师的知情权、辩护辩论权、申请权，以及会见、阅卷、调查取证等执业权利，是律师执业权利的制度保障。

"律师执业权利在制度层面和司法程序中得到了越来越多的保障，广大律师也因此在司法纠纷的解决及其他法律服务中发挥了更大的作用，扮演着日益重要的角色。如今，律师对于法治建设具有重要作用的观念早已深入人心，律师队伍也成为我国社会主义法治工作队伍中不可或缺的组成部分。党的十八届四中全会指出，要加强法律服务队伍建设，构建社会律师、公职律师、公司律师等优势互补、结构合理的律师队伍。律师制度与律师行业的发展越来越繁荣，这是新时代中国特色社会主义事业发展的必然要求。"[②]

---

① 陈卫东、孟婕：《40 年后再启程：改革奋进中的中国律师制度》，载《中国司法》2019 年第 11 期（总第 239 期）。

② 李公田：《砥砺前行四十载，心怀梦想再出发》，载《中国律所访谈：四十周年纪念版（上、下册）》，法律出版社 2020 年版，第 2~3 页。

### 三、律师法律服务方面仍然存在发展不平衡、不充分的问题

律师法律服务是指律师执业人员运用自己拥有的专业技术和技能为法律服务需求者提供法律服务的活动。但我国律师制度与经济社会发展和人民群众日益增长的法律服务需求相比，仍然存在一些发展不平衡、不充分的问题。

**1. 律师业存在发展不平衡的问题**

（1）律师业发展水平在地域上仍然存在不平衡的问题

东部与西部之间、沿海与内地之间、城市与农村之间，律师业存在严重不平衡。大的律师事务所及优秀的律师，主要集中在北京、上海、广州、深圳等经济发达地区；在落后的西部地区尤其是广大农村地区，律师服务明显跟不上，主要依靠乡镇司法所提供简单的法律服务。

（2）诉讼业务与非诉讼业务之间仍然存在不平衡的问题

诉讼业务与非诉讼业务发展不平衡，很多律师和律师事务所仍以诉讼业务为主，非诉讼业务发展相对滞后。

（3）刑事业务和非刑事业务之间仍然存在不平衡的问题

刑事业务和非刑事业务发展不平衡，基于职业风险等原因，很多律师事务所不愿意发展刑事业务，偏重民事业务尤其是经济业务。

（4）律师群体之间在法律服务质量方面仍然存在不平衡的问题

律师与律师之间的不平衡，首先体现在水平和法律服务质量上，而且反映在律师的收入方面，一些大律师年收入几百万甚至上千万元，但有些小律师年收入很低，甚至不能维持基本生活。

（5）各律所在涉外业务发展方面仍然存在不平衡的问题

近年来，世界法律服务业都处于持续增长态势，越来越多的国际律师事务所来华设立代表处。中国律师事务所也走出国门，在国外设立分所或代表处，但主要是北京、上海、深圳等经济发达地区的律师事务所，其他地区律师事务所对外交往不多。

我国律师业进一步发展面临诸多瓶颈，律师业地域发展不平衡、律师业务发展不平衡、律师水平不平衡、律师的经济收入与社会评价不平衡、对外业务发展不平衡，制约了律师的发展。司法部印发《关于建立律师专业水平评价体系和评定机制的试点方案》和《律师行业领军人才培养规划

（2016—2020 年）》，建立律师专业水平评价体系、评定机制和行业领军人才培养体系，打造律师的职业品牌。司法部原副部长熊选国指出，要"推进律师事务所规模化、专业化、国际化、规范化"，"建设一批管理规范、具有综合实力和国际竞争力的大所、强所"，"要引导中小律师事务所走规范化、精品化的发展之路，推动中小所做强做优"。[①]

在这个不确定性较多的时代，我们注意到，法律服务需求领域也在发生变化，如破产重整、数字经济、合规服务等需求不断增加，与债务逾期有关的不良资产处置需求急剧增多。同时，我们也看到，法律服务报价在不断下降；律师行业人数在不断增加，仅 2021 年上半年，北京律师人数就有超过 4000 人的增长，北京律师总人数已经超过 4 万；律师事务所规模的两极化越来越严重，规模化是一种趋势，个性化是另外一种趋势。[②]

**2. 律师业存在发展不充分的问题**

（1）律师业在对待传统法律服务不足方面仍然存在变革不充分的问题

第一，传统法律服务标准化不充分。标准化与专业化密不可分，法律服务行业具有极强的专业性，但距标准化的要求却相去甚远。不同地区、不同律所管理方式差异较大，律师素质参差不齐，导致法律服务的客户体验大不相同。实践中，律师缺少对问题的总结，缺少系统性方法快速满足同类案件当事人需求，而律师事务所也未制定规范化流程，提高整体效率。法律服务标准化不足，降低了客户体验。

第二，传统法律服务基础设施建设发展不充分。由于一直以来小作坊式发展模式，导致传统法律服务领域的基础设施建设较差。相比较而言，很多其他行业都已经实现了信息化。而在传统法律服务领域，基础设施远没有跟上技术发展步伐，大多数律所都没有 OA 系统。基础设施差，导致工作效率很难提高，工作经验难以有效沉淀。

第三，传统法律服务专业分工不够充分。多数传统法律服务提供者，是没有专业分工的"全能型"律师。他们没有时间专注一个领域，将该领域做精做强并把一些经验进行沉淀，这也导致专业化发展缓慢。

---

① 司法部原副部长熊选国 2017 年 1 月 9 日在学习贯彻司法部《关于进一步加强律师协会建设的意见》座谈会上的讲话，载《中国律师》2017 年第 2 期。

② 杨强：《机制的力量：律师事务所管理模式与实践》，中国法制出版社 2022 年版，第 31 页。

第四，传统法律服务的技能及经验传承不充分。随着人员流动，律所整体业务能力没有显著提高。长期以来，在传统法律服务领域，年轻律师总是抱怨学不到东西，没有人系统教。律所也感到很苦恼，由于缺乏长效培训机制，经常出现人才青黄不接的问题，甚至因人员流动导致律所直接丧失某个业务模块的承接能力。

第五，律师服务评价体系建设不充分。无论司法部还是中华全国律师协会对律师事务所或律师的服务，都缺乏规范化的评价标准。第三方平台也仅提供律师和律师事务所的基本信息，并没有相关执业数据。这意味着律师服务行业缺乏一个良性淘汰机制，造成了客户体验差、律师违规执业等后果，使整个行业停滞不前。

第六，对知识管理不够充分。对律所而言，知识管理就是以内外部获得的所有执业信息，建立一个适当流程和管理制度，实现律师间知识共享和交换。对律师而言，知识管理就是把以往案例、经验、客户信息整理并升华，提炼出有效数据，以后遇到同类案件就能够快速应对。青年律师以此为业务指引，提高工作效率。目前，律所的管理方式还很原始，与律师之间的关系松散，没有建立起规范的知识管理系统。作为知识密集型产业，缺乏知识管理无疑失去许多宝贵机会。

（2）执业律师对深化律师制度改革方面仍然存在认识不充分的问题

1996年，《中华人民共和国律师法》颁布施行，该法对律师的行业性质、法律地位、权利义务等方面都作了明确规定，加快了律师行业的发展进程。

1997年9月，党的十五大明确提出了"依法治国"的基本方略。简言之，依法治国就是依照法律来治理国家，即依照体现人民意志和社会发展规律的法律来治理国家，而不是依照个人意志或个人主张来治理国家；国家的运行严格依照法律进行，而不受任何个人意志的干预、阻碍或破坏，其目标就是建设有中国特色的社会主义法治国家。这意味着"法治"将彻底取代"人治"，我国正式步入全面依法治国的轨道。

党的十八大以来，党中央进一步明确了律师队伍的地位和作用，对律师工作和律师队伍建设提出了更高的要求。习近平总书记明确指出，律师队伍是依法治国的一支重要力量，要求切实加强律师工作和律师队伍建设。

党的十八届三中全会继续把"改革和完善律师制度"作为全面深化司法改革的一项重要内容，充分发挥律师队伍在依法维护合法权益方面的重要作用。党的十八届四中全会特别提出，构建公职律师、公司律师和社会律师等结构合理、优势互补、全方位的立体作业的律师队伍。

2016 年 6 月 13 日，中共中央办公厅、国务院办公厅印发了《关于深化律师制度改革的意见》，全面提出了深化律师制度改革的指导思想、基本原则、发展目标和任务措施。其中涵盖深化律师制度改革的总体要求，完善律师执业保障机制，健全律师执业管理制度，加强律师队伍建设，充分发挥律师在全面依法治国中的重要作用等各个方面。

可见，在依法治国大背景下，深化律师制度改革始终是党中央对律师行业进行指导的重心，如何深化律师制度改革就是其核心问题。

但现实中，很多执业律师对深化律师制度改革，特别是加强律师队伍建设认识不充分：一是思想政治建设不够。没有把加强思想政治建设放在首位，对坚决拥护中国共产党的领导、拥护社会主义法治作为律师从业的基本要求认识不清，影响了广大律师走中国特色社会主义法治道路的自觉性和坚定性，不利于加强法治文化建设和培育中国特色社会主义律师执业精神。二是放松了职业道德建设。三是不注重业务素质建设。四是不关心律师行业党的建设。

（3）各律师事务所在提高法律服务质量方面仍然存在努力不充分的问题

律师事务所凭借执业律师的专业法律知识、技能及经验为委托人提供法律服务，因承办律师的知识结构、执业经历、经验、业务素质以及敬业程度不同，形成的法律服务产品质量必然参差不齐。律师事务所在提高法律服务质量方面努力不充分的表现为：

一是无统一的质量管理组织机构。律师事务所下设各业务部门，未形成内部利益共享分配机制，团队内部合作仅限于个人关系比较紧密的律师团队之间，资源共享及协作远远不足。因业务牵头合伙人个人执业经验、工作态度、业务素养以及委托人要求，律师事务所各业务组对法律服务项目实行不同的管理模式。有些法律服务团队实行承办律师负责制，有些法律服务团队实行承办律师＋合伙人负责制。

二是业务质量管理制度不健全且未有效执行。律师事务所虽然已制定了财务管理办法、利益冲突检索制度、质量投诉管理办法、聘用律师管理办法、分配管理制度、合伙人管理办法等内部管理制度，但管理制度还不够全面完善。一方面，律师事务所未建立统一的业务质量内控管理制度；另一方面，已出台的相关管理制度规定得比较原则，使各个业务部门在实际执行中缺乏可操作性，致使质量管理制度流于形式，得不到有效执行。

三是未形成统一的业务质量管理流程。律师事务所未建立统一的业务质量管理组织机构，未制定统一的、切实可行的业务质量内控管理制度，因此业务质量管理流程亦未建立统一标准。律师事务所各业务部门隶属的项目小组根据不同的业务类型和委托人要求，制定了相应的业务流程图，但并未形成统一的业务质量管理流程。各项目组向当事人提供的法律服务阶段，皆依赖于牵头合伙人的执业资历、经验、习惯及执业态度等个人因素。

四是未制定统一的业务质量过程管理规范。因律师事务所未形成统一的质量管理模式，未制定切实可行的业务质量管理制度，未设置统一的业务质量管理组织，未形成统一的业务质量管理流程，致使各个法律服务团队执行各自的业务质量过程管理规范，并由项目牵头合伙人根据团队实际情况进行调整。

五是未建立统一的业务质量成果管理标准。由于律师事务所下设的各个业务部门未形成内部利益共享分配机制，致使资源共享及协作远远不足。律师事务所对各业务部门向当事人提供的法律服务成果，未形成统一的业务质量成果管理标准。法律服务成果的优劣来自法律服务团队牵头合伙人的执业经历、习惯、经验及执业态度等。

六是未建立与业务质量管理相适应的绩效考核体系。律师事务所实行提成制及薪酬制，对合伙人及律师的绩效考核只与其完成的业务收入挂钩。如因业务质量管理问题，承办律师被客户投诉或被追究责任，律师事务所并不能对相关责任律师实施相应惩罚。同时，如承办律师向客户提供优质服务，亦不能取得相应绩效奖励。

问题是发展中的问题，只能在发展中寻找解决办法。我们应依照《关于深化律师制度改革的意见》，发展壮大律师队伍，不断提升执业律师的业务素养和专业技能，在行业内通过整合各种不同类型的发展资源，尽最大努力平衡地区之间的差异，解决各种不平衡、不充分的问题。

　　"世界是由矛盾组成的，问题是时代的现实声音。新时代的律师行业在取得巨大成就的同时，其制度本身、社会声誉、行业自律、队伍建设等方面还存在一些棘手问题，面临不少突出矛盾。敢于正视问题，直面影响律师行业健康发展的观念问题、体制约束和机制障碍，掌握解决问题的主动权。科学分析问题，对律师行业存在的矛盾和问题多角度、宽视野、深层次地进行分析研究，分清问题的必然性和偶然性，抓住主要矛盾和矛盾的主要方面，找到有效化解问题矛盾的思路与方法。"① "法治的春天是奋斗出来的，律师的春天也是奋斗出来的。站在未来看现在，中国律师既具有维护当事人合法权益的职业责任，也具有维护法律正确实施的专业责任、维护社会公平和正义的社会责任，更具有实现中华民族伟大复兴的民族责任。诸多责任系于一身，必然要求广大律师在法治信仰、政治觉悟、职业道德、执业纪律和业务素质等各方面从严管理。"②

　　律师在世界变化不定的复杂环境中服务社会发展和社会治理，其执业必将面临各种不确定的风险挑战，这既是律师执业的棘手问题，也是律师行业能否健康发展的主要矛盾。如何有效管控律师执业的各种风险，既是律师、律师事务所和管理部门必须承担的责任，更是这个时代给出的必须优先解答的考题。

# 第二节　社会之"需"

　　律师法律服务，是指律师执业人员运用自己拥有的专业知识和技能，为法律服务需求者提供法律服务的活动。按照世界贸易组织（WTO）的《服务贸易总协定》的规定，法律服务是指由律师所提供的服务。

　　律师法律服务，不仅可以有效防范和应对当事人各种可能出现的法律风险，而且对其他产业本身也有很强的乘数效应和拉动作用，是经济发展、区域合作、社会和谐不可或缺的坚实保障，是治理能力和治理体系现代化的重要表现。广大执业律师一定要深刻认识人民群众对法律服务需求的广泛性、迫切性和专业性。

---

　　① 期刊评论员：《用科学思想指导新时代律师事业改革发展》，载《中国律师》2019 年第9 期。

　　② 蒋利、陈小英：《律师执业风险与合规管理》，中国法制出版社 2019 年版，第 4 页。

## 一、社会对律师法律服务需求的广泛性

### 1. 从业务类型认识社会对律师法律服务需求的广泛性

律师职业是社会的产物，是对一定社会关系的反映。我国律师是社会主义法治工作者，是正义与技艺、德行与才干两者兼备的高素质人才，是具有法律职业所不可或缺的正义观和思想道德素养的法律专家。他们不仅以保障个人利益为目的，还承担着维护法律尊严和社会正义的责任；不仅在执业过程中运用法律手段维护委托人的合法权益和解决社会矛盾，促进老百姓讲规则、守规矩，而且执业之余，要广泛参与国家公共事务和社会治理工作，善运法治思维和法治方式，弘扬法治精神，树立法治理念。

（1）律师参与社会治理立法工作的需求

规则是一切治理活动的源头与基础，建立完善的社会治理规则体系是社会治理的根本和基础，是社会治理法治化的基础。规则体系的构建不能仅仅依赖习惯、经验与道德，还必须依靠法律制度。法律制度是社会整合的根本途径，社会治理制度建设质量的高低，直接关系到社会治理的实际效果。

律师具有渊博的法律知识、娴熟的法律技能和出色的沟通技巧，其不仅是法律的诠释者或者薪火传递者，而且也是立法的重要力量。律师的立法参与对于提升社会治理规则的民主性、增强社会治理规则的执行性和塑造社会治理规则的权威性都具有重要的助推作用。

（2）律师参与政府依法治理工作的需求

对于改善民生、提供基本公共服务和维护社会安定秩序等工作来说，政府是具体的公共政策的执行以及社会关系协调的责任者，也是政府的职能范围。从政府管理迈向政府治理的过程，也是从法制政府走向法治政府的过程。当前，依法决策和依法行政仍是政府依法治理的短板，律师参与政府治理，充分运用自身掌握的法律专业知识和技能，在推进政府治理法治化过程中发挥独特作用。我国律师作为法治队伍的重要成员，比其他成员具有专业性更强的优势，能够运用他们所掌握的专业技能和广泛的社会关系，为政府提供有效的法律意见和建议，可以帮助政府科学、民主、依法决策，推进政府依法治理和建设法治政府。

（3）律师参与社会依法自治工作的需求

所谓社会自治，是指一定范围内的社会主体在相互交往和处理社会事务时平等对话、共同协商。由于社会自治具有多样性、低成本和高效率的治理优势，其通常是社会治理的第一位选择，是社会治理的基础。社会自治包括行业自治、基层组织自治和企事业单位治理。社会依法自治，指基层群众组织和各企事业单位、社会组织和行业等各类社会主体，不仅依据国家制定的法律、法规，而且依据市民公约、乡规民约、行业规章、团体章程等规范自我约束、自我管理。当前，我国社会自治的法治化水平不高，个人自治能力有限，各类社会单位的内部治理能力欠缺，社会成员参与社会事务的功能受限。拥有扎实的法律专业知识和实务经验的律师参与其中，能弥补社会自治运行中的短板，促进社会自治法治化的进程。

（4）律师参与社会多元纠纷化解工作的需求

社会治理的目的是最大限度地增加社会和谐因素，是一个协调社会关系、规范社会行为、化解社会矛盾、减少社会纠纷的过程。改革开放以来，在党和政府的大力扶持下，民间解纷机制建设取得了重要进展。诉讼是社会纠纷解决的最后一道防线，也是程序最严密、对抗性最强、社会成本最高的解纷机制。面对矛盾凸显、犯罪高发、"诉讼爆炸"的严峻局面，中央政法委、最高人民法院明确提出，把非诉讼纠纷解决机制挺在前面，引导更多纠纷通过非诉方式化解，以破解法院日益突出的"案多人少"难题。我国律师通过参与诉讼活动、信访工作、调解和仲裁等纠纷解决渠道，参与到社会治理法治化过程中。

从具体业务上来说包括以下九个方面。

一是，律师担任各级党政机关、人民团体、企事业单位法律顾问。

二是，律师从事案件辩护代理工作，促进司法公正。

三是，律师运用诉讼和非诉讼法律服务手段，参与信访接待和处理。

四是，律师代理对不服司法机关生效裁判、决定的申诉。

五是，律师参与诉前、诉中调解，特别是物业纠纷、医疗纠纷、损害赔偿纠纷等领域的专业调解。

六是，律师为银行、证券、保险、环境保护等领域提供专业法律服务，律师的专业意见可以作为特定市场经济活动的必备法律文书。

七是，律师参与法律援助工作。

八是，律师开展涉外法律服务。

九是，律师围绕国家战略，提供配套法律服务。如乡村振兴战略、"双碳"环境发展战略、强基战略以及"一带一路"建设等。

律师是全面依法治国的重要力量，在建设社会主义法治国家中，承担着维护当事人合法权益、保障法律正确实施、促进社会公平正义的重要职责使命。加强宪法实施、提高立法质量，需要律师发挥自身优势，推动提高科学立法、民主立法水平。推进依法行政、建设法治政府需要更多律师参与其中，促进政府提高依法决策水平。保证司法公正、提高司法公信力，需要律师履行好辩护代理职责，发挥好在审判活动中的职能作用。增强全民法治观念、推进法治社会建设，需要更多律师参与普法工作，促进全社会增强厉行法治的自觉性。全面依法治国，推进科学立法、严格执法、公正司法、全民守法，都对律师执业提出了新的更高要求，需要通过深化律师制度改革，坚持和完善中国特色社会主义律师制度，进一步保障律师执业权利，规范律师执业行为，加强律师队伍建设，更好地发挥律师在全面依法治国中的作用，为全面依法治国提供强有力的支撑。

"社会治理法治化从动态上来讲是制定规则、实施规则和矛盾化解的活动，它是由社会治理立法、政府治理、社会依法自治和纠纷化解等构成的一个完整过程，因而律师在这四个方面发挥整合功能，具体表现为：介入法律和社会规范的制定，使社会治理规范与内在原则体系协调一致；协助政府机关适用法律规范，确保执法行为符合国家立法原意；针对具体案件事前向其顾客解释相关法条，为当事人提供法律意见，避免不法行为和反社会行为以及争诉的产生；纠纷发生后，律师运用法律或社会规范调整具体法律关系，可以促使快速、有效地解决矛盾或者引导罪犯重返社会；在参与纠纷解决中，通过倾听当事人诉说，使当事人缓解精神压力，因而减少更多冲突发生；通过律师言行影响民众对法律的信任，实现律师对法律传统及价值的维护与传承功能。"[①]

社会治理是一个由多元主体构成的多中心、多层次、多向度的复杂网络系统，为了确保系统的内部协调，维持和谐关系，需要风俗习惯、宗教

---

① 李弈：《社会治理法治化进程中律师的角色和功能研究》，吉林大学博士学位论文，第29页。

规范、自治规则、伦理道德和法律系统等社会控制机制来完成。法律作为社会系统中的子系统，它同社会系统的其他子系统一样，首先要解决的问题是针对其内部各个部分的分化趋势，促进法律系统的整合。在社会治理中法律整合功能的实现，又需要发挥作为法律子系统的次子系统的整合功能，这就落实到具体的制度和人，于是法律制度整合功能的实现重任确立在法律职业身上。法律职业不但是法律系统对整个社会系统整合功能的主要承载者，而且在法律系统内部，它本身就是一个执行整合功能的次子系统。社会治理是公共部门和私人部门运用正式制度和非正式制度，通过相互协调，有效整合参与主体之间的利益冲突，而采取联合行动的持续过程。律师通过"知识获得影响"这一媒介，在社会治理法治化中发挥以下四个方面的整合功能：维护法律原则体系的内部一致性；运用法律规定调整具体的法律关系；调整国家立法原意与具体司法实践的矛盾；维护法律传统、法律体系以及法律专业所确立的价值观点。①

**2. 从律师类型认识社会对律师法律服务需求的广泛性**

我国律师依据规范性文件、市场化的要求和服务的专业可作不同的分类，这种分类也体现了社会对律师法律服务需求的广泛性。

（1）依规范性文件分类

依照《中华人民共和国律师法》和其他规范性文件规定，我国律师可分为"社会律师""公职律师""公司律师""军队律师"等类型。所谓社会律师，是指依法取得律师执业证书接受委托或者指定，为社会提供法律服务的执业人员。所谓公职律师，是指具有律师资格或法律职业资格，供职于政府部门，按规定取得公职律师执业证，为政府部门办理法律事务的律师。公职律师身份具有双重性，既是国家工作人员又是律师，不参与市场竞争，不得为社会提供有偿法律服务，其主要职能是"政府的律师""困难群众的律师""公益诉讼的律师"。所谓公司律师，是指具有律师资格或法律职业资格，在企业内部从事法律事务工作，为企业提供法律服务，并依法取得公司律师执业证书的执业人员。公司律师具有律师资格或法律执业资格，只能为本单位提供法律服务，不得面向社会从事有偿法律服务，不得在律师事务所和法律服务所兼职，不得

---

① 朱景文：《现代西方法社会学》，法律出版社 1994 年版，第 101 页。

以律师身份办理本单位以外的诉讼与非诉讼案件。所谓军队律师，是指为军队提供法律服务的律师，其律师资格的取得和权利、义务及行为准则，适用《中华人民共和国律师法》规定，具体管理办法由国务院和中央军事委员会制定。军队律师是一种特殊的公职律师，编制在部队政治机关，为军队提供法律服务，受所在单位首长和政治机关的领导和上级司法行政主管部门的指导。

（2）依市场化的要求分类

作为一类商业服务机构的律师事务所，在市场上有着各种不同的分类方式，其中不论如何分类，绝大多数的分类都是基于习惯、市场上的认知度、市场推广创新或不同的商业机构的排名等，而不是科学分类。一般按照律师事务所的人数、办公室数量、年度创收、客户群体、业务规模与类型，会将律师事务所分为大型或超大型所、中型所、小型所、专业所或精品所；也可以按照其运营模式分为公司制律师事务所、松散合伙制律师事务所、联营制律师事务所等。

（3）依服务的专业分类

律师事务所按其专注的业务范围分为商事所、刑诉所、知识产权事务所等。随着全球化的进展，有些中国大所还被境外媒体以其本土习惯命名为"红圈所"，因为英国排名前五的律师事务所，从 20 世纪 90 年代初被当地媒体冠以"魔圈所"（Magic Circle）之称。中国律师事务所分为大型红圈所、大型加盟或联盟所、精品或专业所和一般律师事务所。如上所述，不论何种分类都是为了介绍方便，其中没有科学分类界限，更多的是市场与习惯分类而已，其中很多律师事务所都可以被同时称为红圈所、公司制所、综合大所等。绝大多数国际所分工明确，大多按传统习惯、按专业、按法律、按行业，甚至按市场等分为公司法、银行法、资本市场、房地产、知识产权、劳动法、移民法、私人客户、刑法、争议解决、合规等。

律师是法律职业中最接地气的群体，他们广泛服务社会中的各个群体，能够广泛地了解社会各阶层的法律服务需求。法律体系庞杂，法律服务对象多元化，律师业务复杂和多样化，这也是社会对律师法律服务需求广泛性的表现。这就要求不同类型的律师在不同的领域发挥作用，以满足社会对不同法律服务的需求。

## 二、社会对律师法律服务需求的迫切性

律师法律服务是指律师执业人员运用自己拥有的专业知识和技能，为法律服务需求者提供法律服务的活动。社会对律师法律服务的需求，是指法律服务对象对法律服务产生的要求。

所谓需求，是指由需要而产生的要求。① 所谓迫切，是指需要到难以等待的程度；十分急切。② 社会对律师法律服务需求的迫切性，是指法律服务对象对法律服务产生的需要，到了难以等待的程度。

这种迫切性主要表现在以下几方面。

**1. 信访和群体性事件多发、频发、突发**

2015 年 10 月 29 日，习近平总书记在党的十八届五中全会第二次全体会议上指出："今后五年，可能是我国发展面临的各方面风险不断积累甚至集中显露的时期。"③

据通报，2020 年，全国人大机关信访总量 91565 件次，同比增长 14.70%。其中，群众来信 63924 件次，同比增长 16.06%；接待来访并劝导引导涉诉访、越级访 4115 人次，同比下降 83.37%；群众网上信访 23526 件次。

环境问题造成的群体性事件增多，21 世纪初以来，我国环境群体事件保持了每年两位数以上的增长速度。生态环境部有关负责人坦言："在中国信访总量、集体上访量、非正常上访量、群体性事件发生量实现下降的情况下，环境信访和群体事件却以每年 30% 以上的速度上升。"

重庆市高级人民法院 2020 年审结的劳动人事案件中，群体性案件共计 304 批 9894 件，占审结案件的比重为 32.3%。群体性案件主要集中在制造、建筑和采矿行业。因同一单位劳动者具有利益上的相关性和诉求上的共同性，一个劳动者起诉，极易引起其他劳动者效仿，从而引发群体性案件。

---

① 中国社会科学院语言研究所词典编辑室：《现代汉语词典》（第 7 版），商务印书馆 2016 年版，第 1479 页。

② 同上，第 1013 页。

③ 习近平 2015 年 10 月 29 日在党的十八届五中全会第二次全体会议上的讲话节选，载《求是》2016 年第 1 期。

在网络群体性事件中，网络热点或议题一旦触发便可裂变式扩散，短时间刷爆网络。

归纳概括我国非直接利益冲突群体性事件的现状，利益格局失衡、弱势群体产生强烈的相对剥夺感从而导致怨恨情绪的积累，是事件发生的根本原因；利益表达机制不畅通是事件发生的直接原因；贪腐问题严重，缺乏有效的权力制约机制，使得仇官、仇富情绪蔓延，是引发非直接利益冲突的群体性事件的重要原因；政府信息公开机制缺位，官方信息缺失、滞后，以及缺乏有效监管的网络舆论推波助澜是非直接利益群体性事件易发、频发的主要原因；同时，非政府组织功能缺位，未能发挥官民间的纽带桥梁作用也是引发非直接利益冲突群体性事件的一个重要因素。

政府社会治理面临的风险是多重的，有的是自然风险，有的是技术风险，有的则是制度风险。不管是哪种风险，都有可能引起社会矛盾。在法治政府建设进程中，律师不仅通过决策咨询、合法性审查与风险评估在政府决策之前防范法律风险中发挥了积极作用，而且在政府行为的事后法律纠纷处理中也扮演了重要的角色。主要表现为：一是当政府面临行政复议与诉讼时代理其参加。二是协助政府调处大型信访事件和群体性事件。律师参与政府信访案件处置，以中立、旁观者身份为信访群众提供法律咨询，答疑解惑，并引导信访群众对涉法事项采用正常法律渠道解决矛盾纠纷，切实避免"缠访闹访"现象。律师参与政府信访案件处置，在信访群众与政府之间搭建沟通桥梁，能够有效缓解社会矛盾。

随着经济发展和社会结构调整，不可避免地在社会发展过程中出现老、幼、病、残、困等社会弱势群体，为他们提供社会保障，可以最大限度地减少不稳定因素。政府和社会主体应当对低收入群体、残疾人、农民工、老年人、青少年、单亲困难母亲等特殊群体合法权益的保障给予特殊救助。由于律师比普通社会公众更具有法律专业知识，同时经济上更宽裕和时间上比较自由，其在维护社会特殊群体合法权益中具有不可替代的作用。

**2. 社会基层民众对法律服务的需求与日俱增**

随着我国经济的发展，企业数量不断增加，但是法律的发展却未能与经济发展同步提升。2010—2020 年，我国法律诉讼业务的受理数量不断增加，据司法部发布的《律师、基层法律服务工作统计分析》数据显示，民事诉讼代理业务占诉讼业务受理的主要份额，受理数量占比超过八成，而且受理数量近五年来呈稳步增长趋势。行政诉讼代理业务在诉讼业务中占比最小，近年来受理数量呈波动变化。

我国的法律服务行业分工不够细致，很多新兴领域如知识产权领域等才刚刚起步，竞争力不足。而国际化的法律服务行业，特别是涉及较复杂高端的法律业务，一般都需要多个领域的专业人才来共同完成。比如，跨国收购项目大多同时涉及金融、投资、税务、证券、诉讼等多方面的问题。由此可以看出，有专业分工的大型律师事务所往往比作坊式的小所更有竞争力。我国律师占总人口的比例也偏低。截至2021年末，全国共有执业律师约57.6万人，但由于我国人口基数大，律师占总人口的比例仍旧很低。我们的比例不仅大大低于美国、加拿大、英国等发达国家，甚至低于一些发展中国家。即使在国内，大陆地区的比例也是低于香港地区和台湾地区的。这种差距，反映了我国社会对法律服务的有效需求不足，而这种情况在广大农村地区体现得更为明显。

法律需求按从高到低排列，依次为简单的法律咨询、普法宣传、纠纷调解、专业性较强的法律服务和法律援助。占最大部分的简单法律咨询主要体现为日常生活中比较常见的一些法律问题，如城中村里的房屋租赁、劳动合同、消费者权益保障、遗嘱继承等方面。每个地区都因不同的环境因素问题有所侧重，如工厂较为集中的地方，所咨询的问题多为劳动合同方面、工伤赔偿、借贷纠纷等。而在一些老城区或者居民聚集较多的地区，则多是遗嘱继承、合伙合同、婚姻家庭等方面的问题，总体来说都属于简单的法律问题。

### 3. 社会法律服务需求呈现多样化的爆发

从社会分层构成上来说，社会中的低收入群众占比较大。基层群众在生产和生活中，遇到非诉讼类型需求的法律问题也日益增多。在城市社区中，人们的法律服务需求则体现出部分专业性较高的法律需求，包括办理财产转让、处理银行信贷、办理社会保险、纳税、投资、仲裁等。这与地区的经济生活发展水平有着直接联系从某些方面来说，某一地区非诉讼法律需求的增加体现了该地区经济生活的发展和繁荣。

非诉案件是指利害关系人在没有民事权益争议的情况下，请求人民法院确认某种事实和权利有无的案件。目前特大型律师事务所主要分布在经济发达的超一线、一线城市，这些律师事务所占有着绝大部分的非诉业务。而一般律师事务所，处理非诉讼案件以民事非诉讼法律业务为主。据司法部统计数据显示，2013—2020 年我国非诉讼案件的受理数不断增加，2020 年达到约 402 万件，同比增加 200.52%。

随着人们法制意识的提高，法律服务需求的类型中非诉讼类法律服务需求增多，除房屋租赁产生的纠纷外，还有劳资纠纷、纳税、订立遗嘱、合伙、物业管理等。体现了基层法律服务需求不仅仅有标的额较小、案情较简单、专业程度较低的特点，还体现了许多专业性较强的法律需求。这些需求不再是只通过说理就可以解决的，而是需要专业的法律服务来满足。

人们对法律的掌握运用程度各不相同，通过法律服务的帮助，人们能在经济生活中保护自己的合法权益、避免纠纷、减少财产损失等。人们的法律意识也随着普法活动日益加强，在日常生活中遇到法律问题都会主动地寻求解决。

### 三、社会对律师法律服务需求的专业性

社会对律师法律服务的需求如此广泛而迫切，但并非什么人都能从事上述法律服务工作。因为，从事法律服务的执业律师必须拥有高深的专业知识与高度的专业素养。

首先，伴随近现代社会的高度分工，法律变得越来越相对地独立于其他社会领域，甚至走向自治，成为一门既具理论性又具实践性的社会科学。作为一门科学的法律，它按照科学的原理、思路和方法来分类、梳理、思考、理解，形成了一套概念体系和法律理念。一个未受过法律专业教育的人是难以深入领悟和掌握现代法律的精神原理、制度体系和操作技术的。

其次，法律是具体化、情境化甚至个人化的知识，任何想从事某种法律职业的人，除了掌握一般化、抽象化的法律原理和知识外，还必须掌握与其职业实践相关的知识、规范、经验和技巧，[①] 需要通过学徒式学习或者参加法律实践。

---

① 黄文艺：《法律职业特征解析》，载《法制与社会发展》2003 年第 3 期。

现代意义上的法律乃是整个社会生活中的一部分，它绝不存在于真空之中，它与其他分支学科如历史学、政治学和经济学等有着千丝万缕的关系。因而，法律工作者对知识的学习很大程度上要放在非法律部分完成，这样才不会成为一个只知道审判程序规则和精通实在法的专门规则的法律工匠。正如博登海默所言：“为了使法律工作者成为一个真正有用的公仆，成为一流的法律工作者，他们就必须首先是一个具有文化修养和广博知识的人士。”①

律师业的专业化，包括律师事务所专业化和执业律师专业化两个方面。律师业的专业化，是律师行业自身发展的必然选择，也是社会发展的客观要求，具有现实可行性。

**1. 专业化发展是现代社会分工的需要**

现代社会分工日益细化，经济关系、社会关系日益复杂。体现在律师业方面，即律师业务不仅是传统的刑事案件和民事案件，金融证券、知识产权、房地产、国际贸易、涉外纠纷、反倾销、反垄断等新兴的法律服务领域大量出现，这就需要律师成为某一领域的法律专家，为当事人提供专业化的优质服务。

随着经济发展进入新常态，经济结构调整、增长动力转换，必将产生新的法律服务需求。改革进入攻坚期，发展进入转型期，社会结构和利益格局深刻调整，更需要广大律师运用法律专长，为创新社会治理、化解矛盾纠纷、促进社会和谐稳定提供法律服务。

**2. 专业化发展是律师业可持续发展的必然选择**

专业分工和社会协作是市场经济的重要特点，律师业本身就是市场经济高度发达的产物，是新兴服务行业，当然离不开社会化大生产专业分工的基本规律。随着律师业务的日益复杂化，律师不仅要懂法律，还要懂外语、懂经济、懂管理、懂科技、懂医疗等。面对体系繁杂的法律体系，面对浩如烟海的法条，律师要掌握所有法律、精通所有法条是不现实的，也没有必要。只有主攻某一领域、某一专业，才能形成独特的竞争优势，才能为社会提供高质量法律服务和产品。

我们追求专业化，如何做到专业化的动态调整？如何解决专业化过程

① ［美］E. 博登海默：《法理学——法律哲学与法律方法》，邓正来译，中国政法大学出版社1999年版，第507页。

中的专业壁垒？如何实现专业化中的协作？如何解决专业化水准、专业化团队之间的不平衡？我们需要摸索一条从专业团队组织架构、专业产品打造，到职业素养历练的路径。

**3. 专业化发展是增强律师事务所整体实力、提升律师素质、改善律师形象的重要途径**

"万金油"式的律师难以满足社会的需要和当事人的需求，也严重影响律师服务质量和律师行业形象。西方法治发达国家大都形成了分工科学、精细、合理的管理模式，因而律师和律师事务所的竞争力较强。

以律师业发达的美国为例，判例法是其主要法律渊源。为了应对复杂的判例法和成文法，律师事务所呈现出两极分化趋势：一是小型律师事务所以普通律师为主，承办普通的法律事务；二是大型律师事务所和特色独立律师事务所，走专业化发展道路，在所承办的业务范围内朝着专业化、特色化方向发展。律师事务所在专业化发展过程中，对律师进行专业分工，采用流水作业方式，律师之间密切配合协作，通过合作与合力保证服务质量和律师信誉。律师事务所的规模化、集团化必然会导致律师事务所内部机构的复杂化、律师之间分工的细化。

再以香港特别行政区为例，香港律师业继承了英国的律师业传统，把律师分为大律师和事务律师。事务律师直接与顾客接触，但只做开庭准备工作不能出庭辩护。当案件进入准备开庭阶段，就必须再聘请另外一名在该领域有专长的大律师参加庭审诉讼。在这种模式下，大律师与事务律师都能专攻某一法律业务领域，形成自己的专业定向。

"律师以法为业、以律为师，是受人尊崇的职业。我国律师制度恢复重建以来，律师一直走在职业化、专业化、正规化发展的前列，取得了显著成绩，树立了良好的职业形象。"[1] 司法部启动了《关于建立律师专业水平评价体系和评定机制的试点方案》，以及《律师行业领军人才培养规划（2016—2020年）》，研究解决领军人才培养的工作措施和保障政策，推动形成律师行业的领军人才队伍。

随着"一带一路"建设加快推进，迫切需要一大批通晓国际规则、善于处理涉外法律业务的律师。但从实践看，法律服务需求增长与供给不足

---

[1] 司法部原副部长熊选国 2017 年 1 月 9 日在学习贯彻司法部《关于进一步加强律师协会建设的意见》座谈会上的讲话，载《中国律师》2017 年第 2 期。

的矛盾还比较突出，律师能够提供的法律服务还不能满足经济社会发展的需求。我们要积极适应新形势，大力发展律师队伍，不断拓展法律服务领域，创新服务方式，提升服务水平，努力为经济社会发展和全面依法治国提供优质高效的法律服务。在面临经济发展新常态、社会发展新情况以及对外经贸交往新形势时，致力于专业化强所建设应当成为律所管理和竞争的核心要素。

要满足社会需求，对律所的管理、律师的专业提升和道德自律等将带来更多的风险挑战。衡量一个行业的成熟度，可以把握两个标准：一个是规范、完善的自律规则体系；另一个是有底线、能包容的行业文化建设。要提供满足社会需求的高质量法律服务，律师、律师事务所和行业管理部门必须认真研究律师行业所面临的风险问题，理性分析和识别律师执业风险，完善律师执业风险管控体系建设。

# 第三节　司法之"急"

《中华人民共和国律师法》第四条规定："司法行政部门依照本法对律师、律师事务所和律师协会进行监督、指导。"由此可以明确，司法行政部门是律师行业的行政主管部门。

所谓司法之"急"，是急社会需求法律服务之所急，急法律法规为社会服务之所急，急律师执业需求之所急。

## 一、"急"于立规

所谓"急"于立规，是说司法行政部门急于为律师法律服务提供运行的法律法规，具体体现在《中华人民共和国律师暂行条例》的快速出台。

**1. 《中华人民共和国律师暂行条例》颁布的背景**

（1）宪法的修改

1978 年 3 月 5 日，第五届全国人民代表大会第一次会议通过了经重新修改制定的第三部《中华人民共和国宪法》，恢复了审判公开和辩护制度。

（2）党的十一届三中全会的召开

1978 年 12 月召开的党的十一届三中全会，提出了健全社会主义民主和加强社会主义法制的任务，它不仅开启了改革开放的新时期，而且确定了民主与法制的新理念。

（3）七个重要法律的颁布

1979 年 7 月，第五届全国人民代表大会第二次会议通过了七部重要法律，其中《中华人民共和国刑事诉讼法》和《中华人民共和国人民法院组织法》都明确规定被告人享有辩护权，并可以委托律师辩护。这两部法律的颁布，为律师制度的恢复拉开了序幕，标志着中国的法制建设进入了一个新阶段。

（4）司法部重建的任务

1979 年 9 月司法部重建，同年 12 月司法部发出一个关于恢复律师制度的通知，当时全国只有 79 家律师服务机构 212 名律师，律师业务仅限于刑事辩护、民事代理、代写法律文书、法律咨询等简单传统项目。

顺应时代的发展，全国人大常委会法制委员会根据中国的现实情况起草了一部具有社会主义性质和中国特色的《中华人民共和国律师暂行条例》，并在 1980 年 8 月 26 日召开的五届人大常委会第十五次会议上获得通过，自 1982 年 1 月 1 日起施行，成为新中国第一部关于律师制度的立法。该条例肯定了律师工作的重要意义，明确了律师的性质和权益，有力地推动了律师工作的开展，新中国律师制度开始恢复并发展。

**2.《中华人民共和国律师暂行条例》的结构和基本内容**

《中华人民共和国律师暂行条例》共四章二十一条，虽然简短，但该条例分别对律师的性质和任务、律师的权利和义务、律师资格、律师的工作机构等几个方面进行了规定，明确"律师是国家的法律工作者"、应当"对国家机关、企业事业单位、社会团体、人民公社和公民提供法律帮助，以维护法律的正确实施，维护国家、集体的利益和公民的合法权益"。该条例为保证律师能够正常工作，规定"律师依法执行职务，受国家法律保护，任何单位、个人不得干涉"，"律师参加诉讼活动，有权依照有关规定，查阅本案材料，向有关单位、个人调查。律师担任刑事辩护人时，可以同在押的被告人会见和通信"，"律师进行前款所列活动，有关单位、个人有责任给予支持"。自此，律师执业权益得以初步确立。

**3.《中华人民共和国律师暂行条例》颁布的意义**

囿于当时的政治、经济和法制环境，《中华人民共和国律师暂行条例》实质上是一部法律职业公务员条例，律师制度属于行政管理的一部分，律师工作的独立性得不到保证，角色定位矛盾，影响了律师的职业精神；从管理体制角度而言，法律顾问处的运作基于计划经济基础之上，存在产权不清晰、缺乏竞争、主动性差、服务质量较低等缺点，并在其后逐渐暴露。但从恢复国家法治理念、尊重宪法和法律、尊重人权等角度而言，《中华人民共和国律师暂行条例》可算是中国法制史上的里程碑之一。

总之，《中华人民共和国律师暂行条例》从司法行政机关、律师协会、法律顾问处、律师的性质和相关关系上，构建了一种行政型的律师管理体制。这体现了实事求是的思想路线，符合当时中国政治、经济和社会的发展状况。律师工作机构"由司法行政机关组织领导，这一方面是鉴于20世纪50年代那种体制遇到许多实际困难，1979年开始重建律师制度时也是一切从无到有，对于律师人员的调配、考核、奖惩、思想教育、转业培训，以及律师经费的管理、律师机构的设置和各项物资设施的筹措等一系列组织建设和行政工作"，"必须依靠各级司法行政机关来抓；另一方面也是鉴于中国的律师制度需要不断完善与健全，律师工作也有一段试行和发展的过程，这当中所需要的以政治思想领导为中心的管理工作，由司法行政机关来组织领导也较为合适"。《中华人民共和国律师暂行条例》首要的目的就是为中国律师制度的恢复和重建提供法律依据，并据此建立律师制度恢复和重建的行政支持体系。因此，作为"世界上最简明的律师法律"[1]，其主要篇幅都是对这种行政管理体系的规定，而关于律师职业行为法的规范很少也就不足为奇了。

从上述角度看，中国律师制度的恢复和重建是一种国家行政行为。因此，这一时期制定的《中华人民共和国律师暂行条例》，其基本性质就是律师行业的行政组织法，缺乏对律师职业行为的调整功能。随着历史的发展，对律师职业行为加以调整的需要日益突出。中华全国律师协会虽然已经于1986年成立，但是其功能仅仅定位为"维护律师的合法权益，交流工作经验，促进律师工作的开展，增进国内外法律工作者的联系"。中华全国律师协会作为一个组织，不论是在组织建设上还是法律授权上，都尚未具备发挥作用的组织体系和能力。因此，在经过了近10年没有关于律师职业行为的正式规范的时期后，中国所制定的关于律师职业行为法的规范

---

① 张耕：《中国律师制度发展的里程碑》，法律出版社1997年版，转引自王进喜："中国律师法的演进及其未来"，载《西部法学评论》2008年第4期。

性文件，推动力量仍然是地方和中央司法行政机关。这种从地方到中央的发展模式，表明对律师职业行为加以规范是一种实践的要求。律师法的两大主体，即律师组织法和律师职业行为法，应实践的要求先后登上了历史舞台。①

## 二、"急"于增规

随着中国经济体制改革和对外开放的不断深入，《中华人民共和国律师暂行条例》的局限性也不断暴露出来。例如，中国律师制度于 1986 年开始进行改革，在国办律师事务所之外，还出现了民办性质的合作制律师事务所。因此，"律师是国家的法律工作者"的定性，已经不能准确、全面地反映中国律师的整体性质。在这种情况下，中国 1989 年开始了《中华人民共和国律师法》的起草和论证工作。1996 年 5 月 15 日，第八届全国人大常委会第十九次会议以 130 票全票审议通过了《中华人民共和国律师法》。

### 1. 首部《中华人民共和国律师法》的颁布实施

随着社会主义市场经济体制的建立和发展，律师行业越来越为社会所熟悉，律师业务范围不断拓展，中国律师制度的变革也在同时进行。中国律师去行政化、律师行业中介化和商业化的实践越来越多。

1986 年，中华全国律师协会和各地律师协会陆续成立，标志着律师从此有了自己的行业协会，律师管理由司法行政机关单一管理延伸到和律师行业协会共同管理。同年，我国开始实行律师资格考试认定制度，设定了律师执业的准入门槛。

1990 年 10 月 1 日开始施行的新中国第一部规范行政诉讼的专门法律《中华人民共和国行政诉讼法》，赋予中国律师在刑事和民事案件之外可以代理行政诉讼的新使命，律师行业角色重新定位的需求日趋强烈。

1993 年 6 月司法部报经国务院批准，律师事务所组织形式由合作制发展到合伙制，允许律师实行自愿组合、自负盈亏、自我约束、自我发展的机制，充分调动了律师的积极性。据统计，1996 年全国律师事务所已有8265 家，律师行业从业人员已达到 10 多万人。律师行业的蓬勃发展，助

---

① 王进喜：《中国律师法的演进及其未来》，载《西部法学评论》2008 年第 4 期。

力首部《中华人民共和国律师法》的面世。

进入 1996 年后，已颁布实施近 17 年的《中华人民共和国律师暂行条例》已明显不符合社会经济发展和国家法治环境现状。为顺应时代的发展和社会需求，1996 年 5 月 15 日，第八届全国人大常委会第十九次会议通过首部《中华人民共和国律师法》，并于 1997 年 1 月 1 日起施行。

**2. 《中华人民共和国律师法》的基本内容**①

我国首部《中华人民共和国律师法》共八章五十三条，律师定性是"依法取得律师执业证书，为社会提供法律服务的执业人员"，标志着在律师行业主体"去行政化"的思想得到统一。《中华人民共和国律师法》将颁布之前律师制度的各项改革纳入其中，归纳或增列在"律师执业条件""律师事务所""律师协会""法律援助"等章节，特别增加了"法律责任"一章，对律师的执业行为进行约束，明确了律师和律师事务所的责任承担。律师行业最为关心的"执业律师的业务和权利、义务"一章，相对之前的《中华人民共和国律师暂行条例》进行了较大篇幅的修订及扩充，犯罪嫌疑人的合法权益得以通过委托律师来维护。第三十条第一款还明确规定，"依照诉讼法律的规定"，律师有调查取证、阅卷、会见及诉讼法律规定的其他权利。相对原来《中华人民共和国律师暂行条例》"依照有关规定"的前提条件，律师权利行使的限制有所缩小，更有利于落实。总体而言，首部《中华人民共和国律师法》的颁布，结束了中国没有律师法的状况，在完善律师制度、保障律师依法执行业务、规范律师行为、维护法律的正确实施、维护当事人的合法权益方面，发挥了重要作用。具体内容如下。

第一章"总则"（第一条至第四条）的内容为：完善制度、保障业务执行、规范律师行为；明确"二个"维护；界定律师是为社会提供法律服务的执业人员；提出了律师执业的原则和保障；明确了司法行政部门对律师、律所和律协的监督管理职能。

第二章"律师执业条件"（第五条至第十四条）的内容为：设定律师执业的进入门槛（资格和执业证书）和相应程序。

第三章"律师事务所"（第十五条至第二十四条）的内容为：明确律

---

① 注：与《中华人民共和国律师暂行条例》比较。

师事务所是律师的执业机构；律师事务所设立条件；律所的分类；分所规定。

第四章"执业律师的业务和权利、义务"（第二十五条至第三十六条）的内容为：设定律师执业的禁止性条款（六大类行为）。

第五章"律师协会"（第三十七条至第四十条）的内容为：明确律协为社团法人、自律性组织；律协章程产生和报备；明确律师必须加入地方律协；规定了律协 7 项职责。

第六章"法律援助"（第四十一条至第四十三条）的内容为：以专章的形式规范了律师如何参与法律援助。

第七章"法律责任"（第四十四条至第四十九条）的内容为：明确执业律师违反禁止性规定的处罚后果（十一项）；明确了吊销律师执业证书的情形（三项），且这项权力由司法部改为省级司法行政部门。

第八章"附则"（第五十条至第五十三条）的内容为：明确律师收费办法由司法部制定报国务院批准。

**3.《中华人民共和国律师法》进一步增强了律师的职业独立性**

1996 年《中华人民共和国律师法》是新中国颁布的第一部律师法。在邓小平理论指导下制定的《中华人民共和国律师法》比较充分地体现了律师行业的内部规定性和中国市场经济体制对律师业发展的现实需要，进一步增强了律师的职业独立性。主要体现在以下几个方面。

（1）对律师性质进行了符合中国实际情况的准确定性

《中华人民共和国律师法》把律师的性质界定为"依法取得律师执业证书，为社会提供法律服务的执业人员"将律师与法官、检察官等国家法律工作者和其他法律服务工作者区别开来，有利于体现律师的职业独立性。

（2）肯定了律师事务所多种形式并存的格局

《中华人民共和国律师法》肯定了国家出资设立的律师事务所、合作律师事务所和合伙律师事务所三种基本形式，使律师事务所在人员编制、管理等方面拥有了更大的自主权，有利于律师业的发展。

**4.《中华人民共和国律师法》进一步促进了律师的职业化**

主要体现在以下几个方面。

（1）确立了严格的律师资格证书和律师执业证书取得制度

在肯定律师资格和律师执业相分离制度的科学性的基础上，《中华人民共和国律师法》确立了严格的律师资格证书和律师执业证书取得制度，为建设一支高素质的律师队伍奠定了基础。

（2）淡化了对律师的行政管理色彩

《中华人民共和国律师法》确立了司法行政机关监督指导和律师协会行业管理相结合的管理模式。这种管理模式，在很大程度上淡化了对律师的行政管理色彩，体现了律师业行业管理的特点。

**5.《中华人民共和国律师法》确立了律师执业管理的"两结合"模式**

《中华人民共和国律师法》确立了司法行政机关监督指导和律师协会行业管理相结合的管理模式。这种管理，既不是单一的行政管理，也不是完全的行业管理，而是二者的有机结合。这种结合必然要求加强律师协会的组织建设。《中华人民共和国律师法》第三十七条第一款规定："律师协会是社会团体法人，是律师的自律性组织。"第二款还规定："全国设立中华全国律师协会，省、自治区、直辖市设立地方律师协会，设区的市根据需要可以设立地方律师协会。"第三十九条第一款规定："律师必须加入所在地的地方律师协会。加入地方律师协会的律师，同时是中华全国律师协会的会员。"第二款还规定："律师协会会员按照律师协会章程，享有章程赋予的权利，履行章程规定的义务。"第四十条第一款规定了律师协会的七项职责：（1）保障律师依法执业，维护律师的合法权益；（2）总结、交流律师工作经验；（3）组织律师业务培训；（4）进行律师职业道德和执业纪律的教育、检查和监督；（5）组织律师开展对外交流；（6）调解律师执业活动中发生的纠纷；（7）法律规定的其他职责。第二款还规定："律师协会按照章程对律师给予奖励或者给予处分。"

应当指出的是，虽然建立司法行政机关监督指导和律师协会行业管理相结合的管理模式的指导思想很明确，但是司法行政机关和律师协会之间的权限划分在《中华人民共和国律师法》中并不是非常清晰。例如，中华全国律师协会于1996年10月6日通过的《律师职业道德和执业纪律规范》，宣称该规范是"依据《中华人民共和国律师法》和《律师协会章程》"制定的，但是从《中华人民共和国律师法》中根本找不到这样的规范依据——尽管由中华全国律师协会制定《律师职业道德和执业纪律规范》体现了律师行业自治方面的进步。再如，《中华人民共和国律师法》第四十条规定，律师协会的职责之一是"进行律师职业道德和执业纪律的教育、检查和监督"，而司法部在 2001 年 8 月发布的《关于开展律师职业道德和执业纪律教育评查活动的通知》则明确规定：司法部决定在全国律师队伍中，集中开展律师职业道德和执业纪律教育评查活动，并对开展教育评查活动的指导思想、内容、步骤、要求做了明确的规定。这些情况表明，这一时期司法行政机关和律师协会之间的关系仍然处于探索阶段，二者之间的权限划分并非泾渭分明。但是，中华全国律师协会制定的《律师职业道德和执业纪律规范》的出台，表明在律师职业行为的规制中，律师协会逐渐意识到其应当发挥应有的作用。2004 年 3 月 20 日，中华全国律师协会常务理事会通过了《律师执业行为规范（试行）》。无论是从数量上还是从涉及问题的广度上，该规范都达到了一个新的高度。尽管这一规范还存在一些问题，但是它大大提高了律师职业行为法的技术因素，大大扭转了人们对律师职业行为法的传统认识，对于律师的执业活动具有重要的指导意义。这是中国律师职业行为法从雏形向成熟发展的重要步骤之一。①

## 三、"急"于修规

### 1. 《中华人民共和国律师法》的首次修订

（1）修订背景

1996 年制定的《中华人民共和国律师法》，尽管本身还存在若干不足，但是其确定了近十年来中国律师业发展的基本走向和格局，宏观指导了律师行业的资源布局。《中华人民共和国律师法》实施近十年来，无论是中国律师业行业本身还是其所处的社会环境，都发生了巨大的变化。除了在 2001 年对《中华人民共和国律师法》进行了一次局部修正外，中国并没有随着时代的进步、形势的变化而对其进行整体性的修订。

2001 年对《中华人民共和国律师法》的修正，仅仅是将律师资格考试由"全国统一考试"改为"国家统一的司法考试"，考试资格由"法学专科以上学历"改为"法律专业本科以上学历"（欠发达地区除外）。与此同时，《中华人民共和国律师法》本身的一些规定并没有得到具体落实。

2004 年 6 月，司法部正式启动了《中华人民共和国律师法》的修订工作，随后开展了大量调研和意见征求工作，并形成了若干阶段性成果。

---

① 王进喜：《中国律师法的演进及其未来》，载《西部法学评论》2008 年第 4 期。

2007 年 10 月 28 日，第十届全国人民代表大会常务委员会第三十次会议对《中华人民共和国律师法》进行了较为全面的修订。修订后的《中华人民共和国律师法》于 2008 年 6 月 1 日起施行。这次修订，进一步确认和完善了司法行政机关行政管理与律师协会行业管理相结合的体制，消除了立法本身存在的一些技术性瑕疵，在进一步完善律师事务所的组织形式，强化对委托人和律师之间关系的维护，加强对律师执业权利的保护、促进律师积极参与国家政治生活，促进法律职业合理流动等方面都有重要的突破。

（2）修订后《中华人民共和国律师法》的框架结构

2007 年修订的《中华人民共和国律师法》共七章六十条，与 2001 年修正的《中华人民共和国律师法》相比少了一章，旧版中予以单列的第六章"法律援助"条款散入现行《中华人民共和国律师法》的"律师的业务和权利、义务"及其他法律法规之中。两者条款总数相差不大，但法律条文进行了多处修订或重写。

2007 年《中华人民共和国律师法》在律师定义、律师执业原则及加强律师与律师事务所的管理等方面的主要修订有以下五方面。

一是重新对"律师"进行定义，明确律师是持有执业证书，接受委托或者指定，为当事人提供法律服务的执业人员。

二是增加"律师应当维护当事人合法权益，维护法律正确实施，维护社会公平和正义"的执业原则。

三是放宽律师事务所的组建方式，首次加入了个人律师事务所的相关规定，同时允许采用特殊的普通合伙形式设立。

四是调整了律师执业许可制度。

五是增加了禁止利益冲突代理的规定等。

联合国《关于律师作用的基本原则》序言中有这样一段表述："律师专业组织在维护职业标准和道德，在保护其成员免受迫害和不公正限制和侵犯权利，在向一切需要他们的人提供法律服务以及在与政府和其他机构合作进一步推进正义和公正利益的目标等方面起到极为重要作用。"

中国对律师定位在经历"国家法律工作者"的错位后，在《中华人民共和国律师法》中回避社会属性之争的同时，直接将律师定位于"为社会提供法律服务的执业人员"，并在实践中进一步引申为社会中介人员。这使中国律师不仅丧失与世界同行共同具有的职业属性，也被排斥在国内法律职业群体之外，从而失去了与其他法律职业群体平等获取和行使职业权利的平台。事实上，在西方发达国家，律师通常被视为准司法人员，他们与法官、检察官一起共同担负着维护社会公正的使命。如加拿大律师法规定，"律师属司法辅助人员系列"；日本则称律师为"在野法曹"。2007 年《中华人民共和国律师法》对律师新的定位无疑是一个"突破"，也是对律师作为法律工作者本质属性的回归。

作为执业律师最为关注的律师执业权益保障方面，2007 年修订的《中华人民共和国律师法》第三十三条规定："犯罪嫌疑人被侦查机关第一次讯问或者采取强制措施之日起，受委托的律师凭律师执业证书、律师事务所证明和委托书或者法律援助公函，有权会见犯罪嫌疑人、被告人并了解有关案件情况。律师会见犯罪嫌疑人、被告人，不被监听。"这是对未修订前律师法的重大突破，立法本意欲为律师的"会见权"清除施行过程遇到的障碍。修订后的《中华人民共和国律师法》第三十七条第一款、第二款规定："律师在执业活动中的人身权利不受侵犯。律师在法庭上发表的代理、辩护意见不受法律追究。但是，发表危害国家安全、恶意诽谤他人、严重扰乱法庭秩序的言论除外。"赋予律师依法享有"执业活动人身权"和"法庭上发表执业言论豁免权"的权利。修订后的《中华人民共和国律师法》第三十四条、第三十五条、第三十六条的规定，加强了律师的"阅卷权""调查取证权""辩论辩护权"。

会见权、阅卷权、调查取证权、执业活动人身权、辩论辩护权、庭上执业言论豁免权这六项权利构筑了律师执业在刑事诉讼业务领域的权益保障体系。其中，业界的焦点集中在前四项。此四项权益能否顺利实现，关乎整个律师行业执业环境的优劣和社会地位的高低。

（3）《中华人民共和国律师法》首次修订的详细情况

2007 年 10 月 28 日第十届全国人民代表大会常务委员会第三十次会议对《中华人民共和国律师法》予以修订。

第一章"总则"（第一条至第四条）的修订内容：

第一条将"保障律师依法执行业务，规范律师的行为"，改为"规范律师执业行为，保障律师依法执业"；"两个维护一个发挥"改为"三个维护"（增加"维护社会公平和正义"）并放在第二条第二款的内容之中；

第二条第一款中加入了"接受委托或者指定";将"为社会提供法律服务",改成"为当事人提供法律服务";第三条第四款增加了"任何组织和个人不得侵害律师的合法权益";第四条将"国务院司法行政部门"改为"司法行政部门",意味着各级司法行政部门都有权依法对律师、律所、律协进行监督、指导。

第二章"律师执业许可"(第五条至第十三条)的修订内容:

该章由"律师执业条件"改为"律师执业许可";律师资格证书与统一司法考试合格证同等效力(第五条第二款);申请执业由"省级司法行政部门审核",改为向地市级司法行政部门申请,受理申请部门审查后送省级司法行政部门审核(第六条第一款、第三款);增加了在法律服务人员紧缺领域从事专业工作满15年具有高级职称或同等专业水平的人员,经考核后准予执业(第八条);增加了注销律师执业证书的规定(第九条);将"国家机关的现职工作人员不得兼任执业律师",改为"公务员不得兼任执业律师"(第十一条第一款);增加了兼职律师申请条件和程序(第十二条)。

第三章"律师事务所"(第十四条至第二十七条)的修订内容:

律师事务所"设立条件"增加了内容(设立人3年执业经历、未受处罚);完善了合伙所设立条件和分类(第十五条);取消了合作所的规定;增加了设立个人律师事务所的规定(第十六条);完善了律所申请的程序(第十七条、第十八条);增加了国办所的规定(第二十条);增加了律所终止的条文(第二十二条);新增了律所应建立的各项管理制度内容,包括建立执业管理、利益冲突审查、收费与财务管理、投诉查处、年度考核、档案管理制度(第二十三条);新增了律所不得从事法律服务以外的经营活动(第二十七条)。

第四章"律师的业务和权利、义务"(第二十八条至第四十二条)的修订内容:

将委托人中的"公民"改为"自然人"(第二十八条第一项);"聘请"改"委托"(第二十八条第三项);"聘请人"改"委托人"(第二十九条);增加了律师担任辩护人的会见权及会见程序(第三十三条);增加了律师调查取证权、申请证人出庭作证权(第三十五条);增加了律师庭审豁免权、刑事涉案的通知权(第三十七条);增加了保守当事人秘密的例外情形（第三十八条）；增加了代理行为涉利益冲突的禁止性规范（第三十九条）；执业禁止行为中增加了"与对方当事人或第三人恶意串通，侵害委托人的权益"（第四十条第三项）；"以其他不正当方式影响法官、检察官、仲裁员以及其他工作人员依法办理案件"（第四十条第五项）；"提供虚假证据"已修改为"故意提供虚假证据"（第四十条第六项）；增加了"煽动、教唆当事人采取扰乱公共秩序、危害公共安全等非法手段解决争议"（第四十条第七项）；删除了法律援助的章节，以第四十二条规定了律师法律援助的义务。

第五章"律师协会"（第四十三条至第四十六条）的修订内容：

增加了地方律协章程制定和报备程序（第四十四条第二款）；将律师"必须加入"地方律协，修改为律师"应当加入"地方律协（第四十五条）；增加了律协的职责，即"制定行业规范和惩戒规则"（第四十六条第三项）；增加了律协对律师执业活动进行考核的规定（第四十六条第四项）；增加了律协"组织管理申请律师执业人员的实习活动，对实习人员进行考核"（第四十六条第五项）；增加了律协"对律师、律师事务所实施奖励和惩戒"的权力（第四十六条第六项）。

第六章"法律责任"（第四十七条至第五十六条）的修订内容：

增加了司法行政部门"罚款"的处罚内容，罚款金额最高可达 10 万元（第五十条）；将"停止执业三个月以上至一年以下"的处罚规定，调整为按不同情形的三个月以下、三个月以上六个月以下和六个月以上一年以下的处罚，处罚事由 11 项增加到 18 项（第四十七条、第四十八条、第四十九条）；增加了"处罚期满未逾三年的不得担任合伙人"的规定（第五十三条）；取消了行政复议和行政诉讼的规定条款。

第七章"附则"（第五十七条至第六十条）的修订内容，明确了"本法自 2008 年 6 月 1 日起施行"（第六十条）。

（4）首次修订尚未解决的问题

首次《中华人民共和国律师法》的修订，是在律师行业发展过程中的一次重大进步，但也还存在一些立法上尚未解决的问题，主要在关于律师协会的具体条文上。

《中华人民共和国律师法》在对"律师协会是社会团体法人，是律师的自律性组织"的规定未行修改的情况下，扩大了律师协会的职权，其中

《中华人民共和国律师法》第四十六条明确规定，律师协会应当履行的职责包括"制定行业规范和惩戒规则"，以及"对律师、律师事务所实施奖励和惩戒""受理对律师的投诉或者举报，调解律师执业活动中发生的纠纷，受理律师的申诉"，并且"律师协会制定的行业规范和惩戒规则，不得与有关法律、行政法规、规章相抵触"。然而，《中华人民共和国律师法》明确授权律师协会"制定行业规范和惩戒规则"，以及"对律师、律师事务所实施奖励和惩戒"，必然进一步暴露出自1996年中华全国律师协会制定《律师职业道德和执业纪律规范》以来没有解决的问题。

从中国律师职业行为法的发展来看，其轨迹就是这种规范的制定权和执行权从司法行政机关独享，变成了司法行政机关和律师协会的分权，司法行政机关的管理规范和律师协会的管理规范各成体系。前者形成的重要规范之一就是《律师和律师事务所违法行为处罚办法》，后者形成的规范则是《律师执业行为规范（试行）》。从目的来看，二者都是为了保持律师执业活动的高标准，其规则的执行具有惩罚性、预防性等特点。因此，从执行目的上看，二者并不存在本质区别。然而，目前形成的这种行为规范上的行政管理和行业管理相分离的状态存在很多问题。《中华人民共和国律师法》第四十六条虽然规定律师协会制定的行业规范和惩戒规则，不得与有关法律、行政法规、规章相抵触，但是对于律师协会制定的行业规范和惩戒规则究竟为何效力，并没有作出规定。

通常认为，按照中国现行法律体系，律师协会并非有立法权限的机关，因此其行业规范和惩戒规则并不具有法律效力。这在实践中产生了诸多问题。首先，律师协会制定的行业规范和惩戒规则不具有法律效力，对律师协会进行的惩戒处分不服的，难以通过行政诉讼等途径获得有效的法律救济。其次，这种分立局面造成的结果，就是律师协会的处罚权力软弱，难以进行有效的管理。再次，这两个规范在内容上存在差别，造成了行为标准上的不一致。最后，由于律师协会制定的行为规范不具有法律效力，在实践中法官往往以此为由拒绝执行这些规范。

对律师协会制定的行业规范和惩戒规则的性质的探讨，必然涉及对律师协会性质的拷问。《中华人民共和国律师法》规定律师协会是社会团体法人，并且在官方文件和理论界得到了反复强调。然而律师协会本质上并不具有社会团体的特征。根据1998年10月国务院发布、2016年修订的

《社会团体登记管理条例》第二条的规定，社会团体是指中国公民自愿组成，为实现会员共同意愿，按照其章程开展活动的非营利性社会组织。根据该条例第一条规定，成立社会团体首先体现和实现着公民结社自由的政治权利。而公民的结社自由包括两个方面，即结社的自由和不结社的自由。《中华人民共和国律师法》第四十五条第一款规定："律师、律师事务所应当加入所在地的地方律师协会。加入地方律师协会的律师、律师事务所，同时是全国律师协会的会员。"可见，律师加入律师协会是一种强制性的要求，律师没有选择的余地。从这一点上看，律师协会并不具备社会团体法人的性质。此外，社会团体成立，旨在实现会员的共同意愿，而律师协会的成立，则完全依据的是法律的直接规定，目的在于实现国家预期的设立律师协会。因此，不应当将律师协会视为社会团体法人。《中华人民共和国律师法》对律师协会性质的界定并不准确，在理论上难以说清，在实践中无法操作。

毫无疑问，律师在法治社会中具有重要的公共职能。律师协会对律师事务的管理涉及重要的公共利益。换言之，《中华人民共和国律师法》第四十三条第一款虽然规定律师协会是律师的自律性组织，然而律师协会的运作并不仅仅只关乎律师行业自身的利益。因此，律师协会具有两个重要的特点：一是其特定的群体性，即会员为律师这种特定职业人员，并有自己的理念和运作结构，与国家机关具有鲜明的区别；二是其公共性，即律师协会具有管理公共事务的职能，其运作非为促进律师行业的狭隘利益，而是为了促进包括律师行业在内的更为广大的公共利益。从这个意义上讲，我们可以说律师协会属于准行政机关，或者行业性行政机关。只有从这个逻辑出发，我们才能够合理地解释律师协会的权力来源、制定的行业规范和惩戒规则的性质，就此溯源可以认为律师协会是司法行政机关的授权机关。司法行政机关对律师协会的授权，具有体现政府分权、参与民主、独立性、专业性等多方面价值的功能。[①]

**2.《中华人民共和国律师法》的第二次修正**

2012 年 10 月 26 日，全国人大常委会对《中华人民共和国律师法》进行了第二次修正。这次修正，只修改了"律师的业务和权利、义务"章节中的内容，主要包括如下内容。

---

① 王进喜：《中国律师法的演进及未来》，载《西部法学评论》2008 年第 4 期。

（1）律师从事业务方面的条款修改

律师从事业务方面增加了刑事案件的"法律援助机构的指派"内容；删除了"为被逮捕的犯罪嫌疑人申请取保候审"的内容（第二十八条第三项），律师为当事人办理取保候审业务失去了法律授权。

（2）刑事案件律师会见方面的条款修改

刑事案件律师会见方面取消了"犯罪嫌疑人被侦查机关第一次讯问或者采取强制措施之日起"的文字表述，增加了"法律援助公函"的内容（第三十三条）；剥夺了律师在侦查环节介入刑事案件的权利。

（3）刑事案件阅卷方面的条款修改

刑事案件阅卷方面，将"受委托的律师自案件审查起诉之日起，有权查阅、摘抄和复制与案件有关的诉讼文书及案卷材料。受委托的律师自案件被人民法院受理之日起，有权查阅、摘抄和复制与案件有关的所有材料"，修改为"律师担任辩护人的，自人民检察院对案件审查起诉之日起，有权查阅、摘抄、复制本案的案卷材料"（第三十四条）。这一规定将律师介入刑事案件的阅卷权时间限定在审查起诉之后。

（4）律师执业的人身权利保护方面的条款删除和修改

删除了第三十七条"律师在执业活动中的人身权利不受侵犯。律师在法庭上发表的代理、辩护意见不受法律追究。但是，发表危害国家安全、恶意诽谤他人、严重扰乱法庭秩序的言论除外"的内容，将"律师在参与诉讼活动中因涉嫌犯罪被依法拘留、逮捕的，拘留、逮捕机关应当在拘留、逮捕实施后的二十四小时内通知该律师的家属、所在的律师事务所以及所属的律师协会"的规定，修改为："律师在参与诉讼活动中涉嫌犯罪的，侦查机关应当及时通知其所在的律师事务所或者所属的律师协会；被依法拘留、逮捕的，侦查机关应当依照刑事诉讼法的规定通知该律师的家属。"

从立法效果上分析，2012年对《中华人民共和国律师法》的修正，实际上是律师执业权益保护在立法上的一次"回头"！

**3.《中华人民共和国律师法》的第三次修正**

（1）《中华人民共和国律师法》第三次修正的背景

我国涉及律师执业监管的法律、规章等，主要包括《中华人民共和国律师法》《律师执业管理办法》《律师和律师事务所违法行为处罚办法》以及司法部出台的其他规章和规范性文件。

2015 年 9 月 15 日，习近平总书记主持召开中央全面深化改革领导小组会议，审议通过《关于深化律师制度改革的意见》，明确了深化律师制度改革的指导思想、基本原则、发展目标，从完善律师执业保障机制、健全律师执业管理制度、加强律师队伍建设、充分发挥律师职能作用等方面作出全面部署。

2015 年 9 月，"两院三部"联合出台了《关于依法保障律师执业权利的规定》（以下简称《规定》）。为推动《规定》的有效落实，2016 年 3 月至 6 月，根据中央政法委部署，司法部组织开展了《规定》贯彻实施情况督查。从督查情况看，各地结合本地区实际研究出台实施细则，主要保障措施正在得到落实。

2016 年 6 月，中共中央办公厅、国务院办公厅正式印发了《关于深化律师制度改革的意见》（以下简称《意见》）。《意见》坚持党的领导和中国特色社会主义法治道路，紧紧围绕全面推进依法治国总目标，提出了深化律师制度改革的指导思想、基本原则、发展目标和任务措施，对新形势下深化律师制度改革作出了全面部署，是指导我国律师事业发展的纲领性文件，必将推动我国律师工作进入一个新的发展阶段。《意见》从完善律师执业保障机制、健全律师违法违纪执业惩戒制度、加强律师队伍建设、发挥律师职能作用、加强组织领导等方面，提出了 29 条改革的任务和措施。《意见》所涉及的问题，事关律师工作全局和律师事业长远发展，研究解决好这些问题，对于破除影响和制约我国律师事业发展的体制机制障碍，充分发挥律师队伍在全面依法治国中的重要作用，具有重要意义。

2016 年 11 月，司法部修订通过并公布施行新的《律师执业管理办法》，其中的第二十四条在《中华人民共和国律师法》第三条第一款规定的"律师执业必须遵守宪法和法律，恪守律师职业道德和执业纪律"的基础上，进一步明确要求律师必须"做到依法执业、诚信执业、规范执业"。

司法行政主管部门为保障律师执业权利，制定了系统的措施和规定。明确各级司法行政机关、各律师协会要同法院、检察院、公安等部门建立保障律师执业权利联席会议制度，明确各部门职责，定期沟通有关情况，研究制定保障律师执业权利措施；建立了快速联动处置机制，切实提高维护律师执业权利的及时性和有效性。全国律协和各地律师协会已经建立维护律师执业权利的受理平台和受理机制，明确专门人员、专门机构负责个案维权。司法部原副部长熊选国提出："司法行政机关、律师协会要敢于'举旗'。维护律师执业权利，司法行政机关、律师协会负有共同责任，责无旁贷。特别是作为广大律师'娘家'的律师协会，要敢于在维护律师执业权利上'举旗'，哪里有律师执业权受到侵犯，哪里的律师协会就要率先站出来。"①

正是在这样大的背景下，全国人大常委会于 2017 年 9 月 1 日对《中华人民共和国律师法》进行第三次修正。

（2）《中华人民共和国律师法》第三次修正的主要内容

第一，将"通过国家统一司法考试"修改为"通过国家统一法律职业资格考试取得法律职业资格"（第五条第二项）。

第二，修改了"律师的业务和权利、义务"章节中的第三十七条第一款、第二款，重新规定：律师在执业活动中的人身权利不受侵犯。律师在法庭上发表的代理、辩护意见不受法律追究。但是，发表危害国家安全、恶意诽谤他人、严重扰乱法庭秩序的言论除外。第三十七条第一款、第二款的内容，基本上恢复到 2007 年修订的《中华人民共和国律师法》的规定，但第三十七条第三款保留了 2012 年修正的《中华人民共和国律师法》的规定。

第三，第三十八条关于保密的规定，删除了 2012 版《中华人民共和国律师法》的表述内容，又回归到 2007 版的表述内容。

从立法效果上分析，2017 年第三次修正的《中华人民共和国律师法》，应该是律师执业权益保障在立法上的一次回归。

2018 年 1 月，司法部原副部长熊选国就《中华人民共和国律师法》修改作了主题报告，强调律师法修改要以问题为导向，真正解决制约行业发展和行业管理的突出问题：要进一步明确律师定位；要健全完善律师执业准入、退出的基本标准；要健全完善律师事务所的设立条件和管理规范；要健全完善律师执业行为规范和违法行为处罚规定；要健全完善律师年度考核的内容和标准；要健全完善律师执业权利保障有关规定；要明确公职律师、公司律师制度的法律地位；要健全完善律师管理体制。这八个问题，都需要认真研究，广泛听取意见，在法律修订过程中仔细斟酌，全面论证，作出科学回答。

---

① 司法部原副部长熊选国 2017 年 1 月 9 日在学习贯彻司法部《关于进一步加强律师协会建设的意见》座谈会上的讲话，载《中国律师》2017 年第 2 期。

从 1980 年《中华人民共和国律师暂行条例》，到 1996 年《中华人民共和国律师法》，再到后来的几次修订、修正，可以说，《中华人民共和国律师法》的每一次修改，都促进了律师制度、律师工作和律师事业的发展。从 2007 年律师法修订到现在，短短十几年间，律师队伍从 14 万人发展到 60.5 万多人（2022 年 6 月人数），律师事务所从 1.3 万多家发展到 3.7 万多家。2019 年，全国律师办理各类法律事务 1119 万多件。其中，办理诉讼案件 610.9 万多件，办理非诉讼法律事务 133.2 万多件，为 73 万多家党政机关、人民团体和企事业单位担任法律顾问。同时，律所的规模化或将呈现出更加多样的面貌与形态。律师事业的迅猛发展为法律修改奠定了坚实的实践基础。相对于现行《中华人民共和国律师法》的规定，我国律师在职业定位、职业内容、执业环境、管理需求、权利保障等方面都发生了很大变化，及时对律师法进行修改，关系律师制度改革成果，关系到律师行业长远发展，非常必要。

## 第四节　律协之"难"

司法行政部门对律师的管理方式最初是宏观的、理性的制度建构。1993 年 12 月司法部《关于深化律师工作改革的方案》提出的"建立司法行政机关的行政管理与律师协会行业管理相结合的管理体制。并逐步向司法行政机关宏观管理下的律师协会行业管理体制过渡"，为我国目前实行的律师管理制度描绘了基本框架，指出了律师制度发展的大体方向。从 1993 年"两结合"律师管理制度运行以来，由于各级领导的高度重视和强力支持，社会各部门各单位的密切配合、支持，取得了巨大的成绩。司法行政机关工作效率提高，律师协会行业自律管理功能增强，律师事务所自我管理更具规范化，律师个人也更能发挥主观能动性。但由于司法行政管理不明确、行业管理无刚性、律师事务所作用小、个别律师不理解等主客观原因，"两结合"律师管理体制仍有很大的完善空间。

律师协会的行业管理是律师管理体制的重要组成部分。在一些西方发达国家，律师协会充当着管理律师的重要角色。根据《中华人民共和国律师法》规定，律师协会是律师的自律性组织，属于社会团体法人。这说明，律师协会的性质既不是国家机关，也不是事业单位，而是一种行业性的社会团体法人。律师协会是非营利性组织，不以营利为目的，它既是管理和组织依法执业的机构，又是律师自我教育、自我管理、自我约束的自律性组织。1986 年 7 月 7 日，中华全国律师协会成立并通过了《中华全国律师协会章程》，标志着自律性的律师协会在我国正式诞生。1996 年颁布的《中华人民共和国律师法》设专章对律师协会进行了规定，这是我国第一次将律师协会的地位、职责等内容上升到法律高度。2007 年修订后的《中华人民共和国律师法》，增加了律师协会制定行业规范和惩戒规则、对律师执业活动进行考核、管理实习人员等职能，赋予了律师协会更多的行业管理职能。

然而，在现实中，司法行政机关对律师管理工作在微观层面行政干预过多，重管理、轻服务，在律师的准入与退出机制上不够严格，对律师执业环境的保障力度不够，对律师工作的监督指导不细。律师协会作为律师的自律管理机关，因与行政机关职能划分不清晰，没有形成有效管理合力。在这种困境下，行政机关、自律机构、执业律师和律师事务所难以形成良性互动，会导致律师事业的发展不顺畅，律师协会可能既当不好"娘家"，也当不好"管家"。

## 一、上传之"难"

### ——律师协会所处地位使其难以将广大执业律师的切身感受和殷切期望"原汁原味"地上传到司法行政部门

"两结合"体制下的司法行政管理是指以司法行政机关为主体，根据国家法律法规的授权，运用行政手段，以律师协会、律师事务所和律师为主要对象，监督、指导、促进律师行业发展为目的而进行的管理行为。国家赋予司法行政机关的职权并不是作为政府组成部门的具体、明确、细致的工作，而是一种宏观的指导性职权。从"两结合"管理体制的发展脉络可以看出，司法行政机关与律师协会对律师工作管理职能不停地进行调整，具体而言，司法行政机关对律师的管理职能逐步由具体向抽象转化，一些微观细致的工作逐渐由律师协会或者律师事务所进行管理，司法行政机关主要集中在宏观方面。从近年来的全国司法行政工作会议精神上来看，也能发现司法行政机关律师工作管理职能的变化。

按照依法行政的基本原则，根据法律法规和有关部门规章，目前我国司法行政机关对律师工作的主要行政管理职能涵盖以下内容：（1）负责律师行业长期发展规划的制定，起草规范律师工作的法律法规草案、规范性文件和规章制度，指导律师协会制定章程等。（2）对律师的执业情况进行日常监督和管理，对律师事务所的所务活动、软硬件建设、组织阵地建设等进行专项监督检查，指导律师协会对重大投诉案件的查处。（3）行业准入和年度考核工作。对律师事务所的成立和律师的申请执业进行批准，同时肩负对其的考核监督工作。（4）处罚、表彰律师和律师事务所行为。依法对律师事务所、律师的违规违法行为进行处罚，对先进做法和优秀律师进行表彰。（5）改善律师执业环境。（6）引导律师参与法律援助。

　　"两结合"体制下的行业管理是指由依法设立的执业律师组成的律师协会，按照《中华人民共和国律师法》《律师协会章程》和相关行业规范，对所属律师以及律师事务所的执业活动进行行业调节、约束和管理。《中华人民共和国律师法》和《律师协会章程》分别对律师协会职能作出了相关规定。律师协会的行业自律管理功能主要有以下八个方面：（1）保障律师依法执业，维护律师的合法权益。（2）总结、交流律师工作经验。（3）制定行业规范和惩戒规则。（4）组织律师业务培训和职业道德、执业纪律教育，对律师的执业活动进行考核。（5）组织管理申请律师执业人员的实习活动，对实习人员进行考核。（6）对律师、律师事务所实施奖励和惩戒。（7）受理对律师的投诉或者举报，调解律师执业活动中发生的纠纷，受理律师的申诉。（8）法律、行政法规、规章以及律师协会章程规定的其他职责。

　　司法行政机关对律师行业"两结合"管理体制还存在不合拍的状态，主要有以下几个方面的原因：第一，原有的行政管理思维影响较为深远，司法行政机关还没有完成角色转变，即从原先行使律师管理行政职能的管理者向宏观管理者的角色转变，其要么干涉律师协会在律师行业的管理工作，要么利用行政职能干涉律师事务所应实施的内部管理事务。第二，有些司法行政机关对实施"两结合"律师管理模式在认识上有很大的偏差，认为律师应完全摆脱行政机关的行政管理，放手实施律师协会的行业管理，从而放弃司法行政机关对律师的宏观管理权；还有些司法行政机关不愿放弃已经享有的行政管理权，根本没有将管理职能转交给律师协会，或者直接通过行政手段代替行业管理，在实践上"架空"律师协会。

　　业内有律师撰文指出，现行《中华人民共和国律师法》是一部律师管制法，而不是保护法，或者管制与保护明显出现了不对等。具体表现在整部律师法中，关于律师的义务性和禁止性条款占了一大部分，而权利性和保护性的条款只有寥寥几条。从司法行政机关和律师协会的关系层面上说，也存在管理与保护不对等的问题，这对一部法律来说，是不科学的。而要达到管理与保护对等，则需要摆正司法行政机关与律师协会之间的地位和关系。

从律师作为被管理者的角度看，司法行政机关与律师协会都是管理机关或团体，这一点无论是《中华人民共和国律师法》还是《中华全国律师协会章程》都有相关明确的规定。司法行政机关与律师协会之间的关系主要表现在以下几点。

第一，司法部是主管全国律师工作的部门，它对全国的律师协会负有监督和指导职责。也就是说，这一职责针对的不仅包括中华全国律师协会，也包括各地的律师协会。

第二，司法部对全国范围内的律师协会负有指导和监督职责，其职能主要在于宏观管理，既要履行作为司法行政机关应当履行的行政管理职能，使得行政管理切实在宏观上起到导向性作用；又要负责监督、指导律师协会的相关工作，为整个律师行业创造良好的执业环境。律师协会是司法行政机关与律师之间的桥梁，因此，作为律师自律性组织的律师协会在履行其所赋予的相关职责中要妥善处理好行业管理与服务的关系。

第三，司法行政机关在行使行政管理职权的过程中对律师协会的监督、指导，应充分考虑到律师协会所应具有的相对独立性和自律性地位。而律师协会也应该在一定程度上接受司法行政机关的监督、指导，充分认识到行业管理和司法行政机关的行政管理是同等重要的。

"两结合"管理体制是适应我国国情和律师行业发展实际、具有中国特色的社会主义律师管理体制，在提升律师管理服务工作水平，促进律师事业发展等方面发挥了重要作用。但与新形势、新任务相比，"两结合"管理体制还存在一些与律师工作发展不相适应的问题，一定程度上影响了律师管理工作实效，需要加以解决。要细化司法行政机关和律师协会的工作分工。①

---

① 司法部原副部长熊选国 2017 年 1 月 9 日在学习贯彻司法部《关于进一步加强律师协会建设的意见》座谈会上的讲话，载《中国律师》2017 年第 2 期。

从现实环境可以看出，律师协会要扮演好司法行政机关与律师之间的桥梁角色，存在一定的困难。这既有体制的问题，也有机制的问题，还有执业律师所面临的困境问题。从情理上说，律协应该是律师的"娘家"。但律协不是自治性组织，在行业内的话语权有限，不能给予律师在执业权益上的实质保障，律师遇到各种问题时难以将律协视为真正可以依托的"娘家"。在这种态势下，律协也难以将律师面临的各种困难和问题及时采集并上传给司法行政部门。

司法行政机关对律师协会的工作有监督、指导的职责。律协如果经常性地将律师事务所和律师提出的问题、要求"原汁原味"地向司法行政机关上传，而这些问题也有很多是司法行政机关解决不了的，就可能使司法行政机关认为律协没有行使好行业管理职能，甚至给律师协会的工作带来否定性评价。比如，在律师权益保障方面，司法行政机关从恢复律师制度开始，就不遗余力地采取一切可能的办法推进律师权益保护的政策法规落地。但由于司法行政部门在我国司法体系中影响力不够，导致了法律已经赋予律师的权利又由其他部门通过修法的方式予以剥夺。如果不是中央在全面推进依法治国背景下提出深化律师制度改革，律师权益还将继续得不到保护和改善。

因而律协向上汇报时，可能只说律师事务所和律师好的方面，不说或少说不好的方面。国家与个人、司法行政机关与广大律师事务所和执业律师，他们的着眼点、看中点是有距离的，上传是有难处的。也就是说，上面的想法和下面的想法在心理上、思想上和着眼点上是不一样的，作为中间角色的律协难以将下面"原汁原味"的信息上传给司法行政部门。律协上传信息的过程中，也会从自身地位与行政机关的关系出发，不由自主地简化相关信息，选择性地传递信息。这样一来，广大律师事务所和律师对执业活动的切身感受，以及渴求行政机关支持行业发展的各种期盼，就很难"原汁原味"地通过律协上传到司法行政机关。

中国政法大学教授许身健认为，促进"两结合"律师管理体制的完善，首先，要对律师有一个准确的定位，坚守"三维护"职责，即维护当事人合法权益、维护法律正确实施、维护公平正义。其次，应当正视几个深层次的矛盾问题，包括但不限于律师职业性与商业性的矛盾、传统商业思维与行业健康发展的矛盾、律师行业自律与他律的矛盾。最后，应当处理好律师事务所自我管理与社会管控之间的关系。"两结合"管理体制可能还不够，应采取结合多重利益群体的方式，将司法机关、行政机关、证监会等与社会公众结合起来，走一条律师行业自律和社会控制并存的管理道路。

## 二、下达之"难"

**——律师协会所属功能使其难以将司法行政部门的要求不折不扣地完全落实到所有律师事务所和执业律师中去**

笔者认为，把律师协会定性为"自律性组织"是不够的，还应强化其自助性。自律性表明的是自我约束，自助性指的是自我救助、自我资助。自我资助是因为律师协会的经费主要靠律师缴纳会费得以解决，这也是律师缴纳会费的基本前提。自我救助，是强调律师协会应当像工人的工会、妇女的妇联一样，保护律师合法执业。律师在目前的中国，是一个"无权无势"但又必须与公安、检察院、法院打交道的职业，所以必须要有一个这样的团体来切实保护这一职业的自身利益，而律师协会是名正言顺的团体。律师协会不能单独强调"自律"，更应强调自助。律师缴纳会费不是为了自律，更主要的是为了"自助"。试想，有谁愿意掏钱买个紧箍自己戴呢？这不符合人类的心理需求。同时，强调自助性，才能为律师协会具有"保障律师依法执业、维护律师合法权益"的职责奠定理论基石，也才能促使律师协会切实担负起"保障律师依法执业，维护律师合法权益"的职责。

从现有的法律规范和现实的监管状态来看，律协的自助性功能尚未形成，而司法行政机关与律师协会之间的管理职能也尚未理顺。

1993年国务院批准的《司法部关于深化律师工作改革的方案》第五条规定："从我国的国情和律师工作的实际出发，建立司法行政机关的行政管理与律师协会行业管理相结合的管理体制。经过一个时期的实践后，逐步向司法行政机关宏观管理下的律师协会行业管理体制过渡。"2018年印发的《关于建立健全律师维权惩戒工作责任制的意见》中也提及要"明确司法行政机关与律师协会的权责和分工，二者要齐抓共管、各有侧重、相互配合，推动律师行业的发展"。

"两结合"管理体制的确立，对司法行政机关与律师协会的管理权限进行了规定，主要是司法行政机关对律师工作进行宏观管理，律师协会则作为律师的自律性组织，对律师事务所和律师执业进行业务上的指导。司法机关在律师工作宏观管理方面的主要职责是：对律师行业进行政策指导、机构管理、人员管理、执业活动监督和业务指导。这些宏观内容基本囊括了律师管理的各个方面，使得司法行政机关在法律制度上似乎有违宏观管理的框架。而 2017 年修订的《中华人民共和国律师法》则规定"司法行政部门依照本法对律师、律师事务所和律师协会进行监督、指导"。但从《中华人民共和国律师法》规定的所赋予行政机关的"处罚"与"惩戒"条款，仍旧可以看到司法行政机关在微观上实际管理的权限，并未真正在新的法制发展时期落实行政机关的宏观管理目标。司法行政部门只是负有监督和指导的职责，具体监督和指导职责都应该包括哪些内容？行使的方式是什么？法条或后续的解释或细则都应该有具体的规定和明确的表达。

中华全国律师协会自 1986 年 7 月 7 日成立至今仅有三十多年，起步时间相对较晚，在管理工作中与域外的律师协会相比仍缺乏经验，不够成熟。而且，当前律师协会的覆盖面仍然较窄，难以满足日益增长的法律事业需求。同时，律师协会在内部管理机制、监督机制、惩戒机制等方面也需要逐步健全和完善。

在司法行政机关与律师协会之间管理职能尚未理顺的情况下，司法行政部门的非宏观管理意见也会因权责不明难以顺畅地传递给律师群体。因此，当前我国律师管理体制改革的大潮流，应是在理顺司法行政机关的行政管理权限和律师协会的行业管理权限之间的关系。给律师协会放权，让律师协会"松绑"，让律师协会唱"主角"，从而在实践层面上切实构建起在司法行政机关宏观指导下的、以律师行业管理为主的管理体制。

## 三、上下协力之"难"

**——律师协会与司法行政机关的地位及其相互关系之差异使其难以将司法行政机关的要求与广大律师的期望全部融会贯通**

就律师协会与司法行政机关的关系而言，一些律师认为，在保护律师权益上，两者应当是相互对立的。因为律师协会虽然是律师管理组织，但其属于自律组织，律师会员让渡一部分权益给律师协会并受其管理是为了律师群体利益最大化。当律师成员受到不利于实质权益的处罚时，此时律师协会应从会员权益出发，为其有理有据地争取利益的最大化。"如果律师协会与司法行政机关对于律师的所有管理细节始终保持着一致态度，那么律师协会存在的意义似乎微乎其微，发挥不出其作为自律组织的特点与功效。律师协会虽然在司法行政机关的监督和指导下管理着律师活动，但是其独立性始终是需要不断强调的，目前我国现有律师管理模式下更强调司法行政机关的监督和指导，以及国家机关与社会组织的协调一致，对于律师协会的自治性并未过多突出。但若不给予律师协会一定的独立，政府管理与行业自治过分重合，很容易导致整个行业的消极发展。律师整体独立的实现不仅是律师制度自身发展的必然，也是我国司法制度现代化的基本要求。"[1]

面对现实，律师、律师事务所对行政管理部门和行业自律机构的态度大多是：表面应付的多，全力配合协调的少。究其原因，主要是行政管理部门和行业自律机构不能给予律师、律师事务所普遍的、现实的利益。如果不是行政管理部门和行业自律机构对律师年检、年审的规制，恐怕很多律师、律师事务所根本就不会心甘情愿地与行政管理部门和行业自律机构建立联系。有很多底层律师认为，全国优秀律师事务所的招牌只会授予少数律师事务所，而作用也仅限于在体制内进入服务商名录拓展业务；众多大律师争抢律协领导职位，也不过是给自身"镀金"，在与客户谈判时拿一个好的客单价；而律协也可能更希望进入体制内成为正规军。

行政干预过多，律师的权益得不到有效保护，容易影响律师行业的专业性发展和行业性改革。作为法治道路上的重要组成部分，如果律师群体的根本利益得不到保护，对于法治社会建设也是不利的。律师的"专业"可以自我实现，但律师的"专注"和"专享"的实现，除了需要政府的制度支持外，更需要律师协会和律师事务所的指导和制度支持。当前不少律师协会在日常管理和业务培训方面已显现出专业化发展趋势，但很少有律师协会完全实施专业化发展战略。这将在法律服务专业化发展问题上弱化律师协会在政府与律师事务所、律师之间的承上启下功能。

"律师以个人喜好为基础组织的专业化发展社群也因律师协会承上启下功能弱化而无法持续良性互动，从而出现市场需求日益专业化与法律服务专业化不足的矛盾。以涉外法律服务为例，大湾区港澳以外的法律服务中，虽然也有广州南沙涉外仲裁合作、深圳前海境外法律查明等涉外法律

---

① 宋世杰、伍浩鹏：《律师整体独立论》，载《河北法学》2006 年第 1 期。

服务，但在众多律师事务所中，极少律师事务所将涉外法律服务确立为其专业化发展方向。截至 2020 年底，广东省 3496 家律师事务所中仅有 18 家设立了境外分支机构，全省 55136 名律师中仅有 1350 名涉外律师，从事相关境外法律服务。（广东省律协·广东律师行业 2020 年发展数据发布）可见，市场需求与法律服务机构发展战略，尤其是律师业发展战略并不完全匹配，存在明显不平衡。"[①]

律师协会作为律师执业自律组织，其作用在于承上启下，理解来自高层的制度精神，并对律师事务所的管理行为和律师个体的执业行为进行监督、指导。与司法行政部门相比，律师协会的职能更倾向于管护而非管理，在对律师执业的合法性进行监督的同时，更注重对律师的保护与帮助。律协如果发挥不好桥梁作用，司法行政机关的要求与广大律师的期望就不会全部融会贯通，司法行政机关、律协、律师事务所和律师之间的协同效应就很难形成。

## 第五节　律所之"愁"

《中华人民共和国律师法》第十四条规定："律师事务所是律师的执业机构。"律师事务所是律师执行职务的工作机构。律师事务所是执业律师基于共同目标的结合，它是一种社会经营性机构，结合的根本目的在于营利。现代律师事务所的运作不是靠政府支持，而是需要从律师收取的法律服务费用中按比率抽取律师事务所的管理费用。也就是说，它的运作依靠其自身的营利能力，它的营利所得除用于日常管理和风险储备外，还需要给律师事务所投资人进行分红。合伙制律师事务所下的合伙人和个人律师事务所下的个人执业律师是律师事务所的投资人，他们享有对律师事务所管理事务的投票权和决定权，他们结合而成的是一个自负盈亏的合伙或个人组织。他们结合的目的在于个人财富的增加，合伙人和个人执业律师在享有律师事务所营利份额的同时，也负有对律师事务所损失的连带责任。所以，律师事务所同律师一样都在追求利益的最大化，并且，律师事务所的财富积累与律师的营利能力呈正相关性。

---

① 朱最新：《粤港澳大湾区法律服务集聚发展研究》，载《特区实践与理论》2022 年第 1 期。

"律师事务所作为律师的执业机构，既是一个职业组织，也是一个商业组织。律师执业活动中，道德和商业并不是相互排斥的。在经济上能够进行有效管理的律师事务所，将更有能力在持续改进上进行投入，从而为律师事务所的所有者、雇员和委托人带来益处。具有经济能力的律师事务所在法律服务过程中更不可能经受不了走不当捷径的诱惑。因此，适当的管理体系应当有助于律师事务所符合职业道德地、有效地、高效地提供法律服务。国外管理强制性律师职业赔偿计划的机构的研究表明，采纳了有效的管理体系的律师事务所更不可能成为委托人索赔的对象。"① 我国业内人士也指出："事实上，任何律师个体的不规范执业行为都是由于律师事务所这个律师从业基本单位的内部肌体存在顽疾所致。要解决不规范执业行为问题，不仅要制定若干法律法规，及对律师本人进行教育，而且更重要的是治理好律师事务所的内部管理体制。因为所有的律师都要在律师事务所当中执业，必然要受到事务所的规制和约束，这是管理律师最基本的层面，也是最关键的层面。"② 质量保证旨在消除向委托人提供高质量服务时的一部分风险。其假设是，组织完善的律师事务所、按规矩办事的受过良好培训的律师，自然更有可能为委托人提供其所需要的服务。一个有效的质量保证框架将有助于律师事务所，不再听凭命运来安排那些增强法律咨询质量和业务效率的关键因素。

律师必须在律师事务所执业，且只能在一个律师事务所执业。律师事务所没有严格的等级结构，类似于"律师社区"，内部不存在明确的科层结构，律师之间基本上是一种平等合作关系。即便是律师事务所的合伙人也无法使律师事务所内的全部律师完全听从他的安排，其权力远远弱于单位组织中的领导。

大部分以提成制为分配方式的律师事务所，在内部管理上，律师在律师事务所中更类似于以"租赁柜台"的方式执业。律师事务所不为律师发放薪酬，也不为律师分配案源，律师还要分摊律师事务所的办公成本，承担个人社会保险。律师事务所的真正效用是为加盟律师搭建了所内全体律师社会网络关系的交集和平台，为律师获取案源和其他法律服务资源带来

---

① 王进喜：《律师事务所管理评价体系研究报告》，载《中国司法》2007 年第 8 期。
② 王隽：《论合伙律师事务所的规范化管理——北京市律师协会关于本市律师事务所管理现状的初步调研分析》，载《中国律师》2009 年第 2 期。

便利。"在市场因素的形塑作用下律师事务所不再如单位组织成为律师的'生活共同体',而仅仅构成了律师执业的组织平台,律师与律师事务所的关系更多是建立在契约关系基础之上。这种契约关系也使得律师事务所的组织结构更加扁平和开放,因此,律师事务所可以被认为是具有松散组织结构的正式组织,属于伯恩斯和斯托克所界定的有机型组织,这种组织类型更适宜于充满机遇和风险的市场情境。"①

因而,其在生存与发展方面必将面临更多的困境和风险。

## 一、生存之"愁"

生存之愁,主要存在于小型律师事务所。

### 1. 青年律师生存问题堪忧

有人形容律师界有三大弱势群体:迷茫中的青年律师、困境中的中小型律所、家庭与事业双重压力下的女律师。如果你是中小所里的青年律师,那就是难上加难,如果你是中小所里的青年女律师,那可能就是难于上青天了。②

相信从事律师行业的人都清楚,这个行业跟会计、医生相似之处,在人们心中都有着"越老越吃香"的认识。因此,很多委托人在寻找律师时,往往更为看重年龄和从业经验,这就使得刚刚大学毕业或者从业初始阶段的年轻律师经常会处于坐冷板凳或给别人打下手的情况。无论诉讼还是非诉讼领域,案源问题都是青年律师必须面对的。在诉讼领域缺乏案源可能导致自身职业的无以为继,而在非诉讼领域缺乏案源同样意味着受制于人,前途堪忧。而挖掘案源、争取案源、维系案源恰恰是青年律师的软肋。青年律师一方面社会资源匮乏,另一方面职业经历屈指可数,在如何寻找案源的问题上,刚入行的青年律师大多显得无所适从。而与之形成鲜明对比的是,一部分知名律师、资深律师却被一群客户环绕着,争先恐后支付高昂的服务费来委托其提供法律服务。

青年律师执业初期收入低、缺案源、缺帮教是面临的主要问题,不少青年律师由于入不敷出等原因,挨不过执业的前三年,最终不得不放弃视

---

① 崔月琴、张冠:《转型社会的组织基础再造——以律师事务所为例》,载《学术研究》2013 年第 8 期。

② 林昌炽:《对中小律所发展的思索》,载《中国律师》2018 年第 8 期。

之为理想并为之奋斗的律师职业。无论哪种职业，青年代表着未来，对青年群体利益的忽视就是对该职业发展前景的淡漠，青年人才的流失也必然给行业的发展造成不利的后果。

**2. 小型律师事务所竞争能力不够**

法律服务市场对律师有着"二八定律"的划分，即20%的人掌握了律师行业80%的收入，而剩余20%的收入由剩下的80%的人产出。这一定律反映在律师事务所层面，则体现为大型律师事务所之间的竞争、中小型律师事务所之间的竞争以及大型律师事务所和中小型律师事务所之间的竞争。

大型律师事务所基本垄断了我国的高端法律业务，他们之间通过律师事务所集团化、国际化的发展和律师工作方式专业化、团队化的转变，提升律师事务所品牌和业务质量来争夺高端法律服务市场的份额。但是，在大型律师事务所中，合伙制的亲密关系逐步淡化甚至解体，公司式的管理模式加剧了律师事务所内部律师的差异。中小型律师事务所基本上从事的是中低端法律业务，他们的竞争集中在传统的诉讼领域和法律顾问业务。中小型律师事务所大多采用科层制的管理模式，合伙制的印记较浓，他们的竞争力体现在业务专业化方面。但并非大型律师事务所就不与他们抢占中端法律服务市场，在大型律师事务所中也有所谓的"二八定律"之分，那些从事中端法律业务的大型律师事务所律师必然要与中小型律师事务所律师进行竞争。但他们的律师事务所规模化背景、品牌优势和优质的法律服务网络使得他们比大部分中小型律师事务所中的律师有更优质的资源和竞争力，这无疑又在中低端法律业务中加剧了中小型律师事务所的竞争压力。在这样的竞争环境下，尤其是在中低端律师业务层面，难免会让大部分律师事务所和律师为业务担忧、为生存发愁。

法律资源具有稀缺性。首先，法律服务资源的稀缺性，造成了并非每个需要法律服务的人都可以获得一致的服务，而是通过支付价格的方式达成资源的市场分配。其次，法律案源的稀缺性，"蛋糕"市场是有限的，但分配的人越来越多，竞争势在必行。在规模、资源的掣肘下，中小型律师事务所自身有着无法克服的劣势。

导致小型律师事务所收入波动较大的根本问题在于：业务选择偏重诉讼、律所组织缺乏合作、主导能力素质偏低和创新内容限于业务。其中，业务选择偏重诉讼、主导能力素质偏低导致律师事务所无法摆脱"靠天吃饭"的局面，收入波动较大；律所组织缺乏合作、创新内容限于业务，导致律师业发展只能依靠外部机遇，缺乏后劲，规模增速放缓。一方面，提成制律师事务所的总体收入完全是靠律师数量堆砌起来的，组织效率极其低下。另一方面，中国律师业存在很多潜规则，如不要贸然接触律师事务所其他人的客户、文本等，这些规则的背后，也让每个律师事务所只能采取形聚神散的提成制。此外，律师事务所的主导能力主要表现为合伙人的能力，包括办案能力、拓展业务能力、管理能力、培养律师能力等。中小型律师事务所的能力差距主要表现在管理能力上，即管理意识薄弱和管理知识缺乏。

律师事务所发展过程中，有四个关键要素制约着事务所的发展：业务选择、律所组织、主导能力和创新内容，这也可以说是衡量律师事务所发展的四个维度，这四个维度的各种组合就是律师事务所的各种发展路径。[①]

### 3. 小型律师事务所选择管理模式困难

律师之间的竞争与律师事务所之间的竞争是相辅相成的，律师事务所能够提供给律师执业活动的平台和保障，律师之间业务的竞争与律师事务所的盈利状况息息相关。因此，为了吸引和留住有盈利能力的律师，作为一个组织，律师事务所必然要有一系列的管理制度来提高律师的忠诚度，并承诺给予律师最好的待遇，保障律师能够享有较大的经济利益。所以，为保障自身的竞争力，现代律师事务所选择了专业化、规模化和国际化的发展方向，只有通过做大、做精才能保障自己的律师在法律服务市场中的占有率。

小型律所由于其大多基于松散型合作、分摊费用形式合作，很难有内部凝聚力。律所组织形同虚设，律所发展战略的设定、品牌的打造以及律所的内部治理成为空谈。如果合作的空间和广泛度不够，即使有优势，保持优势的时间也会很短。合作关注的不是优势问题，而是成长问题。如果合作有足够的韧度，那么，组织就会有足够的成长性，组织中每个个体也会有成长，组织的优势就可以不断地迭代增长；反之，如果我们仅讨论优势，就应该知道，我们的优势不会很多，因为强中更有强中手。

---

① 金鹰：《中小律师事务所发展现状及案例剖析》，载《法治研究》2011 年第 3 期。

但目前的情况是，大多数中小型律师事务所并没有完全将业务选择、律所组织、主导能力和创新内容管理起来，甚至管理本身仍被很多律师事务所视为可有可无。以下五点是目前中小型律师事务所普遍面临的管理现状。

第一，安于人治（"小所无管理"）。这种观念在规模较小的律师事务所比较盛行。这些律师事务所不过三四个合伙人，加上聘用律师、内勤及财务人员也不到 10 人。合伙人多为凑合型，只强调业务创新能力，没有统一的理念目标；或者只强调强强合作，不注重互补，一味追求经济效益，不重视人员素质。

第二，重视硬件建设而忽视管理这一软件效益。律师事务所大多在硬件设施、招收人才、扩张规模等方面下了很大功夫，但忽视了管理这一必不可少的软件。简单地用提高律师报酬来吸引人才而无科学的管理理念和制度，最终只会导致人才流动的随意性过大，集体缺乏凝聚力。

第三，缺乏管理思路。中小型律师事务所并不排斥管理，但对于如何进行管理没有头绪。律师事务所不乏规章制度，但不能形成系统，制度间无法相互制约，许多提议由于没有制度配合而最终落空。

第四，用人体制过于开放。律师事务所对律师不强调个人管理，律师加入律师事务所也不需要特别条件。律师之间的竞争直接体现在业务量上，这种机制的缺陷没有为律师提供个人发展的空间。

第五，忽视律师事务所与传统企业的结构差别。部分律师事务所的管理者参照公司管理制度建立起一套人力资源管理系统，却没有解决合伙人之间的问题。合伙人问题不解决最终必然影响聘用律师的管理，造成员工无所适从、心神不定，更不要谈律师事务所人心的凝聚和发展。①

从服务业运营这个维度来看，与其他行业一样，律师之间主要是一种"有限游戏"。有限游戏的规则是：在律所外部，在市场上，一家胜出，一家失败；在律所内部，运营的机制也是相互竞争的多，比创收，比市场，相互合作的少，各个合伙人团队之间的合作是被动于项目需求，而不是自发、自觉的。无论所内所外，竞争并取得比较优势，是生存与发展的主要思维方式。这种强者思维，自然有其天然的道理。②

---

① 金鹰：《中小律师事务所发展现状及案例剖析》，载《法治研究》2011 年第 3 期。
② 杨强：《机制的力量：律师事务所管理模式与实践》，中国法制出版社 2022 年版，第 1 页。

## 二、发展之"愁"

发展之"愁"主要存在于中小型律师事务所。

中小型律师事务所在发展过程中普遍存在以下问题：一是管理方式和手段简单落后，律所内部分工不明确，人员结构不合理，缺乏凝聚力和团队精神；二是律所整体上没有长远目标及发展战略，缺乏营销意识和策略；三是没有健全的得到认真贯彻执行的规章制度，缺乏防范执业风险的能力。

### 1. 中小型律师事务所的发展战略和发展思路常常陷入迷茫

有人比喻，一家大型律师事务所，定位不清，管理混乱，其危险性远远大于一家小型律师事务所。因为小船好掉头，而大船一旦倾覆，后果将不堪设想。许多中小型律师事务所对于要将律所办成一个什么样的所，对于市场和专业定位、发展思路等，没有规划，没有目标，常常陷入迷茫。

对比美国、英国等律师行业发展较早的国家，我国律师总收入偏低。如 2016 年，我国律师行业总收入约 679 亿元人民币，而英国高伟绅律师事务所 2016—2017 财年的营收就高达 15.4 亿英镑，接近我国全国律师行业营收的四分之一。

许多已解决生存问题的中小型律师事务所，其发展模式往往是有几个业务能力强的合伙人带着各自的团队，进行扩张式发展。这种模式的缺陷，就是律师事务所的组织能力低下无法形成凝聚力，在内部不能有效治理，在外部与公司制或一体化的律师事务所相比缺乏竞争力。

律师制度恢复发展 40 多年以后，行业发展进入一个新阶段，需要日益细致、深入、全面地回应客户多领域的专业需求，倒逼着面向未来的律师事务所去思考应该采取一种什么样的战略或运营机制，才能更贴合客户需求，更能够为客户创造价值而得到客户选择，与客户共同成长。律所之间与律所内部的竞争，不应该再是简单的占有市场、谈下客户，而是从客户体验和服务价值方面去反思如何黏合客户、陪伴客户。这可能是一种"无限游戏"的情境：律所的发展战略应该是创造一种机制、一种文化，让更多的律师进行合作，通过合作使客户的多专业领域需求得到匹配的同时，获得高质效的服务体验，进而打造一种不断迭代的生态环境。

现在，律师市场正发生激烈的变化；未来，资本、技术的进入将会与律师行业发生怎样的交集？资本、技术早已经完成了对投行、咨询、人力资源、会计师事务所的全面融合。合伙，尤其是人合，在律所表现与演绎得最为纯粹，整个行业对待资本与技术，尤其是资本的态度，还是相当谨慎的。资本与技术如何进入律师行业需要进一步的实践与观察。

反观律师行业，有一个普遍的特点，就是重业务、轻管理。这种现象有其存在的合理性，主要原因是律师事务所是一种智力服务机构，而且律师事务所提供的智力服务与其他智力服务行业，如会计师、投行、咨询等，有着本质的区别：大部分律师业务可以由律师个体独立完成；同样一项法律服务，不同律师提供的法律服务结果会存在多样性的差异；一项法律服务所产生的利益归属比较清晰，由此能够确定律师个体的收益。这些特质本身就带有熵减的属性，能够对抗一个机构发展过程中的无序和混乱。

但是，如果律师事务所需要更有组织、更有质效，需要面对未来竞争中的更多不确定性，就需要将律师行业的特质聚合、融合得更好。这就需要管理的介入。但是，管理带来的是一个熵增的过程，还是一个熵减的过程，看的是管理能力。[①]

律师事务所除了要抓好内部管理，更要关注与其长远发展相关的战略管理，推进律师事务所的规模化、专业化、国际化、规范化发展。

改革开放以来，我国法律服务市场不断扩大，律师业呈现出激烈竞争态势。同时，由于我国经济发展不平衡，律师业在不同市场呈现出不同的竞争特点，区域市场全国化、全国市场区域化态势明显，国内市场国际化初见端倪。

从全国市场看，律师业的竞争体现在专业化、高端化、团队化、国际化，以及律师事务所的公司化、品牌化、规模化等方面。处于地缘优势的北京律师事务所开始在全国市场"攻城略地"。就律师业务而言，全国性的律师业竞争主要集中在金融、证券、并购重组、资本运作、IPO、知识产权等专业性比较强的高端业务；区域市场竞争仍以传统业务为主。

---

① 杨强：《机制的力量：律师事务所管理模式与实践》，中国法制出版社 2022 年版，第 56～57 页。

如今，我国律师业竞争和发展面临四大主题：一是"向上"，即律师业在不断谋求提高自己的法律服务品质和层次；二是"向大"，即律师事务所不断寻求规模的突破，通过规模效应获得发展动力，律师事务所逐渐集团化；三是"向专"，即律师和律师事务所通过提供专业服务创立律师个人品牌和律师事务所品牌，通过提高专业服务能力来增强竞争力；四是"向外"，即律师事务所不断走出本地市场，向更广更深的法律服务市场进军。

可见，律师业竞争不断加剧已成事实。为了能够在日益竞争的法律服务市场占据优势，律师和律师事务所必须进行服务创新、产品创新、管理创新和营销创新，增强自己的竞争优势，造就新的成长点和发展点。

**2. 中小型律师事务所的运营机制尚不适应客户需求**

中小型律师事务所的运营，大多主要靠律所核心合伙人的专业资源和客户资源来支撑。无论发生何种变化，律所发展始终是以客户需求为导向的。从这个角度来讲，这又是一个确定的时代，客户需求使得不断领先的法律服务类型化、类型化业务低价化或平价化。这样的变化会对律师事务所提供法律服务的方式提出挑战，继而也会对律师事务所的运营机制提出挑战。

传统的以提成为主、单打独斗的法律服务方式由于不能更有效地将领先业务类型化，已越来越无法适应客户的需求。同时，越来越多的客户内部合规与法律服务管理也在发生变化，传统法律事务部以后置纠纷处理为主的角色发生了翻天覆地的变化，律师事务所的服务模式也要适应基于法律合规内部管理结构发生变化后的变化。我们要求行业自律、行业礼遇，不低价竞争。但是，我们也要始终明白，竞争行业的实质就是通过价格调整，改变供给侧的供给模式，使供给侧越来越有竞争力。

在供给越来越充分的律师行业，与服务模式息息相关的运营机制如果没有优化，就不能够为客户提供有质效的法律服务，竞争优势就会减弱。对于律师行业而言，规模化与精品化是提高竞争优势的路径。但是，实现规模化与精品化的路径不同，运营规模化与精品化的机制也不同，竞争的优势更会有所不同。以客户需求为导向，不断探索和优化律师事务所的管理模式，这是在这个存在很多不确定性的时代生存的确定性法则。

律师事务所作为一个组织体，需要建立机构，制定章程和规章制度，进行组织、协调和规范。因此，律师事务所是需要实施内部管理的。律师事务所的管理涉及业务、人事、财务等方面。我国的律师法、相关行政法规、地方性法规、政府规章，以及司法行政机关的规范性文件和各级律师协会的规则，对于律师事务所及律师的规范管理做了大量的规定。律师事务所就实施管理也相应制定了统一收案制度、印章管理制度、发票管理制度、利益冲突审查制度、重大敏感性群体性案件报告备案及集体讨论制度、档案管理制度、人事管理制度、财务管理制度以及其他规章制度。尽管律师事务所的管理涉及方方面面，但基础性管理的事项主要有收接案管理、收费管理、印章管理和档案管理。这些管理大都属于律所内部合规层面的管理，也是内部控制的范畴。

### 3. 中型小律师事务所规模化发展缺乏有效路径

规模化是律师事务所发展中不可避免的问题，规模化本身也是律所响应客户发展的必然结果，也是机构不断壮大的需要。律所要发展，大多以一定程度的规模化作为前提，但以何种路径实现规模化，律所管理者必须在此过程中有充分清醒的自我认知。

律所的规模化要考虑人、业务和客户三方面的要素，而人的方面主要是合伙人的问题。如果律所没有好的发展战略、凝聚人心的文化氛围、合理的分配机制，高水平的合伙人是招纳不来、整合不了的，而以上问题又是中小型律所长期存在的短板。同时，律所的规模化应该是有品质的规模化，包括专业的规模化、品质的规模化、协同的规模化、有规则的规模化和有底线的规模化。

中小型律所规模化发展要找到有效路径，需要得到律师协会的实际支持。

律师协会形成的原因是行业成员为加强行业分散运作的律师业内部的联系与交流，获得与社会更强的交涉能力和影响力而组成的集合。所以，律师协会不应当仅是管理律师或以管理律师为主要职责的组织，而应该是为律师执业提供服务、营造良好执业环境的组织。律师协会掌握的资源应该向占比90%以上的中小型律所倾斜，帮助和指导中小型律所实现规模化发展，提升整个行业的发展质量，解决律师行业发展不平衡、不充分的问题。

### 三、做强做优之"愁"

如果说小型律所是生存之"愁"，中小型律所是发展之"愁"，那么，大中型律所就是做强做优之"愁"。

**1. 律所管理模式影响其"做强做优"**

大中型律所"做强做优"的首要一点是律所管理模式。

律所的运行机制是否能够最大限度地从有利于为客户提供有质效的专业服务、提升客户体验的方向去进行并以职业化为基础进行专业分工与协作；这种机制是否能够最大限度地从有利于律师的全面发展的角度去管理运营律所，以勤勉敬业为本。

这种机制，关注的是律所的战略规划以及对战略的动态管理，考量的是律所对律师行业发展趋势的预测及应对，权衡的是合伙人理想、情怀以及对成本分担方式的认知，落地的是律师事务所在以下几个方面的管理能力：合伙人作业能力、市场能力、管理能力、社会责任的考核与评价，专业分工，作业力量匹配，作业律师晋级及评价方式等。

概括而言，当前律师行业存在两种比较有代表性的律所运行管理机制：绩点制、合伙人联合体。

绩点制是一种合伙人根据年资、贡献度等进行点数核算后进行分配的机制，是一种合伙人、作业律师全员评价的体系，其运行基础是客户共享。规模化的绩点制律所屈指可数，大多数正在实践的绩点制律师事务所规模有限，以精品所为主。①

合伙人联合体的运营逻辑与绩点制是一样的，也是以合伙人为核算单位，但是其表现的运行样态是多姿多彩的，或按照成本点数制，或按照创收比例承担公共成本，或按照固定比例提取创收等。从作业资源的使用、配置上而言，合伙人联合体的运行机理都是相同的，即作业团队的配置是以合伙人为导向的，每个合伙人聘用自己的团队、指导自己的团队、考核自己的团队。如果说有差异，也只是不同的律所在对作业资源的培养以及统一性方面，在管理以及干预的程度上，有所差异，表现在干预的多少不

---

① 杨强：《机制的力量：律师事务所管理模式与实践》；中国法制出版社 2022 年版，第 3 页。

同，介入的深浅不同，管理的松紧也不同。①

就目前实践的效果而言，实行绩点制的律所发展的速度都不够快，以精品所为主。之所以出现这种现象，是因为当前律师市场的潮流性思维还是以客户开发归属为导向，并因此决定合伙人的收入。在绩点制下，精品所是否能发展到规模所，什么时候、什么条件下能够发展到规模所，发展的节奏能否同步或者领先于行业变化，这些都需要思考。②

在全国 3 万余家律师事务所中，京沪两地的律师事务所数量占全国的3%、执业律师人数占比为 15%、律师收入占比为 30%。③ 传统的拉人头、拼线下律师规模、简单拼硬件的规模经济竞争模式，已不适应大中型律师事务所的发展。现代大型律师事务所已从战略规划着手，打造平台化、数字化、产品化和一体化管理体系。所谓平台化，就是打造以律师事务所主导的让一线城市优秀律师积极加盟的平台；数字化就是结合区块链、大数据、人工智能做好知识管理，为律师与客户提供高效服务；产品化就是建设特定业务团队，推动律师服务在细分领域的产品化、标准化与团队化；一体化就是律师事务所在管理上推动团队合众为一，律师事务所投资合伙人层面的股份制，形成议、决、行、监的科学治理结构，团队内部建设的公司化、计点制，为团队打造没有天花板的职业发展路径。

律师事务所要建立自身的核心竞争力，就需要从管理平台建设、团队建设、知识资产管理、商业模式创新等角度培育事务所的核心竞争力，同时，建立起与核心竞争力相适应的组织模式，这种组织模式具有学习型、协同性、项目式、柔性等特征。因此，公司化成为很多有识之士的口号。但公司化并不是要求律师事务所像公司一样，而是希望律师事务所能够吸收公司管理的精髓，树立组织目标，通过组织目标的实现来实现每个合伙人的个人目标。

**2. 外来竞争者优势明显影响其"做强做优"**

《智合法律新媒体》的研究指出：在与境外律师事务所的竞争中，我国律师事务所很大程度上依旧处于劣势。以英美为代表的发达国家依托其全球范围内悠久的商贸传统和领先的经济地位，在诸如海商法和金融法等

①　杨强：《机制的力量：律师事务所管理模式与实践》，中国法制出版社 2022 年版，第 2 页。
②　同上，第 7 页。
③　董冬冬：《"新四化"建设助力律所战略升级》，载《中国律师》2019 年第 9 期。

领域强势推行其法律规范和法律服务方式，使其成为国际性的规范。在律所之间的直接较量中，外资所牢牢把握着利润丰厚的高端部分。同时其不满足于 WTO 协议中已有的条款，而是不断通过试探、谈判等手段，扩大其活动空间，使得其所代表的法律体系和法律服务方式得到更大程度上的实现。在外资所扩张过程中，一方面以诱人的薪酬大量聘用国内所中的非合伙人律师；另一方面通过各种方式规避行政法规对于其执业范围和方式的限制，扩大其执业范围和内容。①

2001 年 3 月 8 日司法部《关于中国加入 WTO 后加快律师业改革与发展的意见》（司发通〔2001〕030 号）出台后，各级司法行政机关、律师协会和广大律师充分认识到以下几方面。

一是"入世"后，我国对外开放将全方位、宽领域推进，我国经济将加速融入世界经济主流。越来越多的中国企业拓展海外市场，参与国际经济合作与竞争，外资大量进入、知识经济的繁荣、西部大开发战略的实施，将为我国律师拓展更为广阔的服务领域和服务空间。

二是"入世"后，随着我国政府机构改革力度持续加大，经济运行、社会管理等机制调整的加快和司法体制的不断完善，律师的职业功能和社会影响不断加强，执业环境将不断得到优化。

三是"入世"后，全球经济一体化和国际法律服务业全球化发展趋势以及中国法律服务市场深入开放带来的竞争压力，将促使中国律师从观念、知识到能力都必须适应市场的需求，加速提高业务素质和整体水平，增强竞争力。

四是"入世"后，大量外国律师事务所进入我国境内提供外国法律服务，不仅促进了中外律师间广泛的交流与合作，也为中国律师参与国际法律服务竞争创造了机会。同时，国外法律服务业的先进经验和一些成熟做法，对我们进一步解放思想、更新观念，科学合理地规划律师业的发展战略，加快建立符合国际竞争要求的中国律师制度，将提供良好的借鉴。

但是，我国律师业起步较晚、基础薄弱，律师队伍在整体水平还不能适应"入世"后市场经济与民主法治建设的发展需要。

---

① 武苑：《从中伦看涉外商业律师在法律服务市场中的角色》，转引自赵耀：《"一带一路"法律服务布局的难点与创新》，载《法制与社会》2016 年 12 月（上）。

一是律师事务所普遍规模较小，整个律师队伍的知识结构、专业能力和服务标准尤其在提供新经济领域的法律服务方面，经验不足，不能适应经济全球化对法律服务全方位、多层次和专业化的需求。

二是办理国际法律业务能力较差，涉外型的优秀法律服务人才缺乏，在国际法律服务市场上竞争力较弱，随着"入世"后市场准入和国民待遇限制的逐步取消，外国律师事务所将以信息、管理、品牌和服务的优势，占据市场更多份额。

三是律师管理观念僵化、体制滞后，仍较多地停留在计划经济下行政管理为主的层面，不适应律师业自律性特征和新形势下发展的内在规律。

我国加入世界贸易组织（WTO）20 多年，法律服务市场已经高度开放，大量国外资本进入国内法律服务市场，跨国律师事务所也纷纷在中国开设分所或办事处，国际会计师事务所也在收纳法律人才并在国内开展法律服务，给我国律师业发展造成了冲击，也带来了挑战。

我国律师事务所的规模普遍较小，从业人员素质普遍不高且参差不齐，参与国际竞争的经验少之又少，显然缺乏国际竞争力。就律师事务所管理而言，我国律师事务所管理规范性普遍不强，大多属于传统的"小作坊"式的法律服务机构，与国外规模化的大律师事务所相差甚远；律师事务所组织形式、发展模式、管理机制等方面都不健全，"游牧式"经营方式普遍存在。在法律服务市场需求多元化发展的今天，"扛一杆枪就能上山打猎"的时代将成为律师业的过去。律师事务所只有进行服务创新、产品创新、管理创新，走规模化、综合化、区域化发展道路，培育和引进复合型高素质律师人才，才能彻底改变我国律师事务所在国际竞争中的被动局面。

"管理好一家律所难，持续管理好一家律所更难"，"律所的管理者有高瞻远瞩的判断和审时度势的能力，跳出行业的小圈子：第一，不能眼光太窄。律所管理者要善于在每一项国家重大战略的实施中寻找机遇，捕捉每一项改革背后的法律服务增长点，开拓市场。要及时了解党的方针政策，时刻秉持心存大局的观念，培养创新意识，学会兼容并蓄，及时调整发展战略，来适应风云变幻的形势。第二，不能眼光太浅。律所是一个整体，在市场经济中是一个团体，而且是智者的联盟。强化管理知识的学习、更新和运用，是当前律所面临的一个重大课题，既要学习借鉴成功的经验，又要杜绝盲目照搬的情况，必须找出最适合自己律所的管理模式。第三，不能眼光太钝。当前新兴科技带来生活方式的深刻变革影响包括律师行业在内的每一个行业。律所管理者需要学习和掌握现代科学技术知识，更好地宣传塑造品牌，提升服务效率与质量，实现知识管理和知识共享，积累律所软实力，提高律所生存能力"。[①]

**3. 律所外向型发展欠缺支持力度影响其"做强做优"**

在现阶段，中国律师"走出去"，不但无法享受"走出去"的政策扶持，甚至无法获得在境外投资国家行政许可：虽然在符合条件下能够得到中国司法行政主管部门的批准，但却无法办理境外投资备案手续——获取商务主管部门的《企业境外投资证书》（备案），进而也无法完成外汇管理部门的"境内机构境外直接投资前期费用登记"及"境内机构境外直接投资外汇登记"，连投资境外设立律所的开办费用、注册资金等也无法按照正常渠道汇出，更不用说将来在境外从事法律服务产生的收益如何进入中国国内了。

究其原因，一是商务部门依据《境外投资管理办法》（商务部令2014年第3号），申报对象为企业，必须录入营业执照登记信息，而律所目前采取由司法行政机关行政许可后颁发《律师事务所执业许可证》，没有也无须办理工商登记取得营业执照，造成无法申报，备案机关不予受理，无法获得相关备案。二是国家外汇管理部门依据《国家外汇管理局关于进一步简化和改进直接投资外汇管理政策的通知》（2015年），办理外汇手续必须以《企业境外投资证书》为先决条件。其实质原因，是律师法律服务业并没有进入国家鼓励"走出去"的"目录"。

2017年3月1日，司法部在北京召开学习贯彻《关于发展涉外法律服务业的意见》座谈会。司法部领导提出要认真学习贯彻《关于发展涉外法律服务业的意见》，总结涉外法律服务业发展现状，分析涉外法律服务业发展面临的形势，进一步研究发展涉外法律服务业的工作措施，积极推进我国涉外法律服务业发展。

如今，中国的千人大所已有20家左右，创收过亿元的律所已超过100家。可以说，中国法律市场已不缺大所。单纯追求"大"，已不是下一个

---

① 李公田：《砥砺前行四十载，心怀梦想再出发》，载《中国律所访谈：四十周年纪念版（上、下册）》，法律出版社2020年版，第2页。

10 年的主赛道。未来的中国律所，或将会以法律服务为核心，构建包含科技公司、律师学院、线上平台、法律研究中心等组织的生态圈，成为一个新物种。虽然中国还不是一个成熟的法律市场，但可预见的是，过往的野蛮生长时代已经结束，市场竞争在加剧，市场和客户的需求在变化和提高。那么，中国律所的下一个战场，将会转移到律师事务所的内部治理、法律服务产品和模式的优化升级，以及在科技、信息化领域的投入之上。①

2020 年 8 月 11 日，十三届全国人大常委会第二十一次会议表决通过《全国人民代表大会常务委员会关于授权国务院在粤港澳大湾区内地九市开展香港法律执业者和澳门执业律师取得内地执业资质和从事律师职业试点工作的决定》。10 月 5 日，国务院办公厅印发《香港法律执业者和澳门执业律师在粤港澳大湾区内地九市取得内地执业资质和从事律师职业试点办法》，在广东省的广州、深圳、珠海、佛山、惠州、东莞、中山、江门、肇庆各市开展试点工作。符合条件的香港法律执业者和澳门执业律师通过粤港澳大湾区律师执业考试，取得内地执业资质的，可以从事一定范围内的内地法律事务，试点期限为 3 年。试点工作对于促进粤港澳大湾区建设，发挥香港法律执业者和澳门执业律师的专业作用具有重要意义。

2020 年 12 月 1 日，"一带一路"律师联盟西安中心揭牌；12 月 8 日，"一带一路"律师联盟广州中心揭牌。自 2019 年 12 月 8 日"一带一路"律师联盟正式成立以来，"一带一路"律师联盟实体化运作稳步推进，会员队伍不断壮大，制度机制逐步健全，机构布局更加完善，凝聚力进一步增强。截至 2020 年 11 月底，联盟会员发展到 1700 多名，包括来自五大洲 54 个国家和地区的律师协会、律师事务所、法律机构和律师个人。

"在深入推进全面依法治国大背景下，律师队伍迅猛壮大，业务领域快速拓展，律师服务已经渗入国家政治经济社会生活方方面面。迫切需要从战略上推进从律师大国到律师强国的布局，需要把国内法律服务业放到全球法律服务市场中谋划起来，需要把解决行业发展具体问题与解决深层

---

① 智合研究院：《中国律所四十年：萌芽、崛起、浪潮与蜕变》，载《中国律师》2019 年第 6 期。

次问题结合起来，需要把当下矛盾与长远建设统一起来，克服急功近利，抓住问题本质，强化对行业的整体把握和战略谋划。"①

面对律师事务所的发展，国内大所开始积极制定和实施符合其自身特点的应对方案。北京德和衡律师事务所主任刘克江博士在"新则"线上论坛表示，律所要"实现从规模化到学术型律所的蝶变"。上海兰迪律师事务所主任刘逸星博士则提出，中国的"一带一路"企业走到哪里，中国的律师事务所就要开到哪里，特别是非发达国家更是国内律师事务所"走出去"的福地；未来律师业的发展趋势，将是大批专业律师开始走向行业律师的转变。

这些顶尖的国内律师事务所已经或开始走向世界，而国内大部分中小律师事务所囿于各种局限，还难以走出自身的发展困境。

"根据司法部的最新统计数据，从律师事务所规模来看，律师 10 人（含）以下的律师事务所有 2.1 万多家，占 65.57%；律师 11—20 人的律师事务所有 6860 多家，占 21.06%；律师 21—50 人的律师事务所有 3420 多家，占 10.48%；律师 51—100 人的律师事务所有 620 家，占 1.90%；律师 100 人（含）以上的律师事务所有 320 多家，占 0.99%。显然，所谓规模所，其人数一般应该在 100 人以上。当然，在某些地区，也有 50—100 人的情况。2019 年 1 月 11 日，在'2019 桂客年会'上，我们发布了我国律所 40 年来逐步走向规模化的 10 种模式：自然做大、一元做大、合并做大、联盟做大、联邦做大、联姻做大、布局做大、火炬做大、巡回做大、专业做大。其对应的律所代表君合所、岳成所、国浩所、中世律所联盟、瀛和律师机构、大成所、盈科所、明炬所、天同所、建纬所，分别在年会上介绍了各自的发展成长之路。当然，中国律所的做大之路，远不止这些律所。从 20 世纪 80 年代国资所的创业到 90 年代合伙所的改革，从 21 世纪中国律所走向市场化到新时代实现差异化布局和平台化交流乃至信息化建设的目标，中国律师事务所开始寻找自己追求的定位，确定自己发展的方位，确保自己服务的到位。"②

---

① 期刊评论员：《用科学思想指导新时代律师事业改革发展》，载《中国律师》2019 年第 9 期。

② 刘桂明：《中国律师四十年，谁是见证者？》，载《中国律所访谈：四十周年纪念版（上下册）》，法律出版社 2020 年版，第 4~5 页。

# 第六节 律师之"盼"

## 一、权利保障之"盼"

### 1. "盼"法律规范中的权利保障条款相对稳定

权利保障是律师在法律服务中最看重的方面，2017 年第三次修正的《中华人民共和国律师法》第三条第四款规定："律师依法执业受法律保护，任何组织和个人不得侵害律师的合法权益。"第三十七条第一款、第二款规定："律师在执业活动中的人身权利不受侵犯。律师在法庭上发表的代理、辩护意见不受法律追究。但是，发表危害国家安全、恶意诽谤他人、严重扰乱法庭秩序的言论除外。"这是立法层面对律师权益保护精神的固化，而这种固化也是来之不易的。

1980 年颁布的《律师暂行条例》确立了律师权利保障制度，明确"律师依法执行职务，受国家法律保护，任何单位、个人不得干涉"。1996 年颁布、2001 年修正的《中华人民共和国律师法》第三条第四款只明确"律师依法执业受法律保护"。2007 年修订的《中华人民共和国律师法》扩展了律师权利保障制度的内容，将第三条第四款修改为："律师依法执业受法律保护，任何组织和个人不得侵害律师的合法权益。"新增了第三十七条："律师在执业活动中的人身权利不受侵犯。律师在法庭上发表的代理、辩护意见不受法律追究。但是，发表危害国家安全、恶意诽谤他人、严重扰乱法庭秩序的言论除外。"2012 年修正后的《中华人民共和国律师法》删除了第三十七条"律师在执业活动中的人身权利不受侵犯。律师在法庭上发表的代理、辩护意见不受法律追究。但是，发表危害国家安全、恶意诽谤他人、严重扰乱法庭秩序的言论除外"的条文。2017 年修正的《中华人民共和国律师法》第三十七条重新规定："律师在执业活动中的人身权利不受侵犯。律师在法庭上发表的代理、辩护意见不受法律追究。但是，发表危害国家安全、恶意诽谤他人、严重扰乱法庭秩序的言论除外。"

### 2. "盼"法律规范中的权利保障条款不断完善

关于完善律师执业保障机制，党中央办公厅、国务院办公厅《关于深化律师制度改革的意见》提出，保障律师诉讼权利，制定保障律师执业权利的措施，健全完善侦查、起诉、审判各环节重视律师辩护代理意见的工作机制，落实听取律师意见制度，完善律师收集证据制度；完善便利律师参与诉讼机制，有条件的人民法院应当建立律师参与诉讼专门通道，相关部门要完善律师接待服务设施，规范工作流程，探索建立网上信息系统和律师服务平台；完善律师执业权利救济机制，各司法机关和有关部门要建立健全沟通协调机制、执业权利救济机制，切实维护律师执业权利和人身权利，必要时对律师采取保护措施；建立健全政府购买法律服务机制，将律师担任党政机关和人民团体法律顾问、参与信访接待和处理、参与调解等事项统筹列入政府购买服务目录；研究完善律师行业财税和社会保障政策，统筹研究律师行业税收政策和会计处理规定，加强律师劳动权益保障，推行律师事务所和律师强制职业责任保险。

**3. "盼"法律规范中的权利保障条款落实到位**

"保障律师执业权利，应该说从相关法律到中央文件都提出了系统的措施，规定已经基本到位。现在的问题是执行不严、衔接不够、落实不力，实践中时常出现问题。特别在刑事辩护领域，在一些地方存在扩大'三类案件'范围、申请会见不安排或者不及时安排，庭审过程中发问难、质证难、辩论难和辩护意见得不到尊重与采纳等问题，侵犯律师执业权利的救济机制还不健全，保障措施没有落实到位。这些问题有的需要修改法律来完善，有的需要总结一些好的做法形成制度，如上海、四川等地实行的律师调查令等。但是，除了法律制度层面完善之外，关键还是要尽快把现有制度、规定落实下来，形成有效的机制，向全社会释放出充分保障律师依法执业的强烈信号。"①

律师执业权利保障政策、法律的出台已历经千辛万苦，而这种权利保障要真正落实到每一个执业律师的身上，肯定有希望也会有等待。

## 二、执业环境改善之"盼"

律师执业环境，就是围绕律师执业活动这一中心内容展开，并对律师执业活动能够产生影响的所有外界因素的总称。律师执业环境这一概念涵

---

① 司法部原副部长熊选国 2017 年 1 月 9 日在学习贯彻司法部《关于进一步加强律师协会建设的意见》座谈会上的讲话，载《中国律师》2017 年第 2 期。

盖所有对律师执业活动产生影响的因素，既包括经济条件、硬件设施等物质性因素，也包括观念、制度等非物质性因素。

依据律师执业的宏观与微观状态，可将律师执业环境划分为律师执业的宏观环境和律师执业的微观环境。律师执业的宏观环境就是能够对律师执业环境产生整体性、全局性影响的因素，包括经济环境、法治环境、社会文化环境和地理自然环境等。律师执业的微观环境是指律师在执业活动中具体的工作环境，即律师在执业活动中与公安机关、法院、检察院和当事人等建立起的各种关系中，律师的地位、作用和权利保障，以及律师职业内部各类关系的总和。微观环境具体包括两个方面：一方面是律师在执业活动中，与其产生关联关系的人即警察、法官、检察官、当事人等对律师地位、作用的态度和看法，包括对律师的认可，对律师合法权利的保障，以及律师的执业成本和执业效率等方面内容；另一方面是律师职业内部，律师与律师之间的关系，即相互间是否处于有序竞争和共赢发展的状态。①

**1. "盼"执业律师的社会认同度不断提升**

在律师的社会地位与从业环境保障上，律师的社会地位来源于律师在社会生活中的作用。当前我国审判制度采用的是大陆法系国家的纠问制，律师在法庭上的作用低于英美法系国家的控辩式制度。同时，由于我国律师制度恢复以来发展时间较短，律师权益法律保障不足，社会公众对律师行业缺乏足够的信任导致律师合法权益屡遭侵犯的事件时有发生。在社会生活中的作用越大，以及法律法规赋予律师的权利扩大也会带来律师社会地位的提高，因此，在保障我国律师社会地位与良好从业环境上需要社会公众对律师职业的广泛认同感与法律对律师合法权益的严格保障。

现行《中华人民共和国律师法》将律师定义为"为当事人提供法律服务的执业人员"，与过去"国家工作人员"的定位相比，把律师从检察官、法官的群体中独立出来，在一定程度上体现了律师职业地位的独立性。但是，法律服务人员的定位侧重于把律师职业定性为一种社会中介，强调了其商业化倾向，而忽略了律师职业在国家法治建设上的作用，无法体现出律师区别于其他同样能够提供法律服务的职业在维护社会法治、公平和正

---

① 温晓燕：《律师执业环境的内涵、分类和评价标准》，载《焦作大学学报》2019 年第 1 期。

义上的特有功能。某种程度上，律师职业在法律上被如此定位，并不利于律师职业在当前法治环境下得到社会应有的重视，当前我国律师职业的社会地位仍然偏低，甚至处于边缘化状态。

**2. "盼"执业律师能有一个正当竞争的市场环境**

当前，合伙制律师事务所在我国律师行业中占据着主导地位，独立运营、自担风险、自负盈亏。因此在法律服务市场竞争激烈的环境中，部分律师及律师事务所过于注重法律服务的短期效益，以金钱为重，忽视了自身的长远发展，甚至通过不正当竞争压制对手，影响了整个律师行业的健康可持续发展。充足、稳定的案源是律师及律师事务所收入的重要保障。在案源的寻找上，部分律师及律师事务所通过商业贿赂或变相商业贿赂的方式来获取案源，特别是年轻律师，部分青年律师为在短时间内改善自身收入状况出现了以不正当方式获取案源的情况。

执业律师处于一定的社会环境之中，不可避免地受所处的社会环境的影响和制约。影响律师业发展的环境因素是多方面的，概括起来主要有两个方面：一是律师执业的内部条件，包括具备相应数量和素质的律师队伍，充实的律师人才后备力量，健全、规范的律师和律师事务所管理制度，内部管理健全的律师事务所等；二是律师执业的外部条件，即适宜于律师业发展的社会环境，包括比较发达的商品经济环境、充分民主的政治环境和良好有序的法律环境等。内部条件是基础，外部条件是保证。内外部条件相互作用，共同影响律师业的生存和发展。目前，我国律师执业环境正在逐步改善，但律师执业仍面临不少障碍和困难，还没有形成一个较有利于律师执业的优良环境。

律师希望有好的执业环境带来好的执业收益，收益的改善可使律师有条件继续学习，增强执业能力，更好地用专业技能参与社会治理、服务大众。

**3. "盼"律师执业责任保险制度不断完善**

律师责任险是专家责任保险市场中一个重要的分支。近年来，随着经济的快速发展，律师行业在积极发展的同时也面临着巨大的职业风险考验。当前，我国律师责任险的推行采取各省市律师协会统保、各省市投保不同财产保险公司的模式，在没有强制性法律规范颁布的情况下，律师责任险以形似强制而非强制的方式运作着，其背后暴露出投保主体混乱、保险责任范围过小、运行机制不健全等问题。

2018 年 3 月 28 日，深圳市首次推出了医师个人职业责任保险，拉开了职业责任保险个人险的帷幕，对我国商业职业责任保险进行了补充。反观国内市场，除了面临医疗纠纷的医生群体，律师群体也面临着职业风险。据不完全统计，目前在我国 34000 多家律所中，有 90% 以上的律所系合伙制律师事务所，对外依法承担无限连带责任。这就预示着，当一个赔偿金额较大的案件发生时，便有可能让律所和律师遭受重创，面临重大损失。因此，律师行业需要有一种机制来降低这种风险，投保律师责任险就是一种较好的方式。

近年来，全国出现了多起针对律师执业责任事故的巨额民事索赔案件，律师业正在迈入"天价赔偿"时代。这意味着律师执业的巨大风险已超出律师个体的承受能力，建立执业风险转嫁机制势在必行。律师执业责任保险制度就是这方面的一个有效机制。我国虽然已在推行律师责任保险制度，但由于运行时间不长，相关制度与机制尚未厘清，在实践层面还存在一些问题：一是适用范围较窄，实用性不强，不足以分散和分担律师执业赔偿风险；二是推广程度不够，很多律师不知道如何利用责任保险降低执业风险；三是补充性商业保险机制缺位，律师难以根据不同的风险状况购买适合自己的补充性商业保险。基于降低律师执业风险的目的，并针对上述问题，未来应该将投保律师责任险作为律师行业标准，并拓宽律师执业责任保险制度的适用范围，适当提高赔偿限额。[①] 与此同时，还应该在实行统一执业责任保险机制的基础上，构建自愿补充性商业保险制度，以充分发挥其应有功能。[②]

律师与医生一样，具有非常强的专业性，律师在执业过程中往往需要依靠自身的专业素质和经验，这就导致律师职业承担了大量的风险。律师责任险的开发是为了分摊律所和律师所要承担的执业风险。

---

[①] 韩长印、郑丹妮：《我国律师责任险的现状与出路》，载《法学》2014 年第 12 期。

[②] 郭松、杜宇：《律师执业风险及其控制》，载《中南民族大学学报（人文社会科学版）》2018 年第 2 期。

# 第二章　什么是律师执业风险

## 第一节　风险[①]

何为风险？在不同时期、不同地区、不同行业、不同学科、不同组织、不同情况下，会有各种不同角度和层次的界定与解释。

### 一、基本解释

最早提出风险定义的是美国学者威特雷。他认为，风险是关于不愿意发生的事件发生的不确定的客观体现。其含义有三层：其一，风险是客观存在的现象；其二，风险的本质与核心具有不确定性；其三，风险事件是人们主观所不愿发生的。

20 世纪 20 年代初，美国经济学家奈特把风险与不确定性作了明确区分，指出风险是可测的不确定性。并认为，不论是当前的风险还是未来的风险，都存在着一定的统计规律。风险事件发生的不确定性可以用概率或可能性大小来表示。他的观点为现代保险学的研究奠定了理论基础。

1964 年，美国教授威廉姆斯和汉斯把人的主观因素引入风险分析。他认为，虽然风险是客观的，对任何人来说都以同样的状态存在，但不确定性则是通过风险分析者采用一定方法估计出来的，其中加入了风险分析者的主观因素。不同的人选择不同的分析方法，对同一风险可能存在不同的主观判断。

20 世纪 80 年代初，日本学者武井勋在吸收前人研究成果的基础上对风险的概念做了新的表述，认为风险是在特定环境和特定期间内自然存在的导致经济损失的变化。

---

① 本部分主要借鉴：百度百科。

我国风险管理学界主流的风险定义：首先，强调风险的不确定性；其次，强调风险对人们带来的损害。[①]

## 二、释义

所谓风险概念有如下释义：

有人认为风险概念是流动的（非固定）、不均匀的（非均衡）、不确定性的危险。也就是说，风险是流动变化着的、分布非均衡的、很难确定的危险。

也有人认为，风险是在一定条件下、一定时期内可能产生的结果变动。风险，首先强调其不确定性，其次强调其给人们带来的损害。

还有人认为，风险是确定性消失的时候，世界存在不确定性的一种特性。客观上来说，风险是围绕相对于预期而可能出现的种种不同结果的变化，是在一定条件下某种自然现象、生理现象或社会现象是否发生，及其对人类的社会财富和生命安全是否造成损失和损失程度的客观不确定性。而主观上说，风险是我们对风险的态度和看法，这些态度和看法受不确定性、个人、社会及文化因素的影响。

## 三、基本含义

从基本含义来看，风险是什么呢？简言之，风险就是不确定性及其带来的期望值的变动。某个事项或者某个经营活动，其产生的结果往往是不确定的，其收益或损失在事前往往不能准确地估计和评价，这种不确定性所带来的变动就是风险。有的时候，风险强调波动性或者称为不确定性，即相对于期望值的偏离程度；而有的时候，风险则强调损失，即不确定事项可能带来的期望损失。

不同的人从不同角度可以对风险进行不同的分类与解读，不同的组织对风险的定义也不尽相同。国际标准化组织将风险解读为在实现目标过程中存在的不确定性影响，风险研究管理所将风险解读为风险事件在某个时间爆发的概率及爆发所引起的损害结果。风险是客观存在的，当满足一定条件时，风险因素相互作用，风险流不断发展，最终形成风险事件，产生风险结果。

---

① 范道津、陈伟珂：《风险管理理论与工具》，天津大学出版社 2010 年版，第 1 ~ 2 页。

### （一）狭义说

早期研究风险的学者从风险的负面效应来考察风险，将风险定义为："发生损失的可能性"。此定义强调了风险的两个特征：第一，风险的结果是负面的，即某一事项或者经营活动给企业带来损失；第二，损失的发生是一种可能性，即概率介于 0 和 1 之间。

### （二）广义说

之后有学者将风险可能产生的正面效应也考虑进来，认为风险带来的可能是收益，也可能是损失，但到底是哪种结果及正负效应的程度是不确定的。

### （三）客观说

随着概率理论与统计学的发展，有学者又用统计学的理念来定义风险。主要有两种观点：一种认为，风险是实际结果与预期结果的偏离程度，类似于统计学中标准差的概念；另外一种将风险定义为实际结果偏离预期结果的概率。这两者强调的都是风险的客观性，认为运用统计手段和历史数据是可以对风险发生的概率进行描述的。

## 四、"风险"一词的由来

### （一）"风险"一词的来源

风险一词是外来语，英语表达为"Risk"。比较权威的说法是，这一词汇源于意大利语的"RISQUE"，在早期的运用中，被理解为客观的危险，体现为自然现象或者航海遇到礁石、风暴等事件。大约到了 19 世纪，在英文的使用中，风险一词常常用法文拼写，主要是用于与保险有关的事情上。现代意义上的风险一词，远远超越了"遇到危险"的狭义含义，在《牛津高阶英汉双解词典》（2014）中，风险被解释为：不好的事情发生在未来的可能性；可能危险或导致不好结果的情况。

### （二）"风险"的语源学考察

自然界充满着风险，人类社会也充满着风险。人类在风险中诞生、繁衍、进步、发展。人类从诞生的那一天起，就开始了与风险的搏斗，但却很少追问"风险"的含义到底是什么。

现在比较公认的看法是，汉语中的"风险"一词，与希腊语和英语的"Risk"相对应。

美籍华人学者段开龄在《保险及风险管理正名篇》中明确将"Risk"译为"风险"。他不同意孙堂福先生将"Risk"译为"危险"的译法。[1] 他论证道,"'Risk'这一名词的含义侧重于'不定性'。中文'危'字,很难对'不定性'作出鲜明的表示,相较之下,'风'字之于'不定性'表揭,实较明畅。因为在我国一般人的观念中,都会知道'风向不定','天有不测风云,人有旦夕祸福'。是则,我以为应将'Risk'译为风险。……以别于一般性的危险'Danger'"。[2] 我们知道段开龄是"风险管理"(Risk Management)的首创者,尽管他是从保险的角度,把"Risk"译为"风险",但是对于我们理解"风险"(Risk)的含义还是有着重要的启迪作用:"风险"与"不确定性"(Uncertainty)紧密相关。

(三)"风险"与"危险"

什么是风险?《现代汉语词典》(第7版)的解释是:"可能发生的危险。"什么是危险?就是"有遭到损害或失败的可能"。在英文中,风险(Risk)最开始的意思是靠近峭壁航行危险:可能撞上礁石,可能碰上暗流,可能遇上从崖上掉下的石头。

唯物辩证法认为,看世界应该一分为二。以风险的眼光看世界,就是一种典型的辩证思维方式,我们面对的未来世界,永远处于不确定之中,并且不会因人类认识和改造世界能力的提高而从根本上改变这种不确定性。人类可以在某些具体的领域获取更多的知识和可控性乃至确定性,因而会削减这些领域一定数量和程度的风险,但新技术和手段的运用又会产生新的不同性质和种类的风险。风险就像能量守恒定律那样永恒存在,它是世界的存在方式和本来面目。

## 五、风险的特征

(一)风险的基本特征

### 1. 非固定性

风险的非固定性又称可变性,是指在一定条件下风险可转化的特性。

---

[1] 1972年6月30日,孙堂福在《寿险季刊》第一卷第四期,发表《危险与危险管理》,他"最早将'Risk'一词译为'危险'"。

[2] 段开龄:《风险及保险理论之研讨——向传统的智慧挑战》,南开大学出版社1996年版,第66~80页。

**2. 非均衡性**

非均衡是与均衡相对而言的。非均衡理论强调预期的不确定性。实际上暗含着一个前提，即在现实经济生活中，信息是不完备的，搜集信息是要花费成本的，在这种情况下，行为人的交易不可能完全是均衡的交易，非均衡现象是不可避免的。

**3. 非确定性**

不确定性指经济行为者在事先不能准确地知道自己的某种决策的结果。或者说，只要经济行为者的一种决策的可能结果不止一种，就会产生不确定性。

**（二）从风险定义的角度来看风险的特征**

**1. 损失的潜在性**

**2. 损失的不确定性**

损失的不确定性包括：一是投资是否能够得到预期的回报无法确定；二是损失程度无法确定；三是发生损失的可能性无法确定。

**3. 损失的大小**

风险程度通常用损失的大小来表示。①

**（三）从风险属性的角度观察风险的特征**

**1. 风险的客观性**

风险是独立于人的意识之外的客观存在。

**2. 风险的普遍性**

风险的普遍性是指"风险"事事有、时时有的特征，即风险无处不在，无时不在。

**3. 风险的偶然性**

风险虽然客观存在、普遍存在，但就某一具体风险而言，风险事故发生是偶然的，或者说是随机的。

**4. 风险的必然性**

从宏观的角度来看，一定时期某种风险的发生概率与其造成的经济损失程度之间具有一种必然性。

---

① 范道津、陈伟珂：《风险管理理论与工具》，天津大学出版社 2010 年版，第 7 ~ 8 页。

**5. 风险的可变性**

风险的可变性是指在一定条件下风险可转化的特性。

风险的可变性包含以下几点内容：一是风险性质的变化；二是风险量的变化；三是某些风险在一定的空间和时间范围内被消除；四是新风险的产生。

**6. 风险的可测性**

承认风险的客观性正是为了认识和利用它的规律性，使人类能有效地管理和控制风险。根据概率论和数理统计的规律，运用现代化的计量手段、技术测量方法，就可以依据一定时期、一定范围的大量统计资料，从宏观上把握某种风险运行的规律，预测出一定时间内特定风险发生的频率和损失率。

**7. 风险的相对性**

风险的相对性是指对于不同的风险承担主体，风险发生的程度和损失会有明显的差别。

**8. 风险的传递性**

风险的传递性是指风险可通过信息、社会、组织及个人扩散和传播，形成社会经验，引起各方关注，以致影响人们的风险决策。①

**（四）当代社会的风险特点**

**1. 风险是内生的**

从根源上讲，风险是内生的，它伴随着人类的决策与行为，是各种社会制度，尤其是工业制度、法律制度、技术和应用科学等正常运行的共同结果。而自然"人化"程度的提高，使得风险的内生性特点更加明显。

**2. 风险是延展性的**

在影响和后果上，风险是延展性的。其空间影响是全球性的，超越了地理边界和社会文化边界的限制；其时间影响是持续的，可以影响到后代。

**3. 风险后果严重**

在特征上，大部分风险后果严重，但发生的可能性低。因此我们可以

---

① 范道津、陈伟珂：《风险管理理论与工具》，天津大学出版社 2010 年版，第 8～10 页。

说，尽管风险增加了，但并不意味着我们生活的世界更不安全了。

**4. 风险难以根本解决**

在应对方法上，现有的风险计算方法、经济补偿方法都难以从根本上解决问题。

## 六、风险的内涵[①]

学术界对风险的内涵没有统一的定义。由于对风险的理解和认识程度不同，或对风险的研究角度不同，不同学者对风险概念有着不同的解释，但可以归纳为以下几种代表性观点。

### （一）风险是事件未来可能结果发生的不确定性

A. H. Mowbray（1995）称风险为不确定性；C. A. Williams（1985）将风险定义为在给定的条件和某一特定的时期，未来结果的变动；March&Shapira认为风险是事物可能结果的不确定性，可由收益分布的方差测度；Brnmiley认为风险是公司收入流的不确定性；Markowitz 和 Sharp 等将证券投资的风险定义为该证券资产的各种可能收益率的变动程度，并用收益率的方差来度量证券投资的风险，通过量化风险的概念改变了投资大众对风险的认识。由于方差计算的方便性，Markowitz 和 Sharp 等关于风险的这种定义在实际中得到了广泛的应用。

### （二）风险是损失发生的不确定性

J. S. Rosenb"（1972）将风险定义为损失的不确定性；F. G. Crane（1984）认为风险意味着未来损失的不确定性；Ruefli 等将风险定义为不利事件或事件集发生的机会，并把这种观点又分为主观学说和客观学说两类。主观学说认为不确定性是主观的、个人的和心理上的一种观念，是个人对客观事物的主观估计，而不能以客观的尺度予以衡量。不确定性的范围包括发生与否的不确定性、发生时间的不确定性、发生状况的不确定性以及发生结果严重程度的不确定性。客观学说则是以风险客观存在为前提，以风险事故观察为基础，以数学和统计学观点加以定义，认为风险可用客观的尺度来度量。例如，佩费尔将风险定义为风险是可测度的客观概率的大小；

---

[①] 本部分主要借鉴：MBA 智库百科。

F. H. 奈特认为,风险是可测定的不确定性。

### (三) 风险是指可能发生损失的损害程度的大小

段开龄认为,风险可以引申定义为预期损失的不利偏差,这里的所谓不利是指对保险公司或被保险企业而言的。例如,若实际损失率大于预期损失率,则此正偏差对保险公司而言即为不利偏差,也就是保险公司所面临的风险(胡宜达等,2001)。Markowitz 在别人质疑的基础上,排除可能收益率高于期望收益率的情况,提出了下方风险(Downsiderisk)的概念,即实现的收益率低于期望收益率的风险,并用半方差(Sernivaviance)来计量下方风险(周刚等译,1999)。

### (四) 风险是指损失的大小和发生的可能性

朱淑珍(2002)在总结各种风险描述的基础上,把风险定义为:风险是指在一定条件下和一定时期内,由于各种结果发生的不确定性而导致行为主体遭受损失的大小以及这种损失发生可能性的大小。风险是一个二维概念,风险以损失发生的大小与损失发生的概率两个指标进行衡量。王明涛(2003)在总结各种风险描述的基础上,把风险定义为:所谓风险是指在决策过程中,由于各种不确定性因素的作用,决策方案在一定时间内出现不利结果的可能性以及可能损失的程度。它包括损失的概率、可能损失的数量以及损失的易变性三方面内容,其中可能损失的程度处于最重要的位置。

### (五) 风险是由风险构成要素相互作用的结果

风险因素、风险事件和风险结果是风险的基本构成方面,风险因素是风险形成的必要条件,是风险产生和存在的前提。风险事件是外界环境变量发生预料未及的变动从而导致风险结果的事件,它是风险存在的充分条件,在整个风险中占据核心地位。风险事件是连接风险因素与风险结果的桥梁,是风险由可能性转化为现实性的媒介。根据风险的形成机理,郭晓亭、蒲勇键(2002)等将风险定义为:风险是在一定时间内,以相应的风险因素为必要条件,以相应的风险事件为充分条件,有关行为主体承受相应的风险结果的可能性。叶青、易丹辉(2000)认为,风险的内涵在于它是在一定时间内,有风险因素、风险事故和风险结果递进联系而呈现的可能性。

（六）利用对波动的标准统计方法

1993 年发表的 30 国集团《衍生证券的实践与原则》报告中，对已知的头寸或组合的市场风险定义为：经过某一时间间隔，具有一定工信区间的最大可能损失，并将这种方法命名为 Value at Risk，简称 VaR 法，并竭力推荐各国银行使用这种方法；1996 年国际清算银行在《巴塞尔协议修正案》中也已允许各国银行使用自己内部的风险估值模型去设立对付市场风险的资本金；1997 年 P. Jorion 在研究金融风险时，利用"在正常的市场环境下，给定一定的时间区间和置信度水平，预期最大损失（或最坏情况下的损失）"的测度方法来定义和度量金融风险，也将这种方法简称为 VaR 法（P. Jorion，1997）。

（七）利用不确定性的随机性特征来定义风险

风险的不确定性包括模糊性与随机性两类。模糊性的不确定性，主要取决于风险本身所固有的模糊属性，要采用模糊数学的方法来刻画与研究；而随机性的不确定性，主要是由于风险外部的多因性（即各种随机因素的影响）造成的必然反映，要采用概率论与数理统计的方法来刻画与研究。

根据不确定性的随机性特征，为了衡量某一风险单位的相对风险程度，胡宜达、沈厚才等提出了风险度的概念，即在特定的客观条件下、特定的时间内，实际损失与预测损失之间的均方误差与预测损失的数学期望之比。它表示风险损失的相对变异程度（即不可预测程度）的一个无量纲（或以百分比表示）的量。

## 七、风险的分类

### （一）按照风险的性质

**1. 纯粹风险**

纯粹风险是指风险结果只有损失而无获利机会，也叫特定风险。一般而言，纯粹风险事件会重复出现，通常服从大数定律，因而较有可能进行预测。

**2. 投机风险**

投机风险是指既有损失可能又有获利机会的风险。投机风险较为多变和不规则，大数定律常常对其不适用。

（二）按照标的

**1. 财产风险**

财产风险是指风险损失承担者遭受的财产被损坏、毁灭与贬值的风险。

财产风险是指导致一切有形财产的损毁、灭失或贬值的风险以及经济或金钱上的损失的风险。如厂房、机器设备、成品、家具等会遭受火灾、地震、爆炸等风险；船舶在航行中，可能会遭受沉没、碰撞、搁浅等风险。

**2. 人身风险**

人身风险是指导致人的伤残、死亡、丧失劳动能力以及增加医疗费用支出的风险。如人会因生、老、病、死等生理规律和自然、政治、军事等原因而早逝、伤残、工作能力丧失或年老无依靠等。

**3. 责任风险**

责任风险是指由于个人或团体的疏忽或过失行为，造成他人财产损失或人身伤亡，依照法律、契约或道义应承担的民事法律责任的风险。

**4. 信用风险**

信用风险是指在经济交往中，权利人与义务人之间，由于一方违约或违法致使对方遭受经济损失的风险。如进出口贸易中，出口方（或进口方）会因进口方（或出口方）不履约而遭受经济损失。

（三）按照行为

**1. 特定风险**

与特定的人有因果关系的风险，即由特定的人所引起的，而且损失仅涉及特定个人的风险。如火灾、爆炸、盗窃以及对他人财产损失或人身伤害所负的法律责任均属此类。

**2. 基本风险**

基本风险的损害波及社会的风险。基本风险的起因及影响都不与特定的人有关，至少是个人所不能阻止的风险。与社会或政治有关的风险，与自然灾害有关的风险都属于基本风险。如地震、洪水、海啸、经济衰退等均属此类。

（四）按照产生环境

**1. 静态风险**

静态风险是指由于不可抗力或人的错误行为引起的风险，如台风、盗窃。对当事人而言，静态风险有的可以回避，有的则不可回避。在静态风险面前，人们往往处于较为被动的地位。

**2. 动态风险**

动态风险是指由于市场、需求、技术、组织结构、生产方式发生变化而导致的风险，如产品库存积压、经营不善、市场疲软等。对经济单位来说，动态风险一般是可以回避的。在动态风险面前人们往往处在较为主动的地位，因为通常他们有选择的余地。

**（五）按照产生原因**

**1. 自然风险**

自然风险是指由于自然界不可抗力而引起的自然灾害所导致的物质损失和人员伤亡，如台风、洪水、地震等。

**2. 社会风险**

社会风险是指由于个人或团体的行为（包括过失行为、不当行为以及故意行为）或不行为使社会生产以及人们生活遭受损失的风险。如盗窃、抢劫、玩忽职守及故意破坏等行为将可能对他人财产造成损失或人身造成伤害。

**3. 政治风险**

政治风险是指在对外投资和贸易过程中，因政治原因或订立双方所不能控制的原因，使债权人可能遭受损失的风险。如因进口国发生战争、内乱而中止货物进口，因进口国实施进口或外汇管制，等等。

**4. 经济风险**

经济风险是指由于市场预测失误、经营管理不善、价格波动、汇率变化、需求变化、通货膨胀等因素导致的经济损失。

经济风险是指在生产和销售等经营活动中，由于受各种市场供求关系、经济贸易条件等因素变化的影响或经营者决策失误，对前景预期出现偏差等导致经营失败的风险。比如，企业生产规模的增减、价格的涨落和经营的盈亏等。

**5. 技术风险**

技术风险是指伴随着科学技术的发展、生产方式的改变而产生的威胁人们生产与生活的风险。如核辐射、空气污染和噪声等。

## 第二节　执业风险

### 一、执业

#### （一）"执业"含义的界定

《现代汉语词典》（第7版）关于"执业"的解释："律师、医生、会计和某些中介服务机构的人员等进行业务活动。"① 其中的业务，是指个人的或某个机构的专业工作。② 而所谓"专业"，是指专门从事某种工作或职业的，具有专业水平和知识。③

具体来说，所谓"执业"，是指具有专业水平和知识，专门从事律师、医生、会计和某些中介服务机构的人员等进行业务活动。

一般人对行业和职业的理解存在一种断裂，这种断裂源自生活意识与国家意识、汉语语意与学理概念的差异。在我们日常生活用语中，并未对行业和职业的语意进行有效区分。行业也可被用于泛指职业，而职业通常被定义为个人服务社会并作为生活来源的工作，两者的使用区别只在于行业是按工作对象进行划分，职业是按工作职能进行划分。

"在英语里，从最原始的意义上讲，'职业'（Profession）一词意味着声明或者宣誓（Professing）的行为与事实。它意味着职业的从业者们声称对某些事务具有较他人更多的知识，尤其是对其客户的事务具有比客户本人更多的知识。当西方社会学学者试图定义'职业'时，却因为'职业'概念在不同社会语境下的含义有较大区别，往往只能采用列举特征的方式对职业的概念进行分类学的定义，而无法盖棺定论，职业被普遍理解为一种符号，它的意义在于使一个行业的职业自主性与从业者所享有的声望在社会中获得合法性。"④

---

① 中国社会科学院语言研究所词典编辑室：《现代汉语词典》（第7版），商务印书馆2016年版，第1680页。

② 同上，第1529页。

③ 同上，第1719页。

④ 刘思达：《职业自主性与国家干预——西方职业社会学研究述评》，载《社会学研究》2006年第1期。

与执业和职业两个概念相关的两个资格，即执业资格与职业资格。职业资格包括两类：一是从业资格；二是执业资格。

从业资格，即由各种协会向公众提供的服务型资格认定，是政府规定专业技术人员从事某种专业技术性工作的学识、技术和能力的起点标准。这种资格是单纯技能型的资格认定，不具有强制性，如保险代理人、会计、证券等，一般通过学历认定或考试取得。

执业资格，主要是政府根据相应的法律法规，针对某些关系人民生命财产安全的职业而建立的准入资格认定制度，有严格的法律规定和完善的管理措施，如统一考试、注册和颁发执照管理等，不允许没有资格的人从事规定的职业，具有强制性，是专业技术人员依法独立开业或独立从事某种专业技术工作学识、技术和能力的必备标准。比如，注册会计师、注册工程师、执业医师等，主要通过考试方法取得。①

### 1. 执业与职业的共同性

从语义学的角度看职业的内涵及定义，职业一词，可以拆分成两个字分别解读。"职"可以解读为职责与责任，指出职业群体必须承担一定的社会责任。"业"可以解读为专业活动，指出职业群体具有从事专门职业活动、发挥专项社会管理职能的专业能力。这是执业和职业的共同之处。国家《职业分类大典》指出，职业具有物质上获取报酬的目的性、参与社会管理的社会性、发展周期较长的稳定性、职业自律的规范性和人才聚集的群体性等特征。

### 2. 执业与职业的差别性

执业是指某些社会工作人员专业性的业务活动，而职业是以就业、谋生等绝大多数人相联系的就业问题，有没有职业和有没有执业是大相径庭的两件事。二者的含义不同。执业是律师、医生、会计和某些中介服务机构的人员等进行业务活动，而职业是个人在社会中所从事的作为主要生活来源的工作。

### 3. 执业与职业的统一性

人们通常把"行业"或"工作"理解为能够带来经济收益、重复某种特定行为模式且要求掌握特殊知识和技能的持续性活动。因此，由于这种

---

① 汤向玲：《职业资格与执业资格——两种资格的历史变迁与概念辨析》，载《高等职业教育——天津职业大学学报》第15卷第1期。

通过掌握特定技能而获得的重复性，一个行业不同于其他任何旨在获取收益的活动。这些特定的技能可以通过正规教育或日常实践，仿效这个领域的代表人物或是其他从事相同职业的人员来获得。值得注意的是，所谓"行业"的叫法仅用来指被社会规范（如法律、道德、社会文化）承认的活动。不满足此标准的活动只能被称为负面职业（如杀人犯或诈骗犯）。从抽象意义上来说，通常通过正规教育获取技能的职业与通过实践获取技能的职业有所不同。一个人可能会接触到很多领域的知识并且会踏上不同的职业道路，有时是一个，有时是几个同时进行。个人的实际行业决定了社会地位，因为职业生涯与一个人扮演的社会角色有直接的关系。

在此背景下，"职业"和"职业性"是具有特殊意义的当下概念。"职业"通常是指需要经过专业化的教育培训，其角色受社会规范制约且具有特殊社会意义的行业。职业要求具备特定的资历，资历的获得并不具有广泛性和普遍性，因为这需要长期的学习研究和实践，且都需要掌握其中细微复杂的事务。再者，职业性意味着行业（职业）的充分表现，遵守为相关活动制定的规定（不一定是法律规定，也包括具有行为属性的规定），通过其特殊的社会角色，满足重要的社会需求。人们希望看到，在职业表现中，从业人员可以控制情感，把客户的利益置于私利之上。专业人士享有较高的社会声望以及优越的经济条件。另外，当涉及专业领域，包括在勤勉的专业表现和道德德行方面，人们通常会对专业人士有更高的期待。

"经过特殊的社会过程，即职业化进程，行业可变为职业。这个过程由几个特色鲜明的阶段组成。第一阶段指行业活动成为主要的也是唯一的收入来源。在相关市场上，只有完全致力于相关活动并且不涉及其他有偿活动的人才会赢得尊重。第二阶段指的是职业从业受限阶段。只有具备相应学历背景的人才会正式参与到活动当中。如教育执业资格，是须完成足够的实习经历并通过职业资格考试才会掌握的实践技能（波兰语称为'运用'）。在这一阶段，代表特定行业的人员常与职业组织相联系。在大多数情况下，首先要自愿加入这一组织，但这也不是取得执业许可的决定性因素。然而，随着时间的推移，成为此类协会的成员变为一项必要条件。这类组织有权掌管这一领域内新员工入职、安排专业实践、为未来的专业人员提供职业规划、监管成员所提供服务的质量。下一步是推行官方发布的职业实践许可。最终，法人团体实施义务守则可能被视为职业化进程的最后阶段。"①

## （二）执业行为主体②

执业行为主体一般是指执业医师、执业药师、执业会计师、执业中介机构人员和执业律师等。

### 1. 执业医师

执业医师（Practicing Physician）是指具有医师执业证及"级别"为"执业医师"且实际从事医疗、预防保健工作的人员，不包括实际从事管理工作的执业医师。

执业医师应当具备良好的职业道德和医疗执业水平，发扬人道主义精神，履行防病治病、救死扶伤、保护人民健康的神圣职责。全社会应当尊重医师。医师依法履行职责，受法律保护。

### 2. 执业药师

执业药师是在药品生产、经营、使用和其他需要提供药学服务的单位中执业的药学技术人员，其工作内容有：（1）指导并参加药品调配、制剂工作；（2）负责药品检验鉴定和药检仪器的使用保养；（3）参加科学研究和技术革新。

执业药师（Licensed Pharmacist）是指经全国统一考试合格，取得《中华人民共和国执业药师职业资格证书》并经注册，在药品生产、经营、使用和其他需要提供药学服务的单位中执业的药学技术人员。

执业药师是负责提供药物知识及药事服务的专业人员。药剂师负责审核医生所处方的数种药物中有否出现药物相互作用，并根据病人的病历、医生的诊断，为病人建议最适合他们的药物剂型、剂量。同时，他们亦会指导病人服用药物时要注意的事项和服用方法。

从事药品生产、经营、使用和其他需要提供药学服务的单位，应当按规定配备相应的执业药师。国家药监局负责对需由执业药师担任的岗位作出明确规定。

---

① ［波兰］玛格丽特·克尔：《法律职业伦理：原理、案例与教学》，许身健译，北京大学出版社 2021 年版，第 51～52 页。

② 本部分主要借鉴：百度百科。

### 3. 执业会计师

执业注册会计师是指注册会计师执业会员，是在中国境内从事审计业务工作 2 年以上、取得执业资格（签字权）的注册会计师。执业注册会计师享有签字权，企业提供的审计报告需要两名注册会计师签名盖章，并经会计师事务所盖章才具有法定效力。

执业有签字权，有章，非执业没有签字权。执业者一般是在会计师事务所工作，非执业者一般是在企业中从事财务工作。

### 4. 执业中介机构人员

中介机构是指依法通过专业知识和技术服务，向委托人提供公正性、代理性、信息技术服务性等中介服务的机构。如证券经纪公司、专利代理公司、保险经纪公司等，这些机构中利用专业技术为委托人服务的人员都属于执业中介机构人员。

### 5. 执业律师

所谓执业律师是指依法取得律师执业证书的执业人员，依据约定，运用自己拥有的专业水平和知识为当事人提供法律服务的活动。

律师职业具有三个特征：一是专业技术建立于拥有深奥的理论功底，区别于一般的服务行业；二是具有为大众服务的精神，区别于唯利是图的商人；三是自治性团体，实行成员加入的资格认定，对违犯内部纪律的惩戒权并对团体利益进行充分保障，由此区别于其他行业。[1]

### （三）执业律师的历史与现状

现代意义的律师是指熟知法律、善能解说法律，并且能为诉讼当事人和社会提供法律帮助且获得律师职业资格证书的人员。由于历史原因，各国律师的种类和范围差别很大，例如，英国的律师包括大律师和小律师；美国的律师范围非常广泛，是指有律师执照可执行法律业务的人。在我国，律师有广义和狭义之分。广义的律师是指具有律师资格，从事法律服务工作的人，包含社会律师、公司律师、公职律师和军队律师。狭义的律师是《中华人民共和国律师法》所规定的社会律师，其不隶属于任何国家公共权力机关，保持了普通公民的身份。

---

① 季卫东：《法治秩序的建构》，中国政法大学出版社 1999 年版，第 198 页。

"律师一词的使用也具有广泛性。首先，律师是一种职业，这种职业是社会分工的产物；其次，律师是一种身份，是社会对从事律师工作的人的泛称；再次，律师是一种称谓，是人们对具有律师身份的某个人的特称。"[①] 随着国家层面系列规范性文件的出台，对律师职业的性质界定已经由模糊不清到统一确认：律师工作兼具社会属性、政治属性和职业属性三个方面。律师既是社会法律工作者、国家法治服务成员，又是法律技术服务者。

## 1. 国外执业律师的由来及其现状

世界律师行业最早起源于古罗马时期。随着古罗马由共和国向古罗马帝国的转变，大量的对外扩张战争与社会、经济的发展使得古罗马公民之间、公民与外国人之间的矛盾冲突频繁。出于维护政权的稳定及为公民提供法律咨询的需要而产生了辩护律师这一职业。古罗马法系作为现代西方社会的法律起源，其律师制度也相应地被现代西方社会所保留，并最终发展成为当今的现代律师制度。

第一，英国律师行业发展及其现状

在英国，律师事务所被称为律师行（Law Firm）。作为现代律师事务所的发源地之一，其职业律师制度最早起源于12、13世纪。当前英国实行的是二元制律师制度，将律师分为出庭律师与事务律师。出庭律师不能与当事人直接接触，承担着在法庭上出庭诉讼的工作，在法庭上拥有较强的自主性。事务律师不直接出庭，承担着与当事人接触了解案情、整理案卷材料与诉讼材料的工作。

在律师事务所的分类上，英国采用的是个人律师行与合伙制律师行的制度，如英国第一大律师事务所——高伟绅律师行（Clifford Chance）采用的就是合伙人制度。作为"魔术圈"成员之一，总部位于伦敦的高伟绅律师行设立于1802年，作为一个国际律师行，其在25个国家设有35家分所，约3300名律师。其主要业务涵盖银行与金融、资本市场、公司与企业并购、房地产、诉讼与争端解决、税务、劳动等方面。在2016—2017财年，该律师事务所总收入约为15.4亿英镑，每名合伙人利润为137.5万英镑。在律所的管理模式上，高伟绅律师行由执行合伙人担任主席，制定律

---

① 谭世贵：《律师法学》，法律出版社2005年版，第1页。

师行的发展战略并对其实施进行监督。该执行领导的有效性则由律师事务
所高级合伙人领导下的理事会进行审查。

二元制律师制度下，英国社会对于律师的数量有着较大的需求。同
时，作为现代律师制度的发源地之一，英国律师行发展较早。综合以上因
素，英国才促使了诸如高伟绅律师行这类跨国超大型律所的产生。但二元
制促进了英国律师行发展的同时也造成了当事人诉讼费用高昂、出庭律师
不熟悉案件具体情况的弊端。虽然在 1990 年英国议会通过了《法院和法
律服务法》，淡化了出庭律师与事务律师的界限，但当今传统的二元制律
师制度在英国仍占据主流地位，律师行规模庞大，服务费用高昂的局面仍
将持续。

第二，美国律师行业发展及其现状

相对于英国，美国的律师制度及律师事务所发展较晚但发展迅速。在
20 世纪中叶，美国的传统类型律师事务所仍以中小型律师事务所为主。一
般较大型的律师事务所人数约为 30 人，而中型律师事务所仅为 10—20 人。
此时的律师事务所业务较为单一，一般不设立分所，律所之间的人员流动
率也较低。但随着美国律师行业的高速发展，美国律师事务所的规模已经
今非昔比，截至 2016 年，美国共有律师 1315561 人，占世界律师总数的
35% 左右。从各州的数据对比来看，美国律师人数最多的为纽约州，约为
17.5 万人。而每万人中律师占比最高的为华盛顿特区，约为每万人中有
784 名律师。在美国大型跨国律师事务所的发展上，美国普衡律师事务所
（Paul Hastings）作为全美最大的律师事务所之一，拥有 2500 名员工与约
900 名律师，展示了美国律师业较为强大的实力。

在大型跨国律师事务所，其业务范围涉及较广，涵盖诉讼与非诉等各
类范围。相对于大型律师事务所业务的泛化，当前美国中小型律师事务所
大部分都向着专业化的方向发展，专门从事某一方向的专业化法律服务。
在美国律师行业飞速发展，大型跨国律师事务所不断涌现的今天，律师
事务所的经营风险也在日益加大。对此，芬利坎布尔律师事务所（Finley
Kumble）的破产尤其令人震惊。该律师事务所在 1968 年成立之初仅有 8
名律师，而在经过几十年的扩张式发展之后，截至破产前，其拥有约 700
名律师。事务所过快的发展速度以及高额的薪酬，确实推动了该律师事务
所在一段时间内成为全美最大的几家律师事务所之一，但过快的发展速度

带来的新律师过多与律师的超额薪酬也是直接导致该律师事务所破产的原因之一。

"纵观美国律师行业的发展可以看出，美国律师行业在经历了 20 世纪中期开始的发展浪潮之后，也不可避免地出现了律师事务所破产的浪潮与律师薪酬过高等问题。根据美国律师行业的发展经验，如何避免快速发展之后的衰退与保护律师行业的发展成果，仍值得我国现今律师行业加以思考。"①

**2. 国内执业律师的由来及其现状**

在我国历史上，"律师"一词由西方经日本传入，首次出现在 1910 年《大清刑事民事诉讼法（草案）》中。一般认为，现代汉语中的"律师"一词为英语"lawyer"的意译②，比较符合汉语的表达习惯。③

《辞海》把"律师"解释为："律"者，法则、规章之意，如戒律、定律等；它还有按律处治之意，如律以重典，引申为约束；另外，也经常用它来指称中国古代主要法律规范的名称，如盗律、工律、田律、仓律等，有时，"律"也用作一个朝代法律的总称，如秦律、汉律、明律、清律等。"师者，对有专门知识技能的人的称呼，如医师、工程师等。""律师"，是指依照法定条件、程序取得资格，依法可以接受当事人委托或由法院指定向当事人提供法律帮助，从事有关法律事务活动的人员。④

1902 年清政府实施变法，沈家本、伍廷芳等组织修律。1906 年《大清刑事民事诉讼法草案》修改，该法第一次明确了律师制度。因遭到地方督抚的反对而没有出台。虽然已经修订而未公布，但是仍然标志了我国律师制度的尝试。

1912 年 9 月 16 日北洋政府颁布了《律师暂行章程》，这是中国历史上第一部律师单行法规，被认为是"律师制度在中国得以确立的标志"。

民国初期南、北临时政府并存，律师执业基本上以 1912 年公布的

---

① 张毅凯：《论律师行业竞争的法律规制》，浙江财经大学硕士学位论文，第 14 页。

② 马西尼：《现代汉语词汇的形成——十九世纪汉语外来词研究》，黄河清译，汉语大词典出版社 1997 年版，第 191 页。

③ 黄宗智：《法典、习俗与司法实践：清代与民国的比较》，上海书店出版社 2003 年版，第 37 页。

④ 辞海编辑委员会：《辞海》，上海辞书出版社 1999 年版，第 72 页。

《律师暂行章程》为活动依据；南京国民政府成立后，于 1927 年公布了《律师章程》，并于 1941 年公布《中华民国律师法》。这些法律以北洋政府制定的《律师暂行章程》为蓝本，在此基础上对原有的律师制度进一步细化，规定了律师的职业道德，如诚实信用、积极维权、交往回避等。同时，设立律师公会展开律师行业自治。

"1949 年新中国成立后，新创建的人民律师制度迅速完善，律师人数也迅速增加。从 1955 年开始试行律师制度时只有 81 人，到 1957 年 6 月，全国已建立 19 个律师协会，820 个法律顾问处，总计 2500 多名专职律师和 300 多名兼职律师。"[①] 新的律师制度正处在方兴未艾之际，在 1957 年却遭到反右斗争扩大化的猛烈冲击，致使刚推行不久的人民律师制度夭折。

我国律师职业化过程的再次兴起始自 20 世纪 70 年代的改革开放。

改革开放以来，我国的律师职业化过程大致分为三个阶段，即 1979 年至 1988 年、1988 年至 1996 年、1996 年至今。

第一阶段，是我国律师职业化的萌芽期，其特点是起步。新中国成立初期，我国实行的是计划经济，无产阶级专政是国家的管理方式。萌芽状态下的律师转为法律工作者，成为公职人员。改革开放后，计划经济转变为有计划的市场经济，无产阶级专政转换为人民民主专政。处于市场与民主萌芽状态的律师看到了发展的生机。全国人大常委会颁布了《中华人民共和国律师暂行条例》。这一时期，律师虽然有了正当的名分，但仍定位为法律工作者，接受的是统一的行政管理，是国家编制内的公职人员，没有社会化、职业化的特点。

第二阶段，是我国律师职业化的初始期。我国经历十年的改革开放，有计划的市场经济带来了社会经济的发展，社会矛盾的多样性、复杂性不断凸现。全社会对改革调整平衡矛盾的方式产生了强烈期望。在此基础上，司法部在 1988 年开始改革律师体制，主要内容有：自收自支合作制律师事务所、实行律师职务与资格相分离、扩大事务所自主权、推行岗位责任制、实行主任负责制、司法行政机关与律师协会双重管理等。这种双重管理模式相对于单一的管理模式，也显示出我国律师职业化开始由萌芽至

---

① 蔡定剑：《历史与变革：新中国法制建设的历程》，中国政法大学出版社 1999 年版，第 65 页。

初步成形，对律师职业化的未来发展仍然具有极其重要的实践价值。

第三阶段，是我国律师职业化的飞跃期。有计划的市场经济进化为国家宏观调控的市场经济，造成了我国经济持续高速的发展。经济的发展带来了社会的进步，人们的观念在更新，生活和学习习性在转变，国家管理的方式也产生了新的要求。改革司法体制提到了国家层面的议事日程，律师职业相关的法律也陆续出台和修订。1996年5月，首部《中华人民共和国律师法》诞生，它是我国律师制度历史上的里程碑。至2017年，《中华人民共和国律师法》经历了多次修改，已成为当前律师执业的基本规范。然而，它究竟能发挥多大的作用，是否能真正为律师职业化顺利发展保驾护航，需要时间去检验。①

律师职业化包括如下内容：首先，它是法律职业的群体；其次，它独立于国家的司法机关和行政机关之外；最后，它向社会提供法律服务。所以律师职业化就是上述三位一体有机结合的成果。它有以下基本特征。

第一，资格准入有严格的制度。律师职业不同于社会其他职业，两重性即政治和社会性决定它的职业准入资格比社会其他职业准入严格。它的服务既关系个人利益，也关系国家、社团等的利益，既有经济利益又有人身权益。所以，其严格的资格准入是树立职业形象、发挥其作用的关口。

第二，律师的职业自律。律师职业组织的严密体现在律师组织的自律，律师职业的独特性决定了职业管理方式，这种管理方式是律师服务手段的客观要求，其自律程度的高低直接反映其职业化的程度。

第三，完备的内部职业统一规范。规范就是一种行为准则，一般行业的管理都有其规范，律师职业的规范特点是内容完备、自我约束力强、行为统一、管理高效。职业规范特点表明了律师本身就是国家社会管理职业群体，管理水平和能力与众不同，理所当然有其差别。

第四，立法保障律师执业。律师执业就是从事法律服务，这种服务就是用国家颁布的法律来调整平衡社会矛盾的方式。虽然是一种社会服务，但烙上了强制性印迹，其执业的风险大于社会的其他服务。为了保护和实现这种服务，国家不得不用立法的方式来予以保障。立法保障措施越完备，律师执业的风险就越低。

---

① 李本森：《我国律师职业化进程和发展策略》，载《中国律师》2000年第5期。

第五，具备内部教育体系。法律的严谨、严肃性要求律师职业教育具备内部教育体系。律师的服务依据是法律，其服务的结果涉及委托人的切身利益，所以，高水平、高质量的服务不仅对个人，乃至社团、国家都是十分重要的。人类的进步、社会的发展、国家法律的完善、公民的维权意识增强，迫使律师的服务水平和质量必须提高，由此促进了内部教育体系的完备。

### 3. 国内外律师执业的共性与区别

（1）国内外律师执业的共性

从各国律师制度的理论和实践来看，现代意义上的律师通常具备以下特征：

第一，任职资格的法定性。虽然各个国家对律师的入职要求并不完全相同，但都会通过法律设置一定的门槛，只有具备了法定资格，才能从事律师行业。这些条件通常包括：经过系统训练、通过考试（考核）、国家许可等。

第二，服务内容的专业性。律师业不同于一般的行业，需要专业的知识和能力，即律师的"专业性"。通常而言，只有受过法律专业教育，掌握相关法律专业知识，具备相当法律服务能力的专业人才才能从事律师行业。

第三，服务方式的受托性。与法官、检察官等国家机关工作人员提供的法律服务不同，律师的业务不是基于权力取得，而是基于当事人的委托而获得。

第四，服务价值的有偿性。律师服务也是一种劳务，在市场经济条件下，理应获得一定的报酬，这也是律师重要的价值体现。

第五，服务地位的独立性。律师不享有公权力，属于不代表公权力的法律人。同时，律师提供法律服务的权利来自当事人的授权，但并不意味着律师依附于当事人。律师接受、提供法律服务具有自愿性，以自己的法律知识、法律技能、法律经验，独立自主地为当事人提供法律服务。

（2）国内外律师执业的区别

依不同划分标准，律师有不同类别。在不同的国家，律师执业资格并不完全相同，律师的分类亦有所区别。

在不同的法系，律师的类型并不相同。即使在同一法系，律师的类型也存在很大差别。以英国为例，律师的分类标准是律师业务和法院审级。"Lawyer"是统称，具体分为 Barrister 与 Solicitor 两种，分属不同的业务领域。Barrister 是"大律师"（香港翻译为"状师"），又称为出庭律师，即有资格在上级法院出庭辩论的律师，业务范围涵盖普通法相关案件、衡平法相关案件、小额遗产案件和离婚案件等。Solicitor 是"小律师"，又称为事务律师、普通律师，即直接接受当事人委托，只能在下级法院出庭及从事文案写作和非诉工作的律师。"大律师"不能直接接受当事人的委托，当事人只能通过"小律师"来委托大律师。

"在美国，主要是按照公私标准，把律师分为私人律师与公职律师。私人律师，即那些自法学院毕业并通过律师资格考试后办理律师业务的开业律师。公职律师，即专门为政府、法院、检察机关等国家机关服务的律师（法律顾问）。公职律师一般不允许向社会公众提供法律服务，除非该法律业务与自己受雇单位无联系或没有影响。"①

### 4. 我国执业律师的产生和发展变迁

我国近代律师制度是以外国列强逼迫为背景建立的，是清朝政府的形式工程，它在实践中仅仅具有作为现代文明的一种标识的意义，而不是现代意义上的律师制度。现代意义的律师制度是中华人民共和国成立后建立的人民律师制度，它从产生到发展，走过了一条坎坷的道路。70 多年来，我国律师制度经历了律师行业初创时期、律师行业改制时期、律师行业发展时期、律师行业崭新发展时期四个阶段，与此相对应，律师性质的定位也历经四次变迁：国家的法律工作者、社会的法律工作者、当事人的法律工作者和法治工作者。

第一，律师行业初创时期：国家的法律工作者。

1949 年中华人民共和国成立后，开始创建我国的人民律师制度。从1955 年开始试行律师制度时，全国律师只有 81 人。到 1957 年 6 月，全国已建立 19 个律师协会、820 个法律顾问处，总计 2500 多名专职律师和 300多名兼职律师。1957 年因反右斗争扩大化的猛烈冲击，致使刚推行不久的人民律师制度夭折。

---

① 陶髦、宋英辉、肖胜喜：《律师制度比较研究》，中国政法大学出版社 1995 年版，第 10 页。

改革开放以来，中国法律体系的复兴肇始于国家的意志，作为法律体系的一部分，律师职业的重生也不例外，在某种意义上，这也是一场由国家主导的自上而下的事业。1978 年 12 月，党的十一届三中全会胜利召开，中国进入一个新的历史时期——法制创建新时期。1978 年第五届全国人民代表大会第一次会议通过的《中华人民共和国宪法》重新确立了辩护律师制度，随后 1979 年通过的《中华人民共和国刑法》《中华人民共和国刑事诉讼法》《中华人民共和国法院组织法》都明文规定被告人享有辩护权，并可以委托律师辩护，恢复重建律师制度理所当然被提到议事日程上来。1980 年 8 月 26 日，在第五届全国人大常委会第十五次会议上，通过了《中华人民共和国律师暂行条例》。该条例是我国第一个关于律师制度的法律，它把我国律师的性质定位为国家的法律工作者。《中华人民共和国律师暂行条例》的正式实施，使我国律师制度的建立健全、律师参加诉讼活动有了可靠的法律保证，从此我国律师行业发展迅速，开始进入一个较大发展阶段。到 1986 年底，律师执业机构已增加到 3189 个，律师从 1979 年恢复时的 212 人，增长到 21546 人，其中专职律师 14500 人。

这期间律师制度的发展也有阶段性放缓的迹象，主要是《中华人民共和国律师暂行条例》早已在 1980 年 8 月 26 日颁布，并已于 1982 年 1 月 1 日起施行。但中华全国律师协会直到 1986 年 7 月 7 日才得以成立。这其中的主要原因，可能是与国家安排的 1983 年至 1985 年 3 年"严打"行动有关。在这期间，公、检、法机关可能担心律师制度的推行，特别是律师行使辩护权，会影响"严打"运动对刑事犯罪的打击力度。

把律师职业性质定位为国家法律工作者，隐含着律师的角色趋势是社会公平正义的保障者。它是从律师与国家的关系入手，强调律师对国家意义上的法律义务，以国家利益为本位，其思想基础是律师职业定位的国家本位主义，突出了律师职业的公共性。这种职业定位的目的在于抑制律师的商业化和营利倾向，加强律师公益性，是一种由国家对法律服务产品进行统购统销、律师事务所国营化的律师职业结构模式。它的特征表现为律师的首要任务是维护法律的正确实施，若当事人的利益与国家利益发生冲突时，律师要站在国家利益一边；律师执行职务的工作机构是法律顾问处，法律顾问处是由司法行政设置并接受其组织领导和业务监督的事业单位；律师与法官、检察官一样是司法官员，在法律顾问处的组织和领导下工作。

第二，律师行业改制时期：社会的法律工作者。

改革开放十多年后的 20 世纪 80 年代末，我国社会有了巨大变化：经济体制由计划经济向社会主义商品经济演进，法律体系日趋完善，社会利益多元分化。随着中国社会从一种逐渐演进的态势进入到整体转型的阶段，全社会对律师法律服务和法律保障的渴求越来越迫切，向律师工作提出了更高的要求和艰巨的任务，《中华人民共和国律师暂行条例》对律师的性质、任务、活动原则及律师机构的设置等方面的规定已远远不能适应律师行业的发展。此外，"在对外贸易和国际合作中，'吃皇粮'的国办律师事务所显得越来越不适应改革开放的需要"[①]，因此，对律师制度进行改革，尝试新的律师事务所组织形式势在必行。

从 1986 年起，中国律师业开始了职业化和私人化的改革进程。在这个过程中，律师职业逐渐与国家分离，成为社会中的法律工作者。

1986 年 4 月 12 日，司法部发布《关于全国律师资格统一考试的通知》，决定从该年起实行全国律师资格统一考试制度，以通过考试取得全国律师资格的方式取代了单纯由司法行政机关考核授予律师资格的做法。

1988 年 6 月 3 日，司法部印发《合作制律师事务所试点方案》，合作制律师事务所的特点是不占国家编制，不要国家经费，合作律师共同集资、独立核算、自负盈亏，由此迈出了"改变国家包办律师事务的重要一步"，律师业逐步走向社会化。

为了加强律师职业纪律和道德规范建设，从 1990 年开始，司法部先后发布了《律师十要十不准》《律师惩戒规则》《律师职业道德和执业纪律规范》等一系列规定，对律师在执业和履行职责过程中的职业道德和执业纪律做了较为全面的规定。以上规则对于提高我国律师队伍素质，促进律师制度建设的健康发展具有重要意义。

1992 年 8 月 4 日，司法部在《关于律师工作进一步改革的意见》中提出加快推进国办所和合作所共存的律师体制，并把律师事务所作为第三产业看待，同时规定了提高律师专业水平的一系列措施。

1993 年 12 月 26 日，《司法部关于律师改革的方案》得到国务院批准。

① 刘思达：《割据的逻辑——中国法律服务市场的生态分析》（增订本），译林出版社 2017 年版，第 22 页。

方案提出，从用行政官员、行政级别的概念来界定律师属性，逐步转变为面向社会、为社会服务的法律工作者；不再以生产资料所有制性质划分律师组织，把法律顾问处（律师事务所）改为合伙制律师事务所，对律师的管理从司法行政机关为主向司法行政机关管理和协会行业管理相结合的模式转变。

1996 年 5 月，第八届全国人大常委会第十九次会议通过的《中华人民共和国律师法》确认了前期律师制度体制改革的成果，将律师的性质由国家工作者正式确定为为社会提供法律服务的执业人员。此外，还对律师的业务、权利、义务等方面作出了规范。《中华人民共和国律师法》是新中国第一部律师法典，它的出台表明具有中国特色的社会主义律师制度基本形成，是我国律师事业发展的里程碑，标志着我国律师事业的发展将步入一个新发展阶段。截至 1997 年底，全国律师事务所共计 8400 余所，律师总数达 10 万余人，其中专职律师有 5 万余人。经过 20 多年的改革发展，中国律师界带着 11 万余人的数字迈入新的千年。

第三，律师行业发展时期：当事人的法律工作者。

1996 年我国把律师定位为"社会的法律工作者"，并且对律师的执业机构进行改制。这一举措，表面上看，是对律师职业社会性的肯定，但也暗含了对律师的商业化倾向的肯定。这一肯定，仅从 20 世纪 90 年代党和政府的管理文件中，把法律服务行业纳入中介服务的第三产业来看，就是一种有力的佐证。它从技术层面、操作层面表达律师服务的市场属性，将律师向委托人提供法律专业服务活动而获得报酬理解为商业活动，律师和委托人的关系只需要按照市场经济规则去运作。

1997 年召开的中共十五大提出"依法治国，建设社会主义法治国家"之后，我国司法的技术合理化、诉讼中对抗制因素的增强以及程序公正观念的树立等，为新律师法的律师性质重新定位提供了必要前提。在此背景下，2007 年对《中华人民共和国律师法》进行修订，把"社会"改为"当事人"，将律师定性为"为当事人提供法律服务的执业人员"，使得律师的服务对象更加明确，明晰了律师与当事人之间的基础关系。这一定位是从律师与当事人的关系入手来探讨律师的职业性质，可谓律师职业定位的当事人本位主义。这一定位突出律师职业的性质之一——技术性和市场性特征。这一定位突出了律师的角色发展趋势是当事人合法权益的维护者，明确了律师的服务对象是"当事人";明确了律师职业的核心是律师与当事人基于信任而建立起来的良性互动关系;强调律师在保障民主方面的重要作用,有助于增强律师服务当事人的责任感,对唤醒律师的主体意识、发展我国律师事业起到了很大的推动作用。

律师职业性质由"国家的法律工作者"到"社会的法律工作者",再到"当事人的法律工作者",逐次展现了律师业的不同层面。这种修改表面上只是词语表述的微调,其间蕴含的意蕴是重大的,不仅反映出意识形态已经放弃了对律师这一职业"姓资"或者"姓社"的识别,而且带来了律师国家责任的逐步弱化,其维护委托人合法权益的责任则得到越来越明显的强化。

第四,律师行业崭新发展时期:法治工作者。

在全面依法治国的大背景下,我国的律师队伍不断发展壮大,队伍结构不断健全完善,律师事业取得飞速发展,律师从业规模不断扩大,到2021年12月底全国律师执业者已经突破57.6万人。律师的法律服务活动在法治中国建设的各个领域、各个方面和各个环节无所不在,对我国现代法治的形成、现代文明的建构发挥着不可或缺的重要作用,成为促进中国经济社会发展、法治国家建设的一支重要力量。律师行业的社会影响力、政治地位得到了进一步提升,越来越多的律师参政议政,律师行业发展呈现出欣欣向荣的景象,以致有人称"律师价值时代已经来临"。

当前对律师的定位有利于进一步调动我国律师在社会主义法律服务市场中的能动性和积极性,在推动我国律师行业产业化和专业化,增强法律服务市场的开放性中发挥着重大作用。然而,从另一个角度看,过分突出律师的商业性质,又在一定程度上影响和制约了律师职业在整个法律制度中应有地位的确定。而忽略了律师的公共性,又很容易走向另一极端。尤其是在我国缺乏为公众服务为己任的职业主义传统的国情下,当前对律师的定位痼疾渐露端倪,如律师职业道德水准不断下降、职业满足感减弱、法治信仰失落、职业形象恶化等。事实上,律师职业固然有其追求经济效益的目的,但社会效益也应当是律师执业的基本目的之一。当前对律师的定位,容易使律师认为他们的基本职业观念就是单纯追求经济利益的最大化,进而衍生出"功利主义""金钱崇拜""权力崇拜"等现象,律师潜在的社会、政治功能没有得到充分发挥。

我国在很长的一段时期内使用的是"法律工作者"的提法，并未使用"法治工作者"的概念。自党的十八大做出"全面推进依法治国"的重大决策以来，党中央、国务院高度重视作为全面依法治国的根本保证的人才保障。2014年党的十八届四中全会通过《中共中央关于全面推进依法治国若干重大问题的决定》，决定中首次正式明确提出"法治工作队伍"概念，同时提出律师队伍是法治工作队伍的重要组成部分。2016年4月6日，中共中央办公厅、国务院办公厅印发了《关于深化律师制度改革的意见》，指出律师队伍是社会主义法治工作队伍的重要组成部分，尤其强调了律师在构建法治国家、维护社会正义中的作用。以习近平同志为核心的党中央提出了"法治工作者"概念，用以取代沿用了数十年的"法律工作者"概念，是一个具有鲜明中国特色、实践特征的范畴。把律师定位为法治工作者，彰显了法治精神、法治职业，凸显了新时代全面依法治国对律师职业的更高标准和更高要求。[①]

**5. 我国执业律师的发展趋势**

当前我国执业律师的发展趋势主要体现在，律师服务领域已由传统的诉讼事务为主发展到诉讼、非诉讼事务并重，由国内业务为主发展到国内、涉外业务并举。积极服务经济社会发展，围绕实施创新驱动发展战略、知识产权战略、新农村建设、自贸区建设等，开展多种形式的专项法律服务活动。

律师队伍由单一的社会律师，发展为社会律师、公职律师、公司律师、法律援助律师、军队律师等多种类型。律师执业权利保障制度和措施不断健全，律师执业的规范和管理不断加强，律师队伍建设和律师行业党的建设全面加强，律师队伍职业道德水平全面提高。

第一，律师是当事人合法权利的维护者。律师的服务对象是当事人，其最首要的角色是最大限度地维护当事人的合法权益。当社会各主体的权利受到阻碍或者侵犯时，由于其自身的专业知识欠缺、时间精力有限、人身自由受到限制和心理上畏惧、恐慌、害怕等方面的原因，使他们自我维权的能力受到限制，律师的参与能使纸上的权利变成现实生活中的权利。作为历史上的一个事实，律师职业在以法治为基础和充分保障个人权利的

---

[①] 李奕：《社会治理化进程中律师的角色和功能研究》，吉林大学博士学位论文，第37～43页。

政治体制中演化得最为充分。

第二，律师是社会公平正义的保障者。律师职业作为典型的法律职业之一，作为法律运行中的一个要素，自然承载着法律的公平正义理念。维护社会正义是社会治理首要的、起码的目标，是实现其他治理目标的前提条件。

第三，律师是社会和谐稳定的促进者。律师通过参与社会治理规则的制定，促进社会关系的可预测性，使人们按照法律或其他规则处理社会关系，在规则之下保持和谐有序的状态。

第四，律师是企业法律风险的防范者。随着社会的不确定因素、流动性的增多以及科学技术的飞速发展，社会的风险性加大。根据风险社会理论，人类已经进入风险社会。市场竞争日趋加剧，企业面临的法律风险和需要处理的法律事务也急剧增加。律师在分析企业各项法律风险的过程中，应当发挥预防风险发生、审查风险项目、规避风险内容等多种作用。

第五，律师是法治的宣传者。法律只有内化于人们的行为，才能保证它发生功效，如果只依赖国家的强制惩罚措施，那么法治的实现将会相当困难。律师是法律之师，是最好的普法宣传员和普法志愿者。律师相比其他人员，更能提高人民群众的法律意识，在促进人们学法、懂法、用法方面有着无可比拟的优势。

律师还将在立法、政府治理、社会自治、多元化纠纷化解等领域发挥积极作用。

2021 年 12 月 30 日，司法部印发《全国公共法律服务体系建设规划（2021—2025 年）》，提出到 2025 年，全国执业律师要达到 75 万名。"十四五"时期也是律师行业抓住发展机遇，推动行业整体转型升级的重要时期。在这样的背景下，全国各地纷纷制定了《法治社会建设实施纲要》《公共法律服务体系建设规划》《律师行业发展规划》等。而这些文件，为律师行业的发展指明了方向，也可透视出律师行业发展的政策倾向与趋势。

第一，从各地律师行业发展目标数据来看。可以预见，2025 年之前，各地仍将采取措施推动律师人数增长、律所规模发展、律所专业化水平提升以及涉外业务发展。

第二，从各地律师行业发展规划具体措施来看。在各地所制定的规划中，均对行业发展提出了明确的方向，规模化、专业化、国际化、规范化和品牌化是官方层面倡导的发展方向，也是律师行业的可预见趋势。

在各地推动律所规模化发展的具体举措方面，可以看出几点共性：一是鼓励开设分所；二是鼓励律所采取合并、重组等形式扩大规模；三是鼓励现有规模大所进一步提升实力，"做大"之后再"做强"。

在推动专业化建设方面，各地政策主要集中在这样几个方面：一是重点建设涉外投资贸易、金融证券、知识产权、文化创意、信息服务、生态环境等专业领域，说明这些领域发展前景良好而人才相对稀缺；二是完善专业化评定标准，建立健全律师专业水平评价体系和评定机制；三是各级律协专业委员会要形成专业研究、业务指引的固定成果。

在国际化层面，各地政策对于律师事务所的助力主要表现在：一是鼓励参与"一带一路"国际合作项目；二是鼓励律所在境外设立分支机构；三是鼓励与港澳台及外国律师事务所联营合作；四是选拔培养涉外律师人才。

在律师执业规范层面：一是规范收费行为、禁止不正当竞争；二是建立完善律师信用评价机制、考核机制等。

在品牌建设层面：一是鼓励使用多种品牌宣传方式和渠道；二是宣传表彰律师和律师事务所先进典型、优秀事迹；三是鼓励律师事务所和律师参与评级评优。

综上，我们得以窥见中国律师行业在未来几年发展的政策倾向与趋势。

一是律师人数增加、律所规模做大仍是必然的趋势。无论是法律服务欠发达的西部地区，还是法律服务市场最繁荣、最完备的东部沿海地区，其在律师与律所层面的发展倾向都是一致的：律师人数要以较大增幅持续增长，中大型律所数量要持续增加。这说明，律师行业的发展仍未进入成熟期，仍有一部分市场需求未被满足或有待挖掘。

二是除了做"大"，还要做"强"。各地除了鼓励律师事务所通过合并、重组等方式做大规模，同时也强调，鼓励中小型律师事务所做专做精，打造专业品牌，打出差异化竞争优势。如广州提出"打造10个以上具有全国领先水平的专业化法律服务品牌"，江苏提出"特定专业领域具有全国影响力的品牌律师事务所要达到 50 家"，福建提出"形成一批业务总收入超过亿元的律师事务所和人均业务收入显著高于行业平均水平、享有较高美誉度的专业所、精品所"等。因此，各地律所要结合自身实际，在"做大"与"做强"之间选择合适的发展路线。

三是涉外业务是绝对的蓝海业务。无论是引进、培养涉外律师人才，甚至设定专门的目标要求涉外律师需达到一定数量，还是鼓励律所积极"走出去"、鼓励律所与港澳台和外国律所进行联营，都可以看出各地在发展涉外业务上的决心，而这也与整个国家发展的趋势相符，值得律师投入更多精力，抢滩"蓝海"。[①]

## 二、执业风险

### 1. 什么是执业风险

执业风险就是与执业人职业相伴产生的，具有一定发生频率并由执业人承受的风险，包括经济风险、政治风险、人身安全风险等。不同的职业有着不同的社会责任和担当，与此相伴随的是特别的风险。

### 2. 执业风险与职业风险

在现代语境中，职业往往与行业、工作相通用，虽然一种职业意味着一种工作，但不能反过来说，一种工作意味着一种职业。职业是社会分工的结果，具有群体性。职业风险是指针对整个职业群体利益产生不确定影响因素的总和。

职业风险是在执业过程中具有一定发生频率并由该职业者承受的风险，包括经济风险、政治风险、法律风险和人身风险。如因职业暴露产生的各种职业损伤、高负荷工作带来的精神压力、工作过失导致的法律责任等都属于职业风险的范畴。

律师职业风险既包括外部风险因素的影响，如宏观经济变动、科技技术变革、法律修订等的影响，也包括律师自身是否恰当坚守职业形象、执行职业准则所产生的内部风险。执业风险是职业风险中内外部风险落实到执业律师或律师事务所的一种具体体现。

职业风险和执业风险的关系是：

---

① 新则：《全国各省市律师发展规划及政策分析报告》，载《新则》公众号 2022 年 7 月 29 日。

（1）共同性。两者都是职业活动中因内外部因素的影响所产生的风险。

（2）差别性。执业风险是指执业律师或律师事务所在执业的期限内的风险，而职业风险是指整个职业在执行过程中的风险。

（3）统一性。执业风险包含在职业风险的范畴内。职业风险比执业风险时间范围更长，空间范围更大，并将执业风险内在于职业风险之中。执业风险往往也是职业风险，但职业风险并不等同于执业风险。职业风险强调整体的宏观趋势和风险变化；执业风险更具体化，不同的执业律师或律师事务所面临的风险各不相同。

**3. 执业风险的类型**

（1）政治风险

执业的政治风险是指由于国家政策或法律规范的调整，以及政府组织或政府官员行使权力的行为而产生的不确定性，对执业行为主体带来的不利影响。政府的不作为或直接干预也可能产生执业的政治风险。

（2）经济风险

执业的经济风险是指执业行为主体在执业过程中，由于经营管理不善、经营环境变化或服务要求变化等各种原因或不确定因素造成的，它使执业主体的实际收益与预期收益相背离，产生超出预期经济损失或收益的可能性。简言之，执业的经济风险是指在市场经济中，执业行为主体的预期收益与实际收益的偏差。

（3）法律风险

执业法律风险是指执业行为主体在执业的过程中，由于执业的外部法律环境发生变化，或由于执业行为主体未按照法律规定或合同约定行使权利、履行义务，而对执业行为主体造成负面或不利法律后果的可能性。

（4）道德风险

执业道德风险是指从事执业活动的行为主体在最大限度地增进自身效用的同时做出不利于他人的行动。道德风险亦称道德危机。

（5）社会风险

执业社会风险是指一种因执业行为主体的执业，导致社会冲突，危及社会稳定和社会秩序的可能性。更直接地说，社会风险意味着爆发社会危机的可能性。

（6）文化风险

由于执业机构内外部发展环境不同，经营理念、方式不同，使不同的执业机构形成了不同的执业机构文化。因此，执业还存在文化风险，即由于文化的不相容而产生的执业风险。

（7）技术风险

技术风险是指伴随着科学技术的发展、生产方式的改变而产生的威胁人们生产与生活的风险。

技术风险的种类很多，其主要类型是技术不足风险、技术开发风险、技术保护风险、技术使用风险、技术取得和转让风险。

技术风险可依据工程项目风险定义进行等级区分。通常分为低、中、高风险三个等级。低风险是指可辨识且可监控其对项目目标影响的风险；中等风险是指可辨识的，对工程系统的技术性能、费用或进度将产生较大影响的风险，这类风险发生的可能性相当高，是有条件接受的事件，需要对其进行严密监控；高风险是指发生的可能性很高、不可接受的事件，其后果将对工程项目有极大影响的风险。

**4. 不同执业主体执业风险的异同**

（1）差异性

不同执业主体执业风险会因行业的特征不同，带来风险的差异。如执业会计师产生风险的环节，主要在审计过程中是否符合流程以及是否正确运用会计政策等原因；而执业律师产生风险的原因则更为复杂，因为执业律师面对的是在各种复杂环境下，对委托事项的判断和决策或执行。执业会计师大多面对的是数据定量化的问题，执业律师更多则是对事件或行为的定性，且很难量化。而执业医师则面对的是生命个体的健康诊疗问题，其风险更多是注意责任。

（2）相同性

不同执业主体执业风险的相同性包括：风险类型的相同性和风险管控方式的相同性。不同执业主体执业风险类型的相同点，是指不同执业主体在执业过程中，都可能产生经济风险、法律风险和道德风险。不同执业主体执业风险管控方式的相同性，是指不同执业主体执业风险管控方式，都有以规制管控和非规制管控的方式管控风险。

# 第三节　律师执业风险

## 一、律师执业风险的界定

律师执业风险是指依法取得律师执业证书的律师以律师事务所的名义，在依据约定，运用自己拥有的专业知识为当事人提供法律服务的执业活动中，所遇到的各种非固定的、非均衡的、非确定性的危险。

律师执业风险是行业风险。律师执业风险的关键风险点，是律师执业行为在所处的复杂环境中带来的各种不确定性。

## 二、律师执业风险的主体与风险责任

律师执业风险包括律师事务所的风险和执业律师的个人执业风险，因而律师执业风险的主体包括律师事务所和执业律师个人。

### 1. 律师事务所的执业风险责任

律师事务所的执业风险，是指律师在办理各类案件或提供其他法律服务的过程中，由于律师过错导致当事人损失，由律师事务所承担相应责任的风险；以及律师事务所在运营过程中所面临的市场风险和管理风险。

因执业律师的过错所形成的风险后果，其责任先由律师事务所承担，事后律师事务所可追究执业律师个人的责任。律师事务所在运营过程中出现的市场风险和管理风险由律所的出资人及合伙人承担。

### 2. 执业律师个人的执业风险责任

执业律师个人的执业风险，是指律师在执业过程中发生的，与执业行为有关的，可能承担的一切不利的法律责任或后果。

执业律师个人风险的表现形式包括：一是民事赔偿的风险；二是行政处罚的风险；三是刑事责任的风险；四是人身伤害的风险；五是名誉受损的风险。执业律师除执业行为之外，还存在选择律所和专业发展方向的风险。执业律师的风险责任由执业律师个人承担。

## 三、律师执业风险的类型

正确归纳和分类当下律师执业存在的风险及风险类型，可以帮助执业律师认清法律规范、规章、规则和规定对律师执业行为的约束性，以及触碰各项禁止性规范后应受处罚和赔偿的严重法律责任后果；能为律所确立内、外部风险控制体系指明原则和思路，并对体系构建的律师事务所特征、战略定位、风险点与控制点分析及内、外部控制体系形成进行详细的说明，为律所构建良好的全面风险管理指明方向。

律师执业风险的类型包括违规风险、市场风险和其他风险。

**1. 违规风险①**

所谓违规风险，是指执业律师在执业过程中违反法律规则与职业规范，从事其明确否定的行为而遭受不利益的可能性。由于调整律师执业行为的规范主要是法律，故又可以将其称为法律风险。结合既有法律法规与理论分类，可以将违规风险分为民事违规风险、行政违规风险、刑事违规风险以及同时涉及前述几种风险的复合性违规风险。②

在违规风险中，律师事务所有可能因执业律师的过错，违反法律、规章和规范给当事人造成损失而承担民事赔偿责任。律所承担民事责任后，可向有过错的律师追偿。公司化管理的律所因过错给当事人造成损失而承担民事赔偿责任的，其责任后果由律所承担。

在违规风险中，执业律师在执业过程中违反法律规则与职业规范形成违规风险，其全部违规风险责任，皆由执业律师个人承担。

国内的行业专家蒋利、陈小英将律师执业的违规风险进行了归纳，包括：行业处分风险、行政处罚风险、民事责任风险、刑事责任风险和庭审责任风险等五大类54种形态。③

（1）行业处分风险

行业处分风险包括：一是利益冲突行为的风险；二是代理不尽责行为的风险；三是违规收案、收费的行为的风险；四是不正当竞争行为的风险；五是妨碍司法公正的行为的风险；六是以不正当方式影响依法办理案件的行为的风险；七是不遵守监管场所规定的行为的风险；八是违反司法行政管理或行业管理的行为的风险；九是发律师函用语不当的行为的风

---

① 注：或法律风险。

② 郭松、杜宇：《律师执业风险及其控制》，载《中南民族大学学报（人文社会科学版）》，2018 年第 38 卷第 2 期。

③ 蒋利、陈小英：《律师执业风险与合规管理》，中国法制出版社 2019 年版，第 1～4 页。

险；十是出庭时不按规定着装的风险。

（2）行政处罚风险

行政处罚风险包括：一是同时在两个以上律所执业的风险；二是以不正当手段承揽业务的风险；三是在同一案件中为双方当事人担任代理人，或代理与本人及其近亲属有利益冲突的法律事务的风险；四是私自接受委托、收取费用，接受委托人财物或其他利益的风险；五是接受委托后，无正当理由，拒绝辩护或代理，不按时出庭参加诉讼或仲裁的风险；六是利用提供法律服务的便利牟取当事人争议的权益的风险；七是违反规定会见法官、检察官、仲裁员以及其他有关工作人员，或以其他不正当方式影响依法办理案件的风险；八是向法官、检察官、仲裁员以及其他有关工作人员行贿，介绍贿赂或指使、诱导当事人行贿的风险；九是向司法行政部门提供虚假材料或有其他弄虚作假行为的风险；十是故意提供虚假证据或威胁、利诱他人提供虚假证据，妨碍对方当事人合法取得证据的风险；十一是扰乱法庭、仲裁庭秩序，干扰诉讼、仲裁活动的正常进行的风险；十二是不遵守监管场所规定的风险；十三是发表危害国家安全、恶意诽谤他人、严重扰乱法庭秩序的言论的风险；十四是从事证券法律业务未勤勉尽责的风险。

（3）民事责任风险

民事责任风险包括：一是因违法执业受到行政处罚，其违法行为对当事人或者第三人造成损害的风险；二是提起诉讼前未全面了解案件情况，或未向当事人全面披露法律风险的风险；三是未及时提起起诉导致超过诉讼时效的风险；四是提起诉讼时冒充当事人签名提交起诉状的风险；五是诉讼策略选择不当导致案件被撤诉或驳回的风险；六是提起起诉时诉讼请求（诉请金额）不当或一审法庭辩论终结前未及时根据新的法律、政策规定调整诉讼请求（诉请金额）的风险；七是未及时申请或续行财产保全，或未经当事人同意，擅自决定不采取财产保全的风险；八是未按时出庭参加诉讼或仲裁的风险；九是遗失、损坏当事人重要证据材料原件的风险；十是律师庭审中发表言论不当的风险；十一是未经当事人同意擅自进行转委托或撤诉，或超越授权范围为当事人进行调解的风险；十二是未及时向当事人送达判决文书或缴费通知单导致丧失上诉权的风险；十三是未在法定期限内替当事人向法院申请强制执行的风险；十四是通过与委托人约定相关条款限制委托人接受调解、和解的风险；十五是未履行委托代理合同终止后的随附义务的风险；十六是提供非诉法律服务（房产抵押合同审查、咨询回复意见等），未尽到合理审查、注意义务或违反法律规定的风险；十七是发表律师声明等内容与客观事实不符，或接受媒体采访伪称代理名案的风险；十八是律师见证未尽到审慎义务的风险；十九是提供无偿法律服务中存在过失的风险；二十是出具法律服务文书剽窃其他律师成果的风险。

（4）刑事责任风险

刑事责任风险包括：一是颠覆或煽动颠覆国家政权罪的风险；二是提供或出具证明文件类犯罪的风险；三是诈骗类犯罪的风险；四是侵占、投标类犯罪的风险；五是公文、证件、印章类犯罪的风险；六是证据、证明类犯罪的风险；七是虚假诉讼罪的风险；八是贿赂类犯罪的风险；九是徇私枉法罪的风险。

（5）庭审责任风险

庭审责任风险包括：妨害诉讼程序适用司法强制措施的风险。

**2. 市场风险**

所谓律师执业的市场风险（包含管理风险），是指律师事务所在运营过程中因其在律师执业管理、制定律所发展战略、关键资源配置、专业化方向选择以及重大项目风险控制等方面的失误，而使律师事务所运营有可能遭受损失的风险。

（1）大中型律所的市场风险

大中型律所的市场风险主要包括以下方面。

第一，律师事务所持续发展战略环境方面的风险。包括：一是行政规范和政策变动带来的风险；二是行业市场环境风险；三是专业化发展风险；四是人才环境风险；五是执业环境风险。

第二，律师事务所持续发展战略资源方面的风险。包括：一是管理资源风险；二是专业能力资源风险；三是市场资源风险；四是资产资源风险。

第三，律师事务所持续发展战略能力方面的风险。包括：一是管理控制能力风险；二是持续创新能力风险；三是战略管理能力风险；四是资源转化能力风险。

第四，律师事务所持续发展重大项目方面的风险。包括：一是项目因素风险；二是律师事务所能力因素风险；三是项目管理因素风险。

第五，核心合伙人自身的风险。

（2）小型律师事务所的市场风险

大中型律师事务所的紧迫问题是发展，小型律师事务所的紧迫问题是生存，两者在分析风险因素的角度上有所区别。小型律师事务所的市场风险包括以下方面。

第一，与执业主体身份相关联的市场风险。包括：一是执业律师专业素养和水平风险；二是执业律师身份不同对风险判断的局限性风险；三是执业律师选择的执业区域、专业领域、合作模式带来的风险；四是执业律师所处的经济发展周期的风险。

第二，与执业机构相关联的市场风险。包括：一是律师事务所发展战略改变带来的风险；二是律师事务所规模较小的风险；三是律师事务所业务标准化程度不足的风险；四是律师事务所人才流失的风险；五是执业律师和律师事务所的税务风险。

第三，与服务事项相关联的市场风险。包括：一是服务对象自身带来的风险；二是未对客户进行必要的风险提示的风险；三是律师服务过程中流程化与痕迹化不显现的风险；四是执业律师对服务事项认识局限的风险；五是执业律师履职的客观局限的风险；六是律师事务所内部没有建立有效的合规管理体系的风险；七是风险现实化后未能采取必要的补救措施的风险。

第四，与执业环境相关联的市场风险。包括：一是经济环境条件的变化与律师社会认可度的风险；二是法治制度和法治文化对律师执业影响的风险；三是民族、宗教、伦理道德、风俗习惯、思想意识等方面对律师执业影响的风险；四是地理自然环境影响律师执业的成本和效率的风险；五是司法机关对律师执业的配合态度的风险；六是人工智能和大数据技术进入法律服务领域的风险；七是律师事务所内部关系融洽度不够的风险；八是法律规范"立、改、废"的风险。

**3. 其他风险**

（1）系统性风险

所谓系统性风险，是指国家因多种外部或内部的不利因素经过长时间积累没有被发现或重视，造成全市场投资风险加大。系统性风险对市场上所有参与者都有影响，无法通过分散投资来加以消除。经济的系统性风险向社会的扩散触发律师执业的系统性风险。

（2）其他不确定性因素风险

各种突发事件（如疫情）或社会冲突会引发律师执业风险。

## 四、律师执业风险产生的原因①

律师执业风险是律师制度理论与实践关注的重要问题。郭松、杜宇认为，律师执业风险就其产生原因而言，"主要有两种：一是律师在法律服务市场竞争中因各种外部性问题或自身结构性问题而处于不利地位的市场风险；二是在执业过程中突破律师执业规范尤其是法律规范而受到否定评价和不利后果的法律风险"。

### 1. 违规风险产生的原因

表面上看，违规风险形成于律师在执业过程中违反法律规定或代理合同的约定，但究其本质，它可能产生于以下几个方面的因素。

（1）法律知识储备不足

一般而言，律师作为法律服务的提供者，通常被认为"知法懂法"，但"应然"不等于"实然"。在当前法律"过密化"和法律规范抽象化、不周延的现实下，律师也可能因为对特定领域的法律不熟悉或对相关法律理解出现偏差（包括与其他主体理解不一致）而并不真正"知法懂法"，从而造成法律风险。例如，社会各界曾经热议的"于萍案"与"王英文案"，其根本原因就在于涉案律师与司法机关对《中华人民共和国刑事诉讼法》第三十七条"向犯罪嫌疑人、被告人核实证据"这一条款的"有关证据"范围的规定理解不同，司法机关认为律师向当事人提供其通过阅卷所掌握的证据材料这一行为违法。②

（2）追求不正当利益

作为法治社会的催化剂与公民权利的守护者，律师本应恪守职业道德，不做逾越法律之举，但现实并不总是如此。实际上，一小部分律师为了谋求不正当利益，罔顾法律法规的禁止性规定与执业伦理的约束，违法

---

① 本部分主要借鉴：郭松、杜宇：《律师执业风险及其控制》，载《中南民族大学学报（人文社会科学版）》，2018 年第 38 卷第 2 期。

② 韩旭：《辩护律师核实证据问题研究》，载《法学家》2016 年第 2 期。

违规执业或滥用执业权利。如贿赂收买法官、帮助当事人或自己伪造证据、居间串供、欺骗当事人等，从而引火烧身，遭受法律的否定性评价与具体的不利益。例如，在前述"王英文案"中，其不仅存在向当事人提供阅卷所掌握的证据材料这一边界模糊的问题，同时还存在为谋取不正当利益而欺诈当事人家属的违法行为。

（3）执业环境的变化

违规风险虽然属于律师执业的传统风险，但由于"互联网＋大数据"这一新兴变量的加入，使得律师所面临的违规风险的环境性、外部性因素不断增强，源于违规因素与利益因素的执业法律风险大大增加。具体而言：一方面，"互联网＋大数据"在某种程度上导致原本就已不断加深的部门法"专业槽"更加显著，专业门槛进一步提高；另一方面，"互联网＋大数据"改变了司法信息的传播逻辑，司法决策的预判变得可能。掌握"互联网＋大数据"这一制胜密码的律师，可能会利用这一优势与目前"互联网＋大数据"领域的法律漏洞最大限度地攫取经济利益。在此过程中，会引发个人信息泄露、国家秘密保护等方面的法律风险。另外，部分遭遇"执业滑铁卢"的律师往往会通过网络渠道宣泄不满，而其巨大的信息传播效能将导致网络空间失序甚至社会秩序产生混乱，从而很容易带来违规风险。

**2. 市场风险产生的原因**

市场风险是指除违规风险以外，贯穿于律师执业全过程的来自整体法律服务市场环境的风险。囿于固有的知识结构与认知定势，大部分律师往往只能察觉、防范违规风险，而无法做到识别和避免与经济活动规律息息相关的市场风险。引发市场风险产生的原因主要在于以下几个方面。

（1）法律服务领域既有格局与工作方式的改变

目前，法律服务行业正在发生急剧变迁，这集中体现在两个方面：其一，业务高度细分。与传统"全域"式法律服务供给不同，近年来出现了很多专司某类法律服务的专业律师，律师业务细分程度明显提高。如房地产专业律师、投融资专业律师、商标专业律师、新三板挂牌专业律师等。其二，法律大数据的运用。"从根本上说，大数据提高了承载着法律专业知识的法条、合同、裁判文书等数据被机器分析、读懂甚至应用的可能性，从而为律师的工作提供辅助工具。"大数据的这一潜能使得那些能够充分运用大数据资源与技术的律师更容易"接近"或"发现"相关决策规律，从而选择更加有利的执业策略。对于那些无法在法律服务细分市场中找到匹配于自己专业特色的律师，以及不能有效利用法律大数据而仍采用传统"刀耕火种"作业方式的律师，他们将不可避免地遭遇前所未有的市场风险，甚至会在市场规律的作用下逐渐被"边缘化"。

（2）业务营销与执业过程中的风险识别能力不足

与律师业务高度细分相伴，律师业务营销与服务方式也处于快速转型之中。在营销模式上，熟人介绍、口碑宣传等传统营销方式逐步被自媒体宣传、讲座培训、从事公益法律服务、组建专业营销团队等方式所取代。在法律服务方式上，以往那种由当事人找寻律师的被动服务逐步变成了律师寻找当事人的主动服务。在新的营销和服务方式下，因竞争压力，各种不实宣传、职业中介介绍案源、违规承诺、泄露当事人秘密或隐私等行为时有发生，而这其中所潜藏的执业风险未被充分认识。此外，部分律师在具体执业过程中风险意识明显不够，特别是在代理一些敏感案件、行政诉讼案件、涉诉信访案件时，没有认清执业风险并采取有效措施予以规避，以致潜在风险变成现实危害。

（3）律师职业自身建设的滞后

在经历了多年大型律所持续扩张与小型律所快速发展之后，我国律所建设仍处于内部磨合与发展路径的探索阶段，实力不强，特色不鲜明，外部竞争压力却逐步增大。总体来看，律师业高速发展阶段仍未过去，但"转型升级、提质增效"的任务迫在眉睫。由此带来的问题是，在运用新的营销方式时往往意识不到其中可能存在的风险，不能做到谨言慎行，更不能针对风险来源进行有效防范；在处理新型法律业务时，无法对业务内容、服务范围与法律关系等作出准确判断，从而无法有效预见与控制风险。

## 五、律师执业风险产生的根源分析

### 1. 客观原因

（1）产生违规风险的三条原因中，客观原因仅占一条。

违规风险产生的原因，一是法律知识储备不足，二是追求不正当利益，三是执业环境的变化。这三个原因中，只有执业环境的变化这一条是客观原因。

（2）产生市场风险的三条原因中，客观原因占两条。

市场风险产生的原因，一是法律服务领域既有格局与工作方式的改变，二是业务营销与执业过程中的风险识别能力不足，三是律师职业自身建设的滞后。法律服务领域既有格局与工作方式的改变、律师职业自身建设的滞后这两条是客观原因。

**2. 主观原因**

（1）产生违规风险的三条原因中，主观原因占了两条。

违规风险产生的原因，一是法律知识储备不足，二是追求不正当利益，三是执业环境的变化。法律知识储备不足和追求不正当利益这两条是主观原因。

（2）产生市场风险的三条原因中，主观原因仅占一条。

市场风险产生的原因，一是法律服务领域既有格局与工作方式的改变，二是业务营销与执业过程中的风险识别能力不足，三是律师职业自身建设的滞后。这三个原因中，只有业务营销与执业过程中的风险识别能力不足这一条是主观原因。

## 六、结论

**1. 对律师执业中违规风险的管控要以非规制管控为主**

律师执业中违规风险产生的原因以主观原因为主，需要采取以非规制管控为主、规制管控为辅的方式，才能有效管控律师执业中的违规风险。

**2. 对律师执业中市场风险的管控要以规制管控为主**

律师执业中市场风险产生的原因以客观原因为主，需要采取以规制管控为主、非规制管控为辅的方式，才能有效管控律师执业中的市场风险。

## 七、对律师执业中违规风险的非规制管控要从哪些方面着力

### 1. 理想信念

理想信念也是价值观念，但他们不是一般的价值观念，而是处于价值观中的最深层次，是价值观的核心形态。

理想作为一种精神现象，是人类社会实践的产物。人们在改造客观世界和主观世界的实践中，既追求眼前的生产生活目标，渴望满足眼前的物质和精神需求，又憧憬未来的生产生活目标，期盼满足未来的物质和精神需求。

**2. 法治信仰**

法治信仰是社会主体对法律治理现象的一种主观把握方式，是社会主体依法管理国家和治理社会的经验凝结，是社会主体在对法治现象理性认识的基础上自然产生的一种认同感、皈依感和神圣体验，是调整社会关系进行社会秩序安排的主流意识形态。

**3. 伦理道德**

道德是指调节人与人、人与自然之间关系的行为规范的总和。伦理，从本质而言，是关于人性、人伦关系及结构等问题的基本原则的概括。伦理与道德是有显著区别的两个概念，伦理范畴侧重于反映人伦关系以及维持人伦关系所必须遵循的规则，道德范畴侧重于反映道德活动或道德活动主体自身行为的应当。伦理是客观法，是他律的。道德是主观法，是自律的。

**4. 价值观念**

价值观念是一定主体对实践中客观存在的价值关系和价值现象的主观反映，是主体关于客体价值的总观点和总看法，是一定社会主体所共有的、基于生存和发展的需要判断某类事物价值性质及程度的评价标准体系。

**5. 文化素养**

文化素养是指人们在文化方面所具有的较为稳定的、内在的基本品质，表明人们在这些知识及与之相适应的能力行为、情感等综合发展的质量、水平和个性特点。

素养是指一个人的修养，与素质同义。从广义上讲，素养包括道德品质、外表形象、知识水平与能力等各个方面。在知识经济时代，人的素养的含义大为扩展，包括思想政治素养、文化素养、业务素养、身心素养等各个方面。

**6. 人生境界**

人生境界是指人的精神境界，是一个人的人生态度、一个人的思想觉悟、一个人的人生价值和意义。人们虽然共同生活在同一个世界，但是每个人的知识、经历、修养、立场、观点却各不相同，对这个世界的理解、认识也不同。有的深刻，有的肤浅；有的眼界宽，有的眼界窄。因此，人生实践不一样，活动的范围也不相同，每个人都有属于自己的"世界"，即个人的人生境界。

# 第三章　律师执业风险的管控

## 第一节　管控、规制管控与非规制管控

### 一、管控

**1. 管控的含义**

所谓"管控"，是指管理控制；管制。[1] 所谓"管制"，是指强制管理。[2]

**2. 管控与管理**

所谓"管理"，是指负责某项工作使顺利进行；照管并约束（人或动物）。[3] 据百度百科界定，管理是指一定组织中的管理者，通过实施计划、组织、领导、协调、控制等职能来协调他人的活动，使别人同自己一起实现既定目标的活动过程。管理是人类各种组织活动中最普通和最重要的一种活动。

管控强调对管理活动的控制。它通过一系列组织制度体系的设计，包括组织的责权利体系的设计、组织流程和制度的设计等，为整个管理活动创造一个良好的运作机制环境，确保一个单位的管理活动在一个特定的游戏规则下执行，从而提高单位的执行力，降低单位的运作风险。

因此，管控是管理的基石，是管理的管理。

**3. 控制与"管制"**

所谓"控制"，是指掌握住不使任意活动或越出范围；使处于自己的

---

[1]　中国社会科学院语言研究所词典编辑室：《现代汉语词典》（第 7 版），商务印书馆 2016 年版，第 482 页。

[2]　同上，第 483 页。

[3]　同上，第 482 页。

占有、管理或影响之下。①"管理"的定义中包含着控制（组织、计划、协调、控制），但从管理实践的角度，应该有四个层面：处理、管理、领导、控制。所以，管制是强制性的管理，控制是最高层次的管理。

## 二、规制管控

### 1. 规制管控的含义

所谓"规"是指：画圆形的仪器；规则、成例；劝告；谋划。②

所谓"制"是指：制造；拟定，规定；用强力约束；制度。③

所谓规制是指：规则，制度；建筑物的规模形制。④

"规制"是一个极为复杂的概念，尽管已为各学科尤其是经济学和法学所广泛运用，但对于何谓规制，仍缺乏一个被普遍接受的定义。不同学科基于对规制与政治过程、经济行为之间关系的不同假设，发展出不同的理论视角和方法论，也由此形成了关于"规制"的不同界定。⑤

根据《牛津英语词典》的解释，在现代意义上，"规制"（Regulation）既指规则、规章、指令，也可以指调控的行为或被调控的状态。《布莱克法律词典》中对 Regulation 的解释包含了三重含义：（1）管理办法、规则、规章、条例；（2）管理、管制、规制、监管控制；（3）内部章程、内部规章。⑥

规制在今天已经成为各国政府实现其政策目标的主要工具之一，成为一个在多重意义上使用的概念。在广义上，它意味着对行为的控制，但这是一种非常宽泛的概念，几乎所有的法律系统都与此相关，它创造或界定权利，并以国家机器实施。对于行政法学者研究规制具有较大启发意义的是塞尔兹尼克的定义：规制是指一个公共机构针对具有社会价值的活动进行的持续、集中的控制。

将英文 Regulation 翻译为规制，但这里所指的规制不仅包含规则和制

---

① 中国社会科学院语言研究所词典编辑室：《现代汉语词典》（第 7 版），商务印书馆 2016 年版，第 748~749 页。

② 同上，第 490 页。

③ 同上，第 1688 页。

④ 同上，第 491 页。

⑤ 崔明逊：《规制内涵探讨：从概念到观念》，载《人民论坛》2013 年第 26 期。

⑥ 薛波：《元照英美法词典》，法律出版社 2003 年版，第 1171 页。

度的含义，还包括管理与控制的含义。因此，Regulation 更准确的中文表达应为"规制管控"。

所谓规制管控，从字面上理解，就是运用规则与制度进行管理与控制。是指管理部门（或管理者）运用规则与制度对某一类事项进行管理与控制；使管控事项顺利进行，掌握住不使任意活动超出范围。

（1）规制与规则

所谓规则是指：规定出来供大家共同遵守的制度或章程；规律，法则。①

规则是指具体规定权利和义务及具体法律后果的准则，或者说是对一个事实状态赋予一种确定的具体后果的各种指示和规定。规则有较为严密的逻辑结构，包括假定（行为发生的时空、各种条件等事实状态的预设）、行为模式（权利和义务规定）和法律后果（含否定式后果和肯定式后果）三部分。缺少其中任何一部分，都不能算作完整的规则。规则的前两项如果是有效的，那么它的后一项也应是有效的。

依据法律规则的性质、特征、功能等，可对其作出以下基本分类：第一，法律规则从性质上可分为义务性规则、授权性规则和权利义务复合性规则；第二，法律规则从形式特征上可分为规范性规则和标准性规则；第三，法律规则按其功能可分为调整性规则和构成性规则。

规制是依据规则的管理，规则是规制应依据的标准。

（2）规制与规章

所谓规章是指：规则章程；国家行政机关根据法律和行政法规在其职权范围内制定的关于行政管理的规范性文件，分为部门规章和地方政府规章。

所谓章程是指，书面写定的组织规程或办事条例。②

（3）规制与规范

所谓规范，是指约定俗成或明文规定的标准。③ 例如，各机关企事业单位、各行各业制定的生产生活正常进行的规范性标准，律师协会的章程

---

① 中国社会科学院语言研究所词典编辑室：《现代汉语词典》（第 7 版），商务印书馆 2016 年版，第 491 页。

② 同上，第 1650 页。

③ 同上，第 490 页。

等规范性文件。

（4）规制与规定

所谓"规定"，是指对事物的数量、质量或方式、方法等作出具有约束力的决定。① 在这里主要是指广大机关企事业基层单位制定的，本单位工作生产生活方面各项具有约束性的纪律、制度和规定。

所谓"制度"，是指要求大家共同遵守的办事规程或行动准则。②

**2. 规制管控的层次**

（1）法律管控

律师执业的法律管控，是指国家通过法律、行政法规"立、改、废"的方式颁布和实施法律规范，对律师执业和律师事务所运营进行的规制管控行为。如《中华人民共和国律师法》《中华人民共和国民法典》《中华人民共和国刑事诉讼法》的颁布、修改和实施。

（2）规章管控

所谓规章管控也称行政管控，是指司法行政机关通过法律授权颁布行政规章和实施具体行政行为的方式，对律师执业和律师事务所运营进行的规制管控。如《律师执业管理办法》《律师事务所管理办法》《律师事务所年度检查考核办法》《律师和律师事务所违法行为处罚办法》等行政规章的发布和实施。

（3）规范管控

所谓规范管控也称行业管控，例如，获得国家法律授权的律师协会通过颁布规范性文件和实施行业监督管理的方式，对律师执业和律师事务所运营进行的自律性规制管控。如《中华全国律师协会章程》《律师执业行为规范（试行）》《律师职业道德和执业纪律规范》《律师协会会员违规行为处分规则（试行）》等自律性规范的公布和实施。

（4）规定管控

所谓规定管控又称自我管控，是指在不违反司法部制定的律师执业管理规章和全国律师协会制定的律师执业行为规范的前提下，由律师事务所通过构建内部规章制度及管理流程和出现风险状况后的应对措施，对律师

---

① 中国社会科学院语言研究所词典编辑室：《现代汉语词典》（第 7 版），商务印书馆 2016年版，第 490 页。

② 同上，第 1689 页。

事务所执业律师的执业行为进行的自我规制管控。构建内部规章制度及流程是风险预防，设定应对措施是为了减少风险造成的损失。

### 3. 规制管控的效力

（1）法律规制管控的效力

从立法权限上看，《中华人民共和国立法法》第七条规定："全国人民代表大会和全国人民代表大会常务委员会行使国家立法权。全国人民代表大会制定和修改刑事、民事、国家机构的和其他的基本法律。全国人民代表大会常务委员会制定和修改除应当由全国人民代表大会制定的法律以外的其他法律；在全国人民代表大会闭会期间，对全国人民代表大会制定的法律进行部分补充和修改，但是不得同该法律的基本原则相抵触。"

从立法事由上看，《中华人民共和国立法法》第八条规定，下列事项只能制定法律：一是国家主权的事项；二是各级人民代表大会、人民政府、人民法院和人民检察院的产生、组织和职权；三是民族区域自治制度、特别行政区制度、基层群众自治制度；四是犯罪和刑罚；五是对公民政治权利的剥夺、限制人身自由的强制措施和处罚；六是税种的设立、税率的确定和税收征收管理等税收基本制度；七是对非国有财产的征收、征用；八是民事基本制度；九是基本经济制度以及财政、海关、金融和外贸的基本制度；十是诉讼和仲裁制度；十一是必须由全国人民代表大会及其常务委员会制定法律的其他事项。

《中华人民共和国律师法》是由全国人民代表大会常务委员会制定的。《中华人民共和国律师法》第一条就明确了其立法目的：为了完善律师制度，规范律师执业行为，保障律师依法执业，发挥律师在社会主义法制建设中的作用，制定本法。因此，《中华人民共和国律师法》是规范律师执业行为的基本法律，法律规制管控是律师执业的最高层次的规制管控。

（2）司法行政规制管控的效力

《中华人民共和国律师法》第四条规定："司法行政部门依照本法对律师、律师事务所和律师协会进行监督、指导。"

《律师执业管理办法》第一条规定，为了规范律师执业许可，保障律师依法执业，加强对律师执业行为的监督和管理，根据《律师法》和其他有关法律、法规的规定，制定本办法。第四条第一款规定："司法行政机关依照《律师法》和本办法的规定对律师执业进行监督、指导。"第五十三条规定：律师违反本办法有关规定的，"依照《律师法》和有关法规、规章规定追究法律责任。"

司法行政对律师执业的规制管控是依据国家法律的授权，是国家对律师执业的行政管控。

（3）律协行业规制管控的效力

《中华人民共和国律师法》第四十三条规定："律师协会是社会团体法人，是律师的自律性组织。全国设立中华全国律师协会，省、自治区、直辖市设立地方律师协会，设区的市根据需要可以设立地方律师协会。"第四十五条规定："律师、律师事务所应当加入所在地的地方律师协会。加入地方律师协会的律师、律师事务所，同时是全国律师协会的会员。律师协会会员享有律师协会章程规定的权利，履行律师协会章程规定的义务。"

《律师执业管理办法》第四条第二款规定："律师协会依照《律师法》、协会章程和行业规范对律师执业实行行业自律。"第五十七条规定："司法行政机关应当加强对律师协会的指导、监督，支持律师协会依照《律师法》和协会章程、行业规范对律师执业活动实行行业自律，建立健全行政管理与行业自律相结合的协调、协作机制。"

《中华全国律师协会章程》第一条规定："为完善律师协会管理，保障律师的合法权益，规范律师行业管理和律师执业行为，依据《中华人民共和国宪法》和《中华人民共和国律师法》的规定，制定本章程。"第二条还规定，中华全国律师协会是由律师、律师事务所组成的社会团体法人，是全国性的律师自律组织，依法对律师行业实施管理。同时还规定，本会可以对团体会员、个人会员进行奖励和惩戒。

律师协会是律师的自律性组织，有权依照《中华人民共和国律师法》、协会章程和行业规范对律师执业实行行业自律规制管控。

（4）律所自我规制管控的效力

《中华人民共和国律师法》第十四条规定："律师事务所是律师的执业机构"。第十条规定："律师只能在一个律师事务所执业。律师变更执业机构的，应当申请换发律师执业证书。"第二十三条规定："律师事务所应当建立健全执业管理、利益冲突审查、收费与财务管理、投诉查处、年度考核、档案管理等制度，对律师在执业活动中遵守职业道德、执业纪律的情况进行监督。"

司法部《律师事务所管理办法》第四十条规定："律师事务所应当建立健全执业管理和其他各项内部管理制度，规范本所律师执业行为，履行监管职责，对本所律师遵守法律、法规、规章及行业规范，遵守职业道德和执业纪律的情况进行监督，发现问题及时予以纠正。"

律所根据行政规章和律师事务所内部的各项律师执业管理制度，有权对律所执业的律师进行自我规制管控。

**4. 规制管控的作用**

（1）法律管控在律师执业风险管控中的作用

一是完善律师制度。律师制度是国家民主与法治的重要组成部分，已成为现代宪政国家的一项基本法律制度。律师制度以国家法律的确认为存在前提，以提供法律服务为其核心内容，以促进民主和法治建设为目的。自从律师职业诞生以来，律师对人类社会历史的推动，对社会秩序的建构，对公平正义的维护，对宪法法律的实施，对民主宪政的建立，对当事人合法权益的保护，都无可争辩地显示出了其巨大的价值和作用。律师制度的完善，为律师执业风险的有效管控奠定了坚实的法律基础。

二是规范律师执业行为。加强律师执业监督管理，规范律师执业行为，是推动律师事业健康发展的重要保障。律师执业行为是否规范，不仅影响律师职业的整体形象，而且影响公众对法治的信仰、对社会公平正义的信心。律师执业要遵守宪法法律、忠于事实真相、严守执业纪律、坚持谨言慎行的基本要求。在执业活动中坚持以事实为根据、以法律为准绳，切实把好事实关、证据关、法律关。

三是保障律师依法执业。"律师与当事人是代理与被代理的关系，其执业权利是当事人权利的延伸"，"律师执业权利的保障程度，关系到当事人合法权益能否得到有效维护，关系到律师作用能否得到有效发挥，关系到司法制度能否得到完善和发展"。① 随着全面依法治国的推进，我国律师执业保障机制不断健全，但侵害律师执业权益的现象仍然时有发生，完善律师执业保障机制的任务仍然十分艰巨。保障律师执业权利，重要的是把法律已规定的律师执业权利落实到位。《关于深化律师制度改革的意见》提出了保障律师诉讼权利、完善便利律师参与诉讼机制、完善律师执业权

---

① 孟建柱同志 2015 年 8 月 20 日在全国律师工作会议上的讲话，载《人民司法》2015 年第 10 期。

利救济机制、建立健全政府购买法律服务机制、研究完善律师行业财税和社会保障政策、优化律师执业环境等六个方面的措施，全面具体，切中要害。而律师要享有这些权利，就离不开法律规范对律师执业风险的管控。

四是发挥律师在社会主义法制建设中的作用。"法律是治国之重器，良法是善治之前提。"党的十八届四中全会提出全面推进依法治国，这是关系我们党执政兴国、关系人民幸福安康、关系党和国家长治久安的重大战略问题。作为全面依法治国、建设社会主义法治国家的重要力量，律师任何时候都要把服务全面依法治国作为核心使命，自觉服务全面依法治国的新要求。律师在立法、执法、司法、守法等全面依法治国的全过程中，在维护社会和谐稳定、依法管理经济社会事务、服务和保障民生中，以及涉外法律服务工作方面，有着不可或缺的重要作用。律师在这些领域发挥作用，推动了行业的市场拓展，也为律所规模化、专业化、标准化和国际化夯实经济基础。

（2）行政管控在律师执业风险管控中的作用

一是规范律师执业许可。《律师执业管理办法》和《律师事务所管理办法》对律师执业职业资格的取得、律师执业许可的条件和程序有详细的规定，方便广大律师和律师事务所开展律师业务。司法行政机关对律师执业许可的规范化管理，可以保障律师队伍的基本素质，有效防范律师执业风险。

二是保障律师依法执业。《律师执业管理办法》第三条规定："律师依法执业受法律保护，任何组织和个人不得侵害律师的合法权益。司法行政机关和律师协会应当依法维护律师的执业权利。"

三是规范广大执业律师的法律服务活动。司法部《律师执业管理办法》和《律师事务所管理办法》的修订实施，已经实现了行政规范与行业规范的有效衔接，对当前律师执业中的主要问题、突出问题做到了有法可依，为我们加强律师执业规范和管理提供了制度依据。

四是有效地防范和化解广大律师执业活动的风险。各级司法行政机关和各律师协会已设立投诉中心等查处工作平台，成立律师惩戒委员会，完善制度措施，真正做到有诉必接、有接必查、有查必果、有违必究，向全社会表明律师行业勇于自律，敢于"亮剑"的鲜明态度。各级司法行政机关和各律师协会已会同法院、检察院、公安等部门建立律师执业行为通报和提出司法建议等制度，能及时了解掌握律师在执业过程中的违法违规行为，依法作出处理。通过这些举措，能有效防范和化解律师执业风险。

（3）行业管控在律师执业风险管控中的作用

不仅有法律规制管控、行政规制管控对律师执业风险管控起到了重要的促进作用，作为行业管控的各级律协的规制管控也对律师执业风险的防范和破解发挥了重要的作用。如中华全国律师协会 2021 年《章程》、中华全国律师协会 2017 年《律师执业行为规范（试行）》、中华全国律师协会 2017 年《律师协会会员违规行为处分规则（试行）》等行业自律规范。

律师协会作为律师的自律管理组织，法律赋予其通过制定行业规范和惩戒规则推动律所和执业律师加强对机构和个人的风险管控。

一是维护了广大执业律师的合法权益。律师协会作为行业组织的基本定位，真正把全行业的、律师关心的问题提到了工作重点上来，并着力加以解决。比如，执业环境问题、税收政策问题。建立健全了反映律师行业诉求的工作制度，完善律师协会工作制度体系。以律师实际需求为导向，认真设计律师业务研讨、交流、培训的工作载体和平台，开展了一些广大律师欢迎、乐于参加的行业活动。

二是规范了广大律师执业的行为。律师协会是承担特殊职能的行业协会，发挥着党和政府联系广大律师的桥梁纽带作用，中华全国律师协会自 1986 年成立以来，始终坚持行业自律组织的基本定位，不断健全完善律师行业自律管理和服务。1999 年 12 月，全国律协常务理事会审议通过《律师协会会员违规行为处分规则（试行）》。2004 年 3 月，全国律协常务理事会审议通过《律师执业行为规范（试行）》。2013 年 11 月，全国律师行业行风监督委员会成立。2014 年 6 月，全国律协制定了《律师职业道德基本准则》。2018 年 1 月，全国律协常务理事会审议通过《律师业务推广行为规则（试行）》。律师协会持之以恒加强律师行业自律建设，通过规范律师执业行为，保障了律师事业稳定发展。

三是有效防范了律师执业活动的风险。律师协会制定的行业规范和行为准则，是律师规范执业行为的指引，是评判律师执业行为的行业标准，是律师自我约束的行为准则，是多年来广大执业律师防范风险的经验总结。律师在执业活动中，只要遵守律师协会制定的行业规范，其执业风险将会得到有效防范和化解。

四是促进了执业律师法律服务的健康发展。围绕经济社会发展，律协认真研究和把握律师业务发展趋势，加快了律师业务规范和业务指引的制定，加强与有关部门沟通协调，指导帮助律师拓展法律服务领域。加强了对律师工作改革发展重大问题的调查研究，认真听取广大律师的意见和建议，切实解决突出问题。关注和解决青年律师、新入行律师面临的困难，为青年律师和新入行律师成长发展铺路架桥。全国律协建立了全行业基本的工作平台和基础数据库，建成集管理、培训、文献检索、信息披露、信用评价、品牌推介等功能于一体的全国统一律师服务平台，实现了与司法行政机关、各地律师协会之间的信息互联共享，并做好与有关部门和司法机关的有效对接，为律师办理业务提供便利，为公众提供基本的服务。

（4）自我管控在律师执业风险管控中的作用

一是健全和完善律师执业管理制度和行为规范。律师事务所通过健全完善律师执业管理制度和行为规范，能够针对律师执业中的问题，切实加强律师执业管理制度建设，筑牢织密律师执业活动的监督、激励和约束的规范体系。

二是增强律所生存与发展的凝聚力。律师事务所的有效管理能实现自身商业属性与社会属性的平衡。这种平衡是其服务质量的保证，关系到其能否在激烈的竞争中长期生存和长远发展。这种平衡能力体现在律所内部和外部关系的处理上。对内，严把入口关、培训关，保证执业律师的基本素质。完善所内决策、评议、质量监控等各项制度，确保服务质量。对外，积极挖掘并尽力塑造自身优势，在市场营销、业务评比、公益活动等活动中采取积极态度，主动拓展业务类型和范围，提升专业度。

三是提高律师执业防风险的能力。健全的律师执业标准和执业规则体系，能够督促律师应当遵循的行为准则，划定不得触碰、不可逾越的法律底线，明晰执业行为边界。完善好律师事务所决策程序、人员管理、利益冲突审查、风险控制、质量管理、收益分配等制度，发挥律师事务所基础管理作用，可以最大限度地降低律师执业风险。

规范化发展是保障，有效的风险应对是加强。律师业既属于知识化、专业化程度极高的服务业，又属于独立性、自由性较强的服务业，涉及当事人的切身利益。如果疏于对律师进行监督管理，会带来较大的法律风险和社会风险。

四是提高律师执业的水平和能力。律所的专业化分工是有组织、有内在约束力的专业分工，而且随着客户需求的变化以及律所的成长，专业化分工也在不断发展，通过各个专业团队动态的挤出效应和吸纳效应，专业化分工也在不断优化。而律师在专业化分工的机制下，成为受过市场检验的专业律师，律所也将为律师提供持续发展的平台。

## 三、非规制管控

### 1. 非规制管控的含义

律师执业的规制管控，对于律师执业的规范化具有十分重要的作用。然而，对于律师执业的管控不能只有规制管控，还需要有非规制管控。只有在规制管控的基础上增加非规制管控的举措，两者结合起来，才能使律师执业的管控做到完美无缺。这是因为国家法律不是万能的，社会生活的方方面面不能完全依靠国家法律去解决。

此外，当今社会正处于急剧变革和转型过程中，在短时间内可能产生大量的新行为、新关系、新问题。而人的认识能力是有限的，国家立法跟不上时代发展的步伐，往往会出现立法空白，因此要更多地要依赖非规制方式。

从这个意义上来说，非规制管控是指运用非规则与非制度对某一类事项进行管理与控制；使管控事项顺利进行，掌握住使其不能任意活动或超出范围。

### 2. 非规制管控的分类[①]

（1）理想信念

"理想信念"是一个复合概念，其概念内涵是由综合"理想"和"信念"这两个单独概念的词语含义得出的，是指基于客观规律的追求、向往、奋斗目标与看法、观念、精神状态的统一，是主观与客观、认识与实践的统一。"理想信念"与"信仰"这两个概念之间的关系可以总结为：二者既有联系又有区别，在内涵交叉层面上达到概念互通。

"信仰"一词与"理想信念"所要表达的内容和范围大体相同。根据《辞海》的解释，信仰是指对某种主义或宗教极度尊重和信服，并且以之

---

① 本部分主要借鉴：百度百科。

为行动准则。所以，"信仰"和"理想信念"这两个词语在内涵和外延上有重合之处，即它们都是在理性认识的基础上产生的。"信仰"根源的理性认识可能来自客观知识、实践检验或个人经验，当"信仰"以知识、实践作为基础，它具有科学性特点，此时"信仰"与"理想信念"的概念是同一的；如果缺乏客观知识或实践检验等要件，"信仰"就会丧失科学性走向迷信。也就是说，"信仰"包含着科学性与非科学性的双重表现形式，而"理想信念"的理性认识全部是通过学习和实践，在把握正确规律的基础上建立起来的，科学性是其本质特征。因此，从科学性角度来说，学界对二者的研究和表述可以实现概念转换。

理想信念也是价值观念，但它们不是一般的价值观念，而是处于价值观中的最深层次，是价值观的核心形态。所谓理想，就是人们所信仰、所向往、所追求的奋斗目标，它是人生目的的直接反映，是人生价值的客观表现，是人类不断进步的强大动力。

理想的含义：理想是人们在实践中形成的、有可能实现的、对未来社会和自身发展的向往与追求，是人们的世界观、人生观和价值观在奋斗目标上的集中体现。

理想的特征：一是理想是一定社会关系的产物。它必然带着特定历史时代的烙印，在阶级社会中，还必然带着特定阶级的烙印。二是理想源于现实，又超越现实。理想在现实中产生，但它不是对现状的简单描绘，而是与奋斗目标相联系的未来，是人们的要求和期望的集中表达，它激励着人们在现实生活中一步步地为实现理想目标而奋斗。

理想的类型：一是从性质和层次上划分，有科学理想和非科学理想、崇高理想和一般理想。二是从时序上划分，有长远理想和近期理想等。三是从主体上划分，有个人理想和社会理想等。四是从内容上划分，有社会政治理想、道德理想、职业理想和生活理想等。

信念的含义：一是信念是人类特有的一种精神现象。信念是认知、情感和意志的有机统一体，是人们在一定认识基础上确立的对某种思想或事物坚信不疑并身体力行的精神状态。信念具有高于一般认识的稳定性的特征。人们的某种信念一旦形成，就不会轻易改变。二是信仰是信念最集中、最高的表现形式。一般来说，信仰可分为两种类型：一种是对虚幻的世界、不切实际的观念、荒谬理论的盲目相信、狂热崇拜；另一种是在社会实践活动中，对以事物发展规律的正确认识为基础的思想见解或理论主张的坚信不疑、身体力行。

理想信念的作用：一是理想信念是指引人生的奋斗目标。二是理想信念能提供人生前进的动力。三是理想信念能提高人生的精神境界。

（2）法治信仰

法治信仰是现代法治的精神意蕴。将"法治"同"信仰"结合是新时代我国法治创新与改革的新提法。从公民个人出发，法治信仰是指公民从内心层面对于法治认同、信任、依赖的一种主观状态与行为习惯。从社会整体出发，它是社会各类主体在学习法律知识、培育法律素养、树立法治观念、形成法治文化等不同阶段逐渐沉淀而成的。①

信仰，《辞海》解释为："对某种宗教，或对某种主义极度信服和尊重，并以之为行动的准则"。② 而《词源》对信仰的定义则为"信服尊敬"。③ 从信仰本质上看，它是人类内心深处对某种事物或理念的一种朴素的、坚贞的信念，是支撑其生活的来自灵魂的力量源泉，是一个人的活动所展现的存在方式。④ 由此可见，我们这里所谈的法治信仰主要是指主体对法治理念极度信服和尊敬，并严格地按照法治的标准作为其行为准则。它意味着对法治除了有一种深深的信赖、服从、真挚的朴素情感，还有一种为法治追求锲而不舍、甘愿牺牲的精神和勇气。⑤

法治信仰是社会主体对法律治理现象的一种主观把握方式，是社会主体依法管理国家和治理社会的经验凝结，是社会主体在对法治现象理性认识的基础上自然产生的一种认同感、皈依感和神圣体验，是调整社会关系进行社会秩序安排的主流意识形态。⑥

首先，法治信仰是一种思想情感和精神寄托。信仰法治意味着法律不是与自己无关的外在强制力量，而是自己生活中的一部分，法律不仅是自己的生活方式和生存模式，而且是人们进行价值评价和思想情感交流的载体。

---

① 段传龙：《新时代法治信仰的内涵与实况评估》，载《人民论坛》2021 年第 5 期。

② 辞海编辑委员会：《辞海》，上海辞书出版社 1999 年版，第 701 页。

③ 广东、广西、湖南、河南词源修订组，商务印书馆编辑部：《词源》，商务印书馆 2015 年版，第 283 页。

④ 上官莉娜、戴激涛：《论宪法信仰的价值及树立》，载《武汉大学学报（哲学社会科学版）》2004 年第 6 期。

⑤ 孙登科：《论法治信仰的生成逻辑》，载《法治现代化研究》2018 年第 4 期。

⑥ 季金华：《法治信仰的意义阐释》，载《金陵法律评论》2015 年春季卷。

其次，法治信仰是一种社会意识形态和文化形式。在人类的精神生活中，信仰处于社会意识的最高层次，统摄其他意识形态。法律不仅是一套行为规则，而且还是自由、民主、正义、安全的制度化价值体系。法治信仰的本质是对法律价值和法治功能的一种坚定不移的信任，是对法律所确立的价值目标和法治所蕴含的功用效能的始终不渝的追求。

最后，法治信仰是社会治理的经验凝结和理性选择。法治信仰建立在社会交往和社会组织方面的经验基础上，在人类法律制定和实施的历史活动中逐渐地转化成一种法治文化传统。人们对法治的信服和尊重，是人类在社会交往和社会组织方面的经验凝结和理性选择。

（3）伦理道德

在汉语中，伦理就是伦之序，礼（理）之分。"伦理"一词是"伦"与"理"二字的组合。古代对"伦"的诠释主要有三重含义①：其一，"伦"者从"人"从"仑"，许慎《说文解字》训"伦"为"辈也"，"伦"即指人与人之间的辈分次第关系。由"辈"之一义引申出"类""比""序""等"等含义，"人群类而相比，等而相序，其相待相倚之生活关系已可概见"②。其二，"伦"通"乐"，如《礼记·乐记》曰："乐者，通伦理者也"，强调音乐与伦理、美与善的相通性。其三，"伦"同"类"，如郑玄注"伦理"曰："伦，类也，理之分也"，强调"伦"的本质是一种"类"的"分"。

根据黄建中先生的考察，"伦"有集合关系之义、对偶关系之义及连属关系之义，指谓人类群体相待相倚的各种关系。"理"的本义是治理、规则，如《说文解字》曰："理，治玉也。"现代汉语对"理"有了更多的引申，如物质之理（纹理）、人文之理（道理）、科学之理（物理）、行为之理（管理）等③，后由此引申出条理、规则、道理、治理、整理等多种含义。一般而言，"理"是指事物和行为当然的律则和道理。"伦"与"理"合起来联用形成"伦理"，指处理人伦关系的道理或规则。最早将"伦"与"理"合起来联用，见于《礼记·乐记》中的"乐者，通伦理者

---

① 尧新瑜：《"伦理"与"道德"概念的三重比较含义》，载《伦理学研究》2006 年第 4 期。
② 黄建中：《比较伦理学》，山东人民出版社 1998 年版，第 21～22 页。
③ 中国社会科学院语言研究词典编辑室：《现代汉语小词典》，商务印书馆 1980 年版，第 329 页。

也"。可见，伦理的要义在于和谐有序，乐理之通于伦理的地方恰恰在于和合和谐，黄建中先生由此认为"伦理意蕴甚富，指归在和，语其封畛，既可兼赅道德人生"①。伦理的本义可以归纳为：第一，人伦，伦理只发生在人的世界及其秩序中，与人之外的世界无关；第二，关系，伦理一定是发生在主客关系之中，没有关系的地方没有伦理；第三，秩序，人伦关系一定是以某种秩序呈现，如君君、臣臣、父父、子子；第四，规范，伦理一定是应该或不应该的规范性说明。

在西方语境中，从词源上说，伦理源于希腊文"ethic"，这个词最初表示习惯恒常的住所、共同的居住地，在《荷马史诗》中便是如此来描述的。如海德格尔就曾指出，在赫拉克利特那里，"伦理"一词的最初含义就是"寓所"，后来经过不断演绎，虽然可以理解成风俗、性格、品质等，但并不具有伦理的意味。有学者认为，从现代观点看，西方伦理概念较之中国传统的伦理概念，不同之处在于其一开始具有了原始的、朴素的理性特征②。"伦理"及"伦理学"的概念最初都是由亚里士多德通过改造古希腊语中的"风俗"（ethos）一词所创立的。因道德（moral）一词源于罗马词 moralis，罗马人在征服希腊后，翻译希腊人的伦理一词时，经常就用 moralis，而 moral 又源于"mores"，主要指传统风俗、习惯等意思，即都是用来说明由人的行为活动养成的习惯品质，指向人类对社会文化、生活方式的认同和遵循，这也是后来伦理与道德互释互用的主要原因。其实，亚里士多德曾创造过一个新名词"ethika"，这就是人们后来所说的伦理学。

亚里士多德认为，伦理学就是追求个人的善与幸福，政治学则是求得社会的善与幸福；如果我们对伦理与道德做严格的区分，亚里士多德所认为的伦理学反而像道德学，而政治学倒可以理解为伦理学。可见，在西方语境中，伦理同样包含了人伦之序及规范的意思，只不过因与道德混用，在风俗之外增加了德行、品质的意味。只有到了黑格尔那里才开始严格区分伦理与道德，并把后者看成是前者的前提条件，由此开启了"由道德入伦理"的思想路径，但本质上二者还是互释的，对伦理的科学理解完全取决于对道德的理解。

---

① 黄建中：《比较伦理学》，山东人民出版社 1998 年版，第 21 页。
② 尧新瑜：《"伦理"与"道德"概念的三重比较含义》，载《伦理学研究》2006 年第 4 期。

　　在汉语中，"道德"也是一个组合词。尽管《辞海》将"道"概括为16 种语义，但主要是道路、法则和宇宙本体三种。① 《说文解字》曰："道，所行道也"，"道"原指由此达彼的道路，道是有方向和两边的，循道而行才不会迷失方向并抵达目的地；《韩非子·解老》曰："道者，万物之所然也，万理之所稽也"，引申为宇宙万物生成变化的总法则，由此"道"逐渐引申出正确规则之义；《老子》曰："有物混成，先天地生，可以为天下母。吾不知名，字之曰'道'"，这里"道"具有了"所以然"的味道，与"理"共同形成"道理"。"道"作为一个哲学范畴，意指天地之"本原"和万物运动演化之元始规则，并有"天道""地道""人道"之分。"天道"是自然万物的运行法则，"人道"是人生活动交往、处理人事的规则，如果人事规则违背了天道就是"不地道"。"德"字含义颇多。殷商时期，甲骨文中的"德"字后被写作"值"，金文写作"惪"，前者是正直行为之意，后者是正直心性之意。后来两种写法统写为"德"，"德"同时含有正直行为和正直心性的含义。目前所知最早的"道""德"联用，是《史记·夏本纪》所记载的约四千年前的皋陶之语："信其道德，谋明辅和。"可见"德"与"道"存在极为密切的关系，二字联用后形成的"道德"既有"德行与德性的规范"之意，也有"符合规范的德行和德性"之意。在中国的特殊语境中，因"得"而使道德既有了道的形上性质，也具有了功利主义层面上的实践功能，又因"德""得"相通，使道德较之西方语境具有了更加可解释的空间。这样，我们可以把中国语境中的"道德"含义简单归纳为：一是得道为德，即得到并遵守"道"就是"德"；二是德得相通，即守德是为了得，而得必须守德；三是道为德体，即无论是作为德性之道德还是作为规范之道德都是"道"的体现。

　　在西方，"道德"一词是古罗马思想家西塞罗把亚里士多德著作中的"风俗"（ethos）改译成拉丁语（móre）的形容词，用以表示国家生活的道德风俗和人们的道德品性。古希腊先哲之"mose""ethos"二词之理式用法庶几近之。然而，古希腊先哲虽多以礼仪、风俗、习惯等概念释义于道德、伦理，却同时赋予后者以"近神而居""幸福生活""本真存义"等诸多义理，从而将关乎道德伦理之研究界定为"幸福之学"（亚

---

　　① 尧新瑜：《"伦理"与"道德"概念的三重比较含义》，载《伦理学研究》2006 年第 4 期。

里士多德)、"伦理秩序"之问(苏格拉底、柏拉图)。西方古时的伦理、道德由风俗、风尚而来,中国古时伦理、道德的同义之处在于人际交往规范,两者看似相差颇大,其实不然,因为习俗、风俗中就含有大量的人际交往规范。因而中西方语境中的"伦理""道德"在词源学的含义上是相通的。

从词源上分析,伦理与道德都是被用来描述人在行为活动中养成的习惯品质,其本义相通性基本有三种:都是源于风俗、习惯;都是对人的行为的某种规范;都同时体现为人的品质或德行。在这三种共通性中,风俗习惯是基础,规范是核心,德行是表现。又因三者难以截然分开,导致混用,伦理与道德的难舍难分就可想而知了。了解伦理与道德本义的相通性,关键是正确认识其自然习俗性。

首先,伦理或者道德都是通过自然习俗而获得的,是人们在日常生活和各种社会活动中形成的相对稳定的品质或品性,这种稳定性就是规范的有效性根源。人在社会活动中不仅仅是面对自己,更重要的是面对他人及与他人的交往,久而久之会积累某些有益性的东西,即中国传统道德文化中的"得",彼此之"得"加深了人与人之间的理解与共情,具有了"内在善"的价值,值得人们去追求;并且人们对这种"善"的追求并不是为了某种活动之外的目的,这就是"善本身"或"目的善"。

其次,伦理或道德源于风俗习惯并不意味着可以自发产生(或发生),而是要经过学习与实践,即每个人或共同体面对的既定伦理或道德都是"先在"的,只有通过后天努力才能获得,以至于后来的道德先验论都背离了伦理或道德的本义。荀子就强调"化性起伪"的作用,特别是圣人之德必须通过修炼才能达成,"圣人化性而起伪,伪起而生礼义,礼义生而制法度"①。因为人要"群"而又具备"知"的能力,学习伦理道德是可能的,"心虑而能为之动谓之伪",就可以"正利而为""正义而行"。亚里士多德也曾认为,自然形成的东西是不可能改变的,但不是所有不可变的东西都是习惯,"自然赋予我们"接受某种品质的能力,但形成什么样的品质却是出于习惯。"我们的德性既非出于本性而生成,也非反乎本性而生成,而是自然地接受了它们,通过习惯而达到完满。"②

---

① 王先谦:《荀子集解》,上海书店出版社1986年版,第292页。

② 苗力田:《亚里士多德全集》(第8卷),中国人民大学出版社1994年版,第27页。

最后，虽然任何生于习惯的品质都不反乎自然，但并不是所有出于习惯的品质都是合乎伦理或道德，因为品质有好有坏，坏的习惯叫"恶习"或"恶性"，这是反伦理、反道德的。可见，从本义上讲，伦理或道德是指形成于好习惯的品质或品性，而不是现代人所理解的那样，道德本身还包含了道德的与不道德的（恶）。换言之，最初意义上的伦理或道德就是指合乎伦理的或道德的，就是"善"，这也就是亚里士多德将生于习惯的优良品质称为"道德德性"的原因，伦理或道德就是"善"的代名词，好的品质通过好的行为形成好的习惯，甚至可以倒过来说，好的习惯就是通过好的行为形成的好品质。"我们做公正的事情才能成为公正的，进行节制才能成为节制的，表现勇敢才能成为勇敢的。"①

伦理虽然也是规则性的，但偏重于（抑或主要是）调节个人与他人、个人与社会、个人与人类之间的关系，其价值态度和立场是在相互关系中发生的，追求一种正义与和谐的境界。道德或美德主要是个体对自我的要求与规范，"应当如何"或"正当"是个人向自己内心的对话，使自己成为一个善良之人，虽然自己跟自己也发生了道德关系，但基于主客同一，不同于一般的伦理关系。在中国古代文化语境下，道德更具有"顿悟"等人文倾向，偏重于个体生命的内在心得与体悟。所以，伦理是关系性概念，无关系则无伦理；道德是个体性概念，现之于社会关系则需伦理的介入。在此意义上讲，伦理是道德的下位概念或二级概念。②

道德在本质上是自律的，而伦理偏重于他律。因其自主性特征，道德常常是对自己发出"我应当如何"的价值指令，而伦理则因处于双方或多方关系的角逐，需要有超越任何一方利益之上的行为规则，其指令常常是"你们应当如何"或"大家应当如何"，这对伦理主体而言具有某种外在制约性。当然，当规则被普遍接受并被自觉遵守时，伦理会表现出自律的特点，但其基础是他律性的。道德始终专注于对自己的要求，但当道德没有成为自我需要时，也是一种他律性的强制，道德的约束作用只能通过自觉自律来实现。正是在此意义上马克思才讲"道德的基础是人类精神的自律"③。

---

① 苗力田：《亚里士多德全集》（第8卷），中国人民大学出版社1994年版，第28页。
② 尧新瑜：《"伦理"与"道德"概念的三重比较含义》，载《伦理学研究》2006年第4期。
③ 马克思恩格斯：《马克思恩格斯全集》（第1卷），人民出版社1995年版，第119页。

道德作为一种人生态度，总是以善恶观念去评价自我与他人，是一种自我完善的价值指向，也表现为目的性价值和实践性目的。如在儒家观念中，人只有通过道德才能完善自我和社会，要成为一个真正的人、完人、圣人，就必须进行道德修炼，道德甚至成了人格的唯一特征，成为社会伦理的目的，而"伦理是道德人格生存的路径"，"道德的尺度是德性的善，反面是恶；伦理的尺度是正确、正当、是，反面是错误、失当、非"①。可见，道德关注的是善（反之为恶），伦理关注的是正义（反之为非正义），甚至在道德上为善的东西可能在伦理上是非正义的，如道德上的忠诚可能会助推政治专制。所以，道德更含主体、个体意味，伦理更侧重于人与事的关系，这就是我们常说"某人有道德"而不说"某人有伦理"的原因。②

伦理，从本质而言，是关于人性、人伦关系及结构等问题的基本原则的概括。道德作为社会意识形态是指调节人与人、人与自然之间关系的行为规范的总和。伦理与道德是有着显著区别的两个概念，伦理范畴侧重于反映人伦关系及维持人伦关系所必须遵循的规则，道德范畴侧重于反映道德活动或道德活动主体自身行为的应当。伦理是客观法，是他律的；道德是主观法，是自律的。

当代"伦理"概念蕴含着西方文化的理性、科学、公共意志等属性，"道德"概念蕴含着更多的东方文化的性情、人文、个人修养等色彩。"西学东渐"以来，中西"伦理"与"道德"概念经过碰撞、竞争和融合，二者划界与范畴日益清晰，即"伦理"是伦理学中的一级概念，而"道德"是"伦理"概念下的二级概念。二者不能相互替代，它们有着各自的概念范畴和使用区域。

要正确理解"道德"与"伦理"这两个概念，需要注意以下几点。

第一，道德与伦理是"行为应该如何的规范"的含义。

作为"行为应该如何的规范"的道德与伦理是指社会制定或认可的关于人们具有社会效用的行为应该如何进行非权力规范。

一是关于道德和伦理"具有社会效用"。道德和伦理都是行为"应该"

---

① 廖申白：《伦理学概论》，北京师范大学出版社 2009 年版，第 22 页。

② 李建华：《伦理与道德的互释及其侧向》，载《武汉大学学报（哲学社会科学版）》2020年第 3 期。

如何的规范，"应该"是道德和伦理的重要属性，但并不是它们的特有属性；因为"应该"如何的行为规范并不都是道德和伦理。以吃饭为例，西方人习惯用刀叉，印度人习惯用手抓，中国人习惯用筷子。这三种习惯都是应该如何的规范，但皆非道德和伦理。我们不能武断地认为使用刀叉或筷子，是道德的和合乎伦理的，而使用其他手段是不道德的。

道德和伦理"应该如何的行为规范"的关键在于具有利害社会的效用：道德和伦理是社会制定或认可的关于人们对社会"具有利害效用"的行为应该如何的规范。

二是关于道德和伦理是"应该而非必须的非权力"规范。道德和伦理是行为"应该"如何的规范，但法律也是"应该"的行为规范。这两种的区别是什么？过去的观点一般认为是法律规范依靠"强制力量"来维系，而道德和伦理规范依靠"非强制力量"来维系。这种观点是错误的，因为所谓强制，就是使人不得不放弃自己的意志而服从他人意志的力量，强制包括肉体强制、行政强制和舆论强制。实际上道德和伦理也依靠"强制力量"维系，是依靠"舆论强制"。因为，舆论同样具有使人们不得不放弃自己意志而服从他人意志的力量。俗语道"唾沫星子淹死人""舌头底下压杀人"，就是"社会舆论"强制力量发挥的作用。

因此，伦理道德规范与法律规范的区别，不在于是否依靠"强制力量"，而在于是否依靠一种特殊的强制——权力。权力是管理者拥有且被社会承认的迫使被管理者服从的强制力量。法律规范是权力规范，伦理道德规范则是非权力规范。

第二，道德是"规范在人们身上形成的心理自我品德"的含义。作为"规范在人们身上形成的心理自我——品德"的道德，是指一个人的道德人格，是一个人在长期的道德行为中所形成和表现出来的稳定的心理状态。所谓人格是一个人的行为所表现和形成的心理自我，是一个人在长期行为中表现和形成的稳定的、恒久的、整体的心理状态。一个人长期地遵守或违背道德规范的行为，以至于形成和表现为一种稳定的、恒久的、整体的心理状态，就是道德的另一个含义——品德。如果说"规范"是人们外在的道德，那么"品德"则是人们内在的道德。

第三，伦理是"行为事实如何的规律"的含义。作为"行为事实如何的规律"的伦理，是指人的行为所固有的具有害人利己的属性的规律。这里所说的"行为",是指"伦理行为",是具有利害效用的行为。"伦理行为事实如何",也就是人生而固有的各种伦理行为之本性,也就是道德哲学家所说的"人性"。它是"行为应该如何"的道德规范产生和推导出来的根据,因为只有客观上存在"事实如何"的某种行为类型,才会谈到"应该如何"的道德规范。如果某种行为事实上就不可能存在,那么,提出对这种行为"应该如何"的道德规范,就是无稽之谈。

(4)价值观念

我们需要区分"价值观念"和"价值观"两个概念。通常人们在使用时将"价值观念"和"价值观"等同,把"价值观"视为"价值观念"的简称。但是从严格意义上来说,二者是有区别的。价值观念是主体进行价值判断的依据和标准,是主体内在尺度和需要的主观体现,而价值观则是关于价值的学说体系。它是指人们关于价值的本质、基础、功能等内容的根本观点和根本看法,类似于"价值论"。正如有学者所说,"价值观念之于价值观,犹如人的道德之于伦理学、宗教徒的信仰之于宗教学、罪犯的心理之于犯罪学一样"。① 由此可见,当前我们所要解决的不是价值观问题,而是当代中国人的精神信仰问题即价值观念问题,根本目的在于重塑当代中国人的精神世界。

价值观念是由价值原则、价值目标和价值规范三个要素构成的有机体系。价值原则是主体在判断客体价值性质及程度时所坚持的基本准则。价值目标是主体价值活动所追求的、具有现实可能性和合乎主体愿望的指向与归宿。从时间上看,价值目标可分为近期目标和长远目标;从可能性上看,价值目标可分为现实目标和理想目标;从活动领域来看,价值目标可分为经济目标、政治目标、文化目标、社会目标和生态目标等;从承担主体来看,价值目标又可分为个体目标和群体目标等。价值规范是人们为实现价值目标,依据价值原则而制定的行为规范。价值原则、价值目标和价值规范三者共同组成价值观念。②

在人的对象性活动中,能够成为人的对象性存在者有三种形态,即物、事和人本身。因而,价值观念也有三种类型,即关于物的价值观念、

① 李德顺:《价值论:一种主体性的研究》,中国人民大学出版社 2013 年版,第 137 页。
② 何启刚:《中国特色社会主义基本价值观念研究》,中共中央党校博士学位论文,第 25 ~ 27 页。

关于事的价值观念和关于人的价值观念。除此之外，价值观念还可以有其他的分类形态。例如，按照人的对象性活动的领域，将其分为经济性价值观念、政治性价值观念、文化性价值观念和日常生活性价值观念。又例如，可以从其出现的时间和空间进行分类。从时间维度说，价值观念有传统价值观念和当代价值观念之分，前者来自古代人的创造，后者来自当代人的创造。从空间维度说，价值观念有本土价值观念和外埠价值观念之分，前者来自本地人的创造，后者来自外地人的创造。再如，按价值观念内含的价值词的归属将其分为三类，即以"善恶"为基本价值词的道德观念、以"美丑"为基本价值词的审美观念和以"利害"为基本价值词的功利观念。①

（5）文化素养

"文化"这一词语，法文、英文两者都写成 Culture，这个词最早是在拉丁文中演化而来的，拉丁文中文化含有劳动、交往、居住、工作等一些生活技能义项。19 世纪中期，一些新的人文学科如美学、文史哲、社会学等在欧洲兴起，文化的概念从此开始发生了一定的变化，逐步成为用以概括新兴学科一种重要的综合性术语。② 最早把文化作为专门术语来使用的是被称为"人类学之父"的英国人泰勒，他在 1871 年发表的《原始文化》一书中给文化下了定义：文化从宏观上看是一个综合性的整体，包括社会道德、法律法规、民族风俗、科学知识、宗教信仰、审美艺术以及人类在社会生活中所形成的一些技能与习惯的综合。③

文化的含义包含以下几个方面：意识形态、生活生产方式、精神财富。比如，包括公民的人生观、价值观、世界观、生产方式、道德标准、自我认知能力等。

我国传统文化对素养的解释是"经常修习涵养"，如科学素养、道德素养、人文素养等。《汉书·李寻传》："马不伏枥，不可以趋道；士不素养，不可以重国。"这个观点认为素养是人在不断演变发展过程中逐步形成的文化特性、精神品质、态度和观念上的特点，更加注重公民基本素养提升的过程。

---

① 韩东屏：《价值观念本体论》，载《中原文化研究》2015 年第 6 期。

② 刘义兰：《医院安全文化与护理相关病人安全事件的研究》，载《华中科技大学学报》2008 年第 7 期。

③ 吴冰：《论文化在建设社会主义新农村中的功能》，载《辽宁行政学院学报》2010 年第 4 期。

西方文化对素养的解释则更加注重结果，"文化"在西方有两层含义：一是指有文化知识、有涵养、有品位，多用于学者；二是指普通人们能够书写、学习文化、读书看报的能力。对于素养的解释无论是注重过程还是注重结果，二者对素养的解释均利用发展的眼光来分析。

素养主要是强调人们在后天生活中的修习，通过在学习过程中所形成的涵养的特性。"素"本来的意思是指"时常"，如"素不相识""素来已久"，这里所说的"素"就是指日常、平时的含义。"养"可解释为素养、教养，人的一种逐步形成的文化本质和精神状态、理念和人生态度上的特征。①

文化素养不只是学校教给你的科学技术方面的知识，更多的是指你所接受的人文社科类的知识，包括哲学、历史、文学、社会学等方面的知识。这些知识通过你的语言或文字的表达体现出来，通过你的举手投足反映出来成为你的综合气质或整体素质。

所以有知识的人不一定有文化，不一定有思想，因为科学技术方面的知识也有很大的局限性，尤其是现在学校教育传授的技术方面的知识具有局限性和片面性。

素养是后天形成的。我们并不是生来就具备某些素养（尽管我们相信能力和学习的潜能是先天的），而是我们后天渐渐习得的。它们是循环往复的模式，不是单一的事件或技能。我们能加以左右，能有意识地、有意地选择素养的实践，而不是依赖自动驾驶仪的"无脑运动"。

（6）人生境界

著名哲学家冯友兰先生把人生境界分为四个层次：自然境界、功利境界、道德境界和天地境界。人生境界这个词，是用来描述有思想有追求，能够意识到人之存在及存在意义的人所处的境界，植物动物总是活在即时状态，谈不上思考生或死的意义问题，也就谈不上境界问题了。因而，境界便是指人生境界。那么什么是人生境界呢？冯友兰先生的界定是："人与其他动物的不同，在于人做某事时，他了解他在做什么，并且自觉地在做。正是这种觉解，使他正在做的对于他有了意义。他做各种事，有各种意义，各种意义合成一个整体，就构成他的人生境界。如此构成各人的人

---

① 张喆：《我国公民文化素养研究》，齐鲁工业大学硕士学位论文，第13～14页。

生境界，这是我的说法。"在这里，冯友兰先生把人"做事""自觉地做"的"这种觉解""做事"的"意义"和"境界"联系起来，并且整合起来，构成"人生境界"。

人生境界，关乎人生的进退荣辱，成就人生的格局。人生境界是一种导向，有一种指引的作用。一个人有什么样的境界，就意味着他会过什么样的生活。人生境界会给你方向，引导你去实现你的梦想，在遇到困难的时候会给你力量，让你勇往直前。[1]

一个人的人生境界并不是自然形成的，它是无穷的客观关联的内在化，受到各方面的制约，如历史、文化、社会、教育等；再说小点，甚至于个体的某些具体遭遇也会影响其人生境界的形成。每个人的生存环境不同，面对的人和事也不同，自然他们的人生境界也各不相同，会出现差异性、层次性。一个人、一个群体，甚至一个时代抱着什么样的态度生存、发展，体现的就是人生境界的问题。在科技日益发展的当代社会，如何引导人们提高人生境界，正确认识人与人、人与自然、人与社会的关系，促进一个和谐安康的社会的最终形成是哲学责无旁贷的任务。[2]

**3. 非规制管控与规制管控的区别**

规制管控是通过立法机关、行政机关、自律组织和内部管理机构，在规范体系强力实施下发挥风险管控的作用。非规制管控则是通过价值观念、伦理道德和个人境界等心灵教化的方式，提升执业律师个人修养而实现风险管控的作用。

《律师执业行为规范（试行）》第四条规定，律师执业行为违反本规范中强制性规范的，将依据相关规范性文件给予处分或惩戒。本规范中的任意性规范，律师应当自律遵守。这条规定中的强制性规范属于规制管控，任意性规范属于非规制管控。

如果说规制管控是对律师执业风险管控硬的手段，那么非规制管控则是律师执业风险管控软的方法。

**4. 非规制管控与规制管控的共性**

非规制管控与规制管控都是对律师执业风险进行管控的手段和方法，

---

① 张立兴：《关于人生境界的思考》，载《华夏文明》2020 年第 5 期。

② 林爱清：《提高人生境界构建和谐社会——有感于张世英先生境界说》载《重庆工学院学报（社会科学版）》2007 年第 6 期。

有着共同一致的目的性。其作用都是为了防范和化解律师执业风险。非规制管控与规制管控互为补充，实现对律师执业风险完美无缺的管控。

**5. 非规制管控在律师执业风险管控中的作用**

（1）发挥党建在律师维权惩戒工作中的引领作用，从理想信念上防范和化解律师执业风险

切实把律师事务所管理与党建工作相结合，充分发挥律师事务所党组织政治核心作用和党员律师的先锋模范作用，能推动党的组织和工作在律师行业动态覆盖和有效覆盖。从政治和全局的高度看待律师工作、看待律师行业的发展，必须始终坚持正确的政治方向。通过贯彻落实"两拥护"的基本要求，把政治要求和专业要求结合起来，把社会公共利益、行业整体利益和律师个人权益结合起来。充分发挥党的政治优势，把党的主张和任务转化成律师的自觉行动，确保党的路线、方针、政策在律师行业得到全面贯彻。进一步加强组织建设，牢记理想信念，防范和化解律师执业风险。

（2）表彰和奖励一大批优秀执业律师，发挥先进执业律师模范带头作用，以防范和化解律师执业风险

司法行政部门和行业自律机构要加大对优秀律师宣传表彰力度和正面宣传力度，大力宣传律师工作在全面依法治国中的重要地位和作用，宣传律师队伍中涌现出来的先进典型。加强对律师和律师事务所先进典型表彰宣传力度，树立各专业领域律师品牌，推出重大典型，发挥先进典型的示范作用，为推动律师事业发展营造良好舆论氛围，起到防范和化解律师执业风险的作用。

（3）加强律师执业道德建设，用先进的价值观念指导广大律师规范执业依法执业，以此来防范和化解执业风险

律师队伍整体素质的提高依靠于每一个律师个人职业道德水平的提升，加强律师职业道德建设可以调整律师队伍的整体职业关系、提升职业素质、促进行业发展。加强律师职业道德建设可以帮助律师树立正确的世界观、人生观、价值观、道德观，全面提高律师的思想道德品质和人生境界，逐步形成对当事人负责，对法治事业负责，为行业争光的职业道德风尚，进而提高律师队伍整体服务质量，提高律师队伍素质，促进行业健康发展。

（4）加强律师事务所文化建设，提升执业律师的文化素养，汇聚沉淀形成律师行业的文化内涵，并使之传承、传递、传扬，推动律所执业规范的不断完善，以发展律所文化建设防范和化解执业风险

律师事务所文化的基本内涵，是以人为中心，在律师事务所内部形成共同的价值观念、事业理念、道德规范、思想情操等精神财富。律师事务所文化建设将有利于团队意识、协作精神的培养，有利于增强律师事务所凝聚力，有利于律师事务所机构品牌的塑造。社会经济的迅猛发展，对律师服务业提出了更高的要求。律所文化的传承、传递、传扬，推动着律所执业规范的不断完善，规范着合伙人的管理行为和律师的执业行为，防范和化解执业风险。

## 第二节　律师执业风险规制管控的内容及其发展变迁

### 一、律师执业风险法律管控的内容与发展变迁

#### 1. 律师执业风险法律管控的内容

（1）刑事责任风险

律师执业的刑事责任风险是指律师在执业活动中的执业行为，违反了刑事法律规范的规定而被追究刑事责任的风险。

第一，颠覆或煽动颠覆国家政权罪的风险。《中华人民共和国刑法》第一百零五条第一款规定："组织、策划、实施颠覆国家政权、推翻社会主义制度的，对首要分子或者罪行重大的，处无期徒刑或者十年以上有期徒刑；对积极参加的，处三年以上十年以下有期徒刑；对其他参加的，处三年以下有期徒刑、拘役、管制或者剥夺政治权利。"

第一百零五条第二款规定："以造谣、诽谤或者其他方式煽动颠覆国家政权、推翻社会主义制度的，处五年以下有期徒刑、拘役、管制或者剥夺政治权利；首要分子或者罪行重大的，处五年以上有期徒刑。"

第一百零六条规定，与境外机构、组织、个人相勾结，实施颠覆国家政权罪、煽动颠覆国家政权罪的，依照规定从重处罚。

第一百一十三条第二款规定，犯颠覆国家政权罪、煽动颠覆国家政权罪的，可以并处没收财产。

第五十六条第一款规定，对于危害国家安全的犯罪分子应当附加剥夺政治权利。

第二，提供或出具证明文件类犯罪的风险。《中华人民共和国刑法》第二百二十九条第一款规定："承担资产评估、验资、验证、会计、审计、法律服务等职责的中介组织的人员故意提供虚假证明文件，情节严重的，处五年以下有期徒刑或者拘役，并处罚金。"前款规定的人员，索取他人财物或者非法收受他人财物，犯前款罪的，处五年以上十年以下有期徒刑，并处罚金。第一款规定的人员，严重不负责任，出具的证明文件有重大失实，造成严重后果的，处三年以下有期徒刑或者拘役，并处或者单处罚金。

第二百三十一条规定，单位犯提供虚假证明文件罪、出具证明文件重大失实罪的，对单位判处罚金，并对其直接负责的主管人员和其他直接责任人员，依照本节各该条的规定处罚。

第三，诈骗类犯罪的风险。《中华人民共和国刑法》第一百九十二条第一款规定："以非法占有为目的，使用诈骗方法非法集资，数额较大的，处三年以上七年以下有期徒刑，并处罚金；数额巨大或者有其他严重情节的，处七年以上有期徒刑或者无期徒刑，并处罚金或者没收财产。"

第二百二十四条规定："有下列情形之一，以非法占有为目的，在签订、履行合同过程中，骗取对方当事人财物，数额较大的，处三年以下有期徒刑或者拘役，并处或者单处罚金；数额巨大或者有其他严重情节的，处三年以上十年以下有期徒刑，并处罚金；数额特别巨大或者有其他特别严重情节的，处十年以上有期徒刑或者无期徒刑，并处罚金或者没收财产：（一）以虚构的单位或者冒用他人名义签订合同的；（二）以伪造、变造、作废的票据或者其他虚假的产权证明作担保的；（三）没有实际履行能力，以先履行小额合同或者部分履行合同的方法，诱骗对方当事人继续签订和履行合同的；（四）收受对方当事人给付的货物、货款、预付款或者担保财产后逃匿的；（五）以其他方法骗取对方当事人财物的。"

第二百六十六条规定："诈骗公私财物，数额较大的，处三年以下有期徒刑、拘役或者管制，并处或者单处罚金；数额巨大或者有其他严重情节的，处三年以上十年以下有期徒刑，并处罚金；数额特别巨大或者有其他特别严重情节的，处十年以上有期徒刑或者无期徒刑，并处罚金或者没收财产。本法另有规定的，依照规定。"

第四，侵占、投标类犯罪的风险。《中华人民共和国刑法》第二百二十三条规定："投标人相互串通投标报价，损害招标人或者其他投标人利益，情节严重的，处三年以下有期徒刑或者拘役，并处或者单处罚金。投标人与招标人串通投标，损害国家、集体、公民的合法利益的，依照前款的规定处罚。"

第二百三十一条规定，单位犯串通投标罪的，对单位判处罚金，并对其直接负责的主管人员和其他直接责任人员，依照第二百二十三条规定处罚。

第二百七十条规定："将代为保管的他人财物非法占为己有，数额较大，拒不退还的，处二年以下有期徒刑、拘役或者罚金；数额巨大或者有其他严重情节的，处二年以上五年以下有期徒刑，并处罚金。将他人的遗忘物或者埋藏物非法占为己有，数额较大，拒不交出的，依照前款的规定处罚。本条罪，告诉的才处理。"

第二百七十一条规定："公司、企业或者其他单位的人员，利用职务上的便利，将本单位财物非法占为己有，数额较大的，处五年以下有期徒刑或者拘役；数额巨大的，处五年以上有期徒刑，可以并处没收财产。国有公司、企业或者其他国有单位中从事公务的人员和国有公司、企业或者其他国有单位委派到非国有公司、企业以及其他单位从事公务的人员有前款行为的，依照本法第三百八十二条、第三百八十三条的规定定罪处罚。"

第五，公文、证件、印章类犯罪的风险。《中华人民共和国刑法》第二百八十条第一款规定："伪造、变造、买卖或者盗窃、抢夺、毁灭国家机关的公文、证件、印章的，处三年以下有期徒刑、拘役、管制或者剥夺政治权利，并处罚金；情节严重的，处三年以上十年以下有期徒刑，并处罚金。"

第二百八十条第二款规定："伪造公司、企业、事业单位、人民团体的印章的，处三年以下有期徒刑、拘役、管制或者剥夺政治权利，并处罚金。"

第六，证据、证明类犯罪的风险。《中华人民共和国刑法》第三百零六条规定："在刑事诉讼中，辩护人、诉讼代理人毁灭、伪造证据，帮助当事人毁灭、伪造证据，威胁、引诱证人违背事实改变证言或者作伪证的，处三年以下有期徒刑或者拘役；情节严重的，处三年以上七年以下有期徒刑。辩护人、诉讼代理人提供、出示、引用的证人证言或者其他证据失实，不是有意伪造的，不属于伪造证据。"

第三百零七条第二款、第三款规定，帮助当事人毁灭、伪造证据，情节严重的，处三年以下有期徒刑或者拘役。司法工作人员犯帮助毁灭、伪造证据罪的，从重处罚。

第七，虚假诉讼罪的风险。《中华人民共和国刑法》第三百零七条之一第一款规定，以捏造的事实提起民事诉讼，妨害司法秩序或者严重侵害他人合法权益的，处三年以下有期徒刑、拘役或者管制，并处或者单处罚金；情节严重的，处三年以上七年以下有期徒刑，并处罚金。

第六十四条规定："犯罪分子违法所得的一切财物，应当予以追缴或者责令退赔；对被害人的合法财产，应当及时返还；违禁品和供犯罪所用的本人财物，应当予以没收。没收的财物和罚金一律上缴国库，不得挪用和自行处理。"

第八，贿赂类犯罪的风险。《中华人民共和国刑法》第一百六十三条第一款、第二款规定："公司、企业或者其他单位的工作人员利用职务上的便利，索取他人财物或者非法收受他人财物，为他人谋取利益，数额较大的，处三年以下有期徒刑或者拘役；数额巨大或者有其他情节的，处三年以上十年以下有期徒刑，并处罚金；数额特别巨大或者有其他特别严重情节的，处十年以上有期徒刑或者无期徒刑，并处罚金。公司、企业或者其他单位的工作人员在经济往来中，利用职务上的便利，违反国家规定，收受各种名义的回扣、手续费，归个人所有的，依照前款的规定处罚。"

第三百八十五条规定："国家工作人员利用职务上的便利，索取他人财物的，或者非法收受他人财物，为他人谋取利益的，是受贿罪。国家工作人员在经济往来中，违反国家规定，收受各种名义的回扣、手续费，归个人所有的，以受贿论处。"

第三百八十六条规定："对犯受贿罪的，根据受贿所得数额及情节，依照本法第三百八十三条的规定处罚。索贿的从重处罚。"

第三百八十七条规定："国家机关、国有公司、企业、事业单位、人民团体，索取、非法收受他人财物，为他人谋取利益，情节严重的，对单位判处罚金，并对其直接负责的主管人员和其他直接责任人员，处五年以下有期徒刑或者拘役。前款所列单位，在经济往来中，在账外暗中收受各种名义的回扣、手续费的，以受贿论，依照前款的规定处罚。"

第三百八十八条规定："国家工作人员利用本人职权或者地位形成的

便利条件，通过其他国家工作人员职务上的行为，为请托人谋取不正当利益，索取请托人财物或者收受请托人财物的，以受贿论处。"

第三百八十八条之一规定："国家工作人员的近亲属或者其他与该国家工作人员关系密切的人，通过该国家工作人员职务上的行为，或者利用该国家工作人员职权或者地位形成的便利条件，通过其他国家工作人员职务上的行为，为请托人谋取不正当利益，索取请托人财物或者收受请托人财物，数额较大或者有其他较重情节的，处三年以下有期徒刑或者拘役，并处罚金；数额巨大或者有其他严重情节的，处三年以上七年以下有期徒刑，并处罚金；数额特别巨大或者有其他特别严重情节的，处七年以上有期徒刑，并处罚金或者没收财产。离职的国家工作人员或者其近亲属以及其他与其关系密切的人，利用该离职的国家工作人员原职权或者地位形成的便利条件实施前款行为的，依照前款的规定定罪处罚。"

第一百六十四条第一款规定："为谋取不正当利益，给予公司、企业或者其他单位的工作人员以财物，数额较大的，处三年以下有期徒刑或者拘役，并处罚金；数额巨大的，处三年以上十年以下有期徒刑，并处罚金。"

第三百八十九条规定："为谋取不正当利益，给予国家工作人员以财物的，是行贿罪。在经济往来中，违反国家规定，给予国家工作人员以财物，数额较大的，或者违反国家规定，给予国家工作人员以各种名义的回扣、手续费的，以行贿论处。因被勒索给予国家工作人员以财物，没有获得不正当利益的，不是行贿。"

第三百九十条规定："对犯行贿罪的，处五年以下有期徒刑或者拘役，并处罚金；因行贿谋取不正当利益，情节严重的，或者使国家利益遭受重大损失的，处五年以上十年以下有期徒刑，并处罚金；情节特别严重的，或者使国家利益遭受特别重大损失的，处十年以上有期徒刑或者无期徒刑，并处罚金或者没收财产。行贿人在被追诉前主动交代行贿行为的，可以从轻或者减轻处罚。其中，犯罪较轻的，对侦破重大案件起关键作用的，或者有重大立功表现的，可以减轻或者免除处罚。"

第三百九十条之一规定："为谋取不正当利益，向国家工作人员的近亲属或者其他与该国家工作人员关系密切的人，或者向离职的国家工作人员或者其近亲属以及其他与其关系密切的人行贿的，处三年以下有期徒刑或者拘役，并处罚金；情节严重的，或者使国家利益遭受重大损失的，处三年以上七年以下有期徒刑，并处罚金；情节特别严重的，或者使国家利益遭受特别重大损失的，处七年以上十年以下有期徒刑，并处罚金。"

第三百九十一条规定："为谋取不正当利益，给予国家机关、国有公司、企业、事业单位、人民团体以财物的，或者在经济往来中，违反国家规定，给予各种名义的回扣、手续费的，处三年以下有期徒刑或者拘役，并处罚金。单位犯前款罪的，对单位判处罚金，并对其直接负责的主管人员和其他直接责任人员，依照前款的规定处罚。"

第九，徇私枉法罪的风险。《中华人民共和国刑法》第三百九十九条第一款规定："司法工作人员徇私枉法、徇情枉法，对明知是无罪的人而使他受追诉、对明知是有罪的人而故意包庇不使他受追诉，或者在刑事审判活动中故意违背事实和法律作枉法裁判的，处五年以下有期徒刑或者拘役；情节严重的，处五年以上十年以下有期徒刑；情节特别严重的，处十年以上有期徒刑。"

第三百九十九条第四款规定："司法工作人员收受贿赂，有前三款行为的，同时又构成本法第三百八十五条规定之罪的，依照处罚较重的规定定罪处罚。"

（2）民事责任风险

律师执业的民事责任风险是指接受委托人委托的律师，因为自身的过错或违法执业而损害当事人或相对人的合法权益后，先由律师事务所进行赔偿而后再向有过错律师进行追偿的一种民事责任。

第一，因违法执业受到行政处罚，其违法行为对当事人或者第三人造成损害的风险。《中华人民共和国律师法》第二条第二款规定："律师应当维护当事人合法权益，维护法律正确实施，维护社会公平和正义。"第五十四条规定："律师违法执业或者因过错给当事人造成损失的，由其所在的律师事务所承担赔偿责任。律师事务所赔偿后，可以向有故意或者重大过失行为的律师追偿。"

第二，提起诉讼时冒充当事人签名提交起诉状的风险。《中华人民共和国民法典》第一百七十一条第一款规定：行为人没有代理权、超越代理权或者代理权终止后，仍然实施代理行为，未经被代理人追认的，对被代理人不发生效力。

第三，未及时申请或续期财产保全，或未经当事人同意，擅自决定不采取财产保全的风险。《中华人民共和国律师法》第二条第二款规定"律师应当维护当事人的合法权益"。第五十四条明确规定了律师责任赔偿制度，即律师违法执业或因过错给当事人造成损失的，由其所在的律师事务所承担赔偿责任，律师事务所赔偿后。可以向有故意或重大过失的律师追偿。

第四，通过与委托人约定相关条款限制委托人接受调解、和解的风险。《中华人民共和国消费者权益保护法》第四条规定，经营者与消费者进行交易，应当遵循自愿、平等、公平、诚实信用的原则。第十条第一款规定，消费者享有公平交易的权利。第十六条第三款规定，经营者向消费者提供商品或者服务，应当恪守社会公德，诚信经营，保障消费者的合法权益；不得设定不公平、不合理的交易条件，不得强制交易。

第五，未履行委托代理合同终止后的随附义务的风险。《中华人民共和国民法典》第五百零九条第一款规定，当事人应当按照约定全面履行自己的义务。《中华人民共和国律师法》第五十四条明确规定了律师责任赔偿制度，即律师违法执业或因过错给当事人造成损失的，由其所在的律所承担赔偿责任，律所赔偿后。可以向有故意或重大过失的律师追偿。

第六，律师见证未尽到审慎义务的风险。《中华人民共和国民法典》第一百六十四条第一款规定："代理人不履行或者不完全履行职责，造成被代理人损害的，应当承担民事责任。"

第七，提供无偿法律服务中存在过失的风险。《中华人民共和国民法典》第九百二十九条第一款规定："无偿的委托合同，因受托人的故意或者重大过失造成委托人损失的，委托人可以请求赔偿损失。"

第八，出具法律服务文书剽窃其他律师成果的风险。《中华人民共和国著作权法》第四十九条规定："侵犯著作权或者与著作权有关的权利的，侵权人应当按照权利人的实际损失给予赔偿；实际损失难以计算的，可以按照侵权人的违法所得给予赔偿。"

（3）混合责任风险

第一，庭审责任风险，是指妨害诉讼程序适用司法强制措施的风险。《中华人民共和国律师法》第四十条第八项规定，律师在执业活动中不得有"扰乱法庭、仲裁庭秩序，干扰诉讼、仲裁活动的正常进行"的行为；《中华人民共和国刑法》第三百零九条规定了"扰乱法庭秩序罪"。而在程序法层面，2017 年修正的《中华人民共和国民事诉讼法》第一百一十条规定："诉讼参与人和其他人应当遵守法庭规则。人民法院对违反法庭规则的人，可以予以训诫，责令退出法庭或者予以罚款、拘留。人民法院对哄闹、冲击法庭，侮辱、诽谤、威胁、殴打审判人员，严重扰乱法庭秩序的人，依法追究刑事责任；情节较轻的，予以罚款、拘留。"

第二，法律规范的变动性风险，是指法律规范的"立、改、废"活动影响律师执业的风险。我国的律师法是在刑事诉讼法没有修订的情况下出台并实施的，修订后的《中华人民共和国刑事诉讼法》也规定了很多律师的权利，这两法之间对律师权利的规定，使律师权利在操作层面上出现了实行难的问题。"适用之争"导致司法效力的重重障碍。这是指律师法先于刑事诉讼法的修订出台并实施，导致了刑事诉讼法与律师法的规定出现了某些不一致，到底是上位法优于下位法还是新法优于旧法，激发了司法适用中的效力之争，同时也给律师制度的建设增添了重重障碍。

法律规范调整的不确定性，也给律师执业在民事责任和行政责任的风险管控上带来了更多的不确定性。

**2. 律师执业风险法律管控的发展变迁**

了解中国律师发展的业内人士都知道，"中国律师制度的标志就是 1980 年 8 月 26 日第五届全国人民代表大会常务委员会第十五次会议通过的《律师暂行条例》。1996 年 5 月 15 日，《律师法》审议通过，从而取代《律师暂行条例》，成为我国首部真正意义上针对律师群体制定的法律。在 2007 年、2012 年、2017 年，我国先后三次对《律师法》进行修正或修订，基本形成了覆盖律师执业和律师管理工作各方面、各环节的律师法律制度和配套规章体系。尽管如此，谁也无法否认其巨大的历史意义。可以说，《律师暂行条例》的颁布通过，既是我国改革开放四十年来的起点，更是我国律师制度恢复重建四十年来的起点"。[1]

随着《律师暂行条例》的颁布实施，新中国这才初步实现 1959 年国际法律学家会议提出的"为维护法治起见，应该有能自由处理其业务的有组织的法律职业……亦应有从事法律职业的管理条例"[2] 的要求。但是，

---

① 刘桂明：《中国律师四十年，谁是见证者？》，载《中国律所访谈：四十周年纪念版（上下册）》，法律出版社 2020 年版，第 3 页。

② 炽亚：《国际法律学家会议发表德里宣言》，载《现代外国哲学社会科学文献》1959 年第 5 期。

律师行业初创时期的《律师暂行条例》极其简单，仅对律师的任务和权利、律师资格、律师的工作机构等主要事项进行规定。其中，律师被定位为"国家的法律工作者"，律师的工作机构—法律顾问处被界定为"受国家司法行政机关的组织领导和业务监督的事业单位"。这样的法律环境反映出国家和社会对重建初期的律师的认识心理，"说明此时的中国社会仍然是国家和社会高度一元化的大一统社会：国家公权极度发达，民间私权依附或归并于国家公权"。[①] 因当时是恢复律师制度时期，律师是国家的法律工作者，律师的业务活动是依法执行职务的行为。在律师执业都不存在的情况下，律师执业风险规制管控也是不存在的。

1997 年，实施了十五年之久的《中华人民共和国律师暂行条例》升级为《中华人民共和国律师法》，后又经历了 2001 年、2007 年、2012 年和 2017 年四次修正或修订，律师被最终界定为"依法取得律师执业证书，接受委托或者指定，为当事人提供法律服务的执业人员"，律师的执业机构是律师事务所。特别是《中华人民共和国律师法》单设一章（即第五章）对律师协会进行规定，进一步明确律师协会是社会团体法人，是律师的自律性组织，司法行政部门依照律师法对律师、律师事务所和律师协会进行监督、指导。

（1）《中华人民共和国律师暂行条例》的颁布实施

1978 年 3 月 5 日，第五届全国人民代表大会第一次会议通过了经重新修改制定的第三部《中华人民共和国宪法》，恢复了审判公开和辩护制度。1979 年 9 月司法部重建，同年 12 月司法部发出一个关于恢复律师制度的通知。中国共产党第十一届中央委员会第三次全体会议之后，特别是 1979 年 7 月 1 日刑法、刑事诉讼法等基本法律的颁布，标志着中国的法制建设进入了一个新阶段。顺应时代的发展，《中华人民共和国律师暂行条例》在 1980 年 8 月 26 日召开的第五届全国人民代表大会常务委员会第十五次会议上获得通过，自 1982 年 1 月 1 日起施行，成为新中国第一部关于律师制度的立法。该条例肯定了律师工作的重要意义，明确了律师的性质和权益，有力地推动了律师工作的开展，新中国律师制度开始恢复并发展。

《中华人民共和国律师暂行条例》的条文也很少，只有短短的二十一

---

① 张志铭、于浩：《转型中国的法治化治理》，法律出版社 2018 年版，第 243 页。

条。但是,《中华人民共和国律师暂行条例》第十九条却专门对建立"律师协会"作出了规定,明确律师协会的主要任务和目的是"维护律师的合法权益,交流工作经验,促进律师工作的开展,增进国内外法律工作者的联系",律师协会被界定为"社会团体",组织章程由其自行制定。此时,虽然还没有明确实行律师行业自治,但律师协会的组建却已经无形之中为此做出了机构上的过渡。律师协会虽然没有"行业"二字,但实质上就是行业协会。律师协会制定的规范和惩戒规则被称为"行业规范和惩戒规则",这在 2007 年修订的《中华人民共和国律师法》中得以明确规定。可以说,《中华人民共和国律师暂行条例》的颁布和律师协会的组建是律师行业的法治发展之始。

(2) 1996 年首部《中华人民共和国律师法》的颁布实施

1986 年中华全国律师协会和各地律师协会陆续成立,标志着律师从此有了自己的行业协会,律师管理由司法行政机关单一管理延伸到和律师行业协会共同管理。同年开始实行律师资格考试认定制度,设定了律师执业的准入门槛。1989 年 4 月通过 1990 年 10 月 1 日开始施行的新中国第一部规范行政诉讼的专门法律《中华人民共和国行政诉讼法》,赋予中国律师在刑事和民事案件之外可以代理行政诉讼的新使命,律师行业角色重新定位的需求日趋强烈。随着改革开放的不断推进,1993 年国家司法部制定了《关于深化律师工作改革的方案》,提出"从用行政官员、行政级别的概念来界定律师的属性,逐步转变为面向社会、为社会服务的法律工作者""对律师的管理从过去完全由司法行政机关管理,向司法行政机关管理和律师协会管理相结合的模式转变,并创造条件过渡到由司法行政机关指导下的律师协会行业管理"[①] 等转变要求。1993 年 6 月,司法部报经国务院批准,律师事务所组织形式再由合作制发展到合伙制,允许律师实行自愿组合、自负盈亏、自我约束、自我发展的机制,充分调动了律师的积极性。1996 年 5 月 15 日,第八届全国人民代表大会常务委员会第十九次会议上通过首部《中华人民共和国律师法》,并于 1997 年 1 月 1 日起施行。

有学者研究指出,当今中国律师行业的发展运动及其趋势,表现为一个完整的社会化和行业化的进程:社会化是指在律师业与国家(相对于社

---

① 肖扬:《律师工作改革的重大突破:全国司法厅局长座谈纪要》,载《中国律师》1993 年第 8 期。

会）的关系上发生的以律师行业逐渐脱离对国家经费和编制的依赖，而行业化是指律师业与社会（包含国家）的关系上发生的以形成律师业自治自律的管理机制为目的。[①] 至此，律师行业的法治发展达到了迄今为止的高点，律师行业发展也达到了迄今为止的高点，且这个过程仍未完结。

1996 年颁布、1997 年 1 月 1 日施行的《中华人民共和国律师法》收紧了律师的准入制度，规定了律所设立的条件。对律师在执业活动中设定了违反禁止性行为的后果（第三十五条）：警告、停止执业三个月以上一年以下、没收违法所得；吊销律师执业证书；构成犯罪的，依法追究刑事责任等处罚规定。

（3）《中华人民共和国律师法》的修正和修订

2001 年 12 月 29 日第一次修正的《中华人民共和国律师法》，将律师资格由"全国统一考试"改为"国家统一的司法考试"；考试资格由"法学专科以上学历"改为"法律专业本科以上学历"（欠发达地区除外）。

2007 年 10 月 28 日第一次修订的《中华人民共和国律师法》改动较大，主要包括以下内容。

一是将"为社会提供法律服务"，改为"为当事人提供法律服务"。第三条第四款增加了"任何组织和个人不得侵害律师的合法权益"。第四条将"国务院司法行政部门"改为"司法行政部门"，意味着各级司法行政部门都有权依法对律师、律所、律协进行监督、指导。

二是第二章由"律师执业条件"改为"律师执业许可"，明确了律师执业许可制度。申请执业由"省级司法行政部门审核"，改为"向地市级司法行政部门申请，受理申请部门审查后送省级司法行政部门审核"（第六条）。增加了在法律服务人员紧缺领域从事专业工作满 15 年具有高级职称或同等专业水平的人员，经考核后准予执业（第八条）。增加了注销律师执业证书的规定（第九条）。将"国家机关的现职工作人员不得兼任执业律师"，改为"公务员不得兼任执业律师"（第十一条第一款）。增加了兼职律师申请条件和程序（第十二条）。

三是律师事务所设立条件增加了内容（设立人 3 年执业经历、未受处罚）；完善了合伙所设立条件和分类（第十五条）；取消了合作所的规定；

---

增加了设立个人律师事务所的规定（第十六条）；完善了律所申请的程序（第十七、十八条）；增加了国办所的规定（第二十条）；增加了律所终止的条文（第二十二条）；新增了律所应建立的各项管理制度内容，包括建立执业管理、利益冲突审查、收费与财务管理、投诉查处、年度考核、档案管理制度（第二十三条），这意味着律所管理体系有了基本的框架；新增了律所不得从事法律服务以外的经营活动（第二十七条）。

四是将委托人中的"公民"改为"自然人"（第二十八条第一项）。"聘请"改为"委托"（第二十八条第三项）。"聘请人"改为"委托人"（第二十九条），清晰了委托主体身份和委托关系。增加了律师担任辩护人的会见权及会见程序（第三十三条）。增加了律师调查取证权、申请证人出庭作证权（第三十五条）。增加了律师庭审豁免权、刑事涉案的通知权（第三十七条）。增加了保守当事人秘密的例外情形（第三十八条）。增加了代理行为涉利益冲突的禁止性规范（第三十九条）。执业禁止行为中增加了"与对方当事人或第三人恶意串通，侵害委托人的权益"（第四十条第三项），"以其他不正当方式影响法官、检察官、仲裁员以及其他工作人员依法办理案件"（第四十条第五项）。"提供虚假证据"修改为"故意提供虚假证据"（第四十条第六项）。增加了"煽动、教唆当事人采取扰乱公共秩序、危害公共安全等非法手段解决争议"（第四十条第七项）。删除了法律援助的章节，以第四十二条规定了律师法律援助的义务。

五是增加了地方律协章程制定和报备程序（第四十四条）。将律师"必须加入"地方律协，修改为律师"应当加入"地方律协（第四十五条）。增加了律协的职责，即"制定行业规范和惩戒规则"（第四十六条第三项）。增加了律协对律师执业活动进行考核的规定（第四十六条第四项）。增加了律协"组织管理申请律师执业人员的实习活动，对实习人员进行考核"（第四十六条第五项）。增加了律协"对律师、律师事务所实施奖励和惩戒"的权力（第四十六条第六项）。

六是增加了司法行政部门"罚款"的处罚内容，罚款金额最高可达10万元（第五条）；将"停止执业三个月以上至一年以下"的处罚规定，调整为按不同情形的三个月以下、三个月以上六个月以下和六个月以上一年以下的处罚，处罚事由11项增加到18项（第四十七、四十八、四十九条）。增加了处罚期后三年内不得担任合伙人的规定（第五十三条）；取消了行政复议和行政诉讼的规定条款。

2012 年 10 月 26 日第二次修正的《中华人民共和国律师法》，只修改了"律师的业务和权利、义务"章节中的内容，主要如下。

一是律师从事业务方面增加了刑事案件的"法律援助机构的指派"内容；删除了"为被逮捕的犯罪嫌疑人申请取保候审"的内容（第二十八条第三项），律师为当事人办理取保候审业务失去了法律授权。

二是刑事案件律师会见方面取消了"犯罪嫌疑人被侦查机关第一次讯问或者采取强制措施之日起"的文字表述，增加了"法律援助公函"的内容（第三十三条）；剥夺了律师在侦查环节介入刑事案件的权利。

三是刑事案件阅卷方面，将"受委托的律师自案件审查起诉之日起，有权查阅、摘抄和复制与案件有关的诉讼文书及案卷材料。受委托的律师自案件被人民法院受理之日起，有权查阅、摘抄和复制与案件有关的所有材料"修改为"律师担任辩护人的，自人民检察院对案件审查起诉之日起，有权查阅、摘抄、复制本案的案卷材料"（第三十四条）。这一规定将律师介入刑事案件的阅卷权时间限定在审查起诉之后。

四是删除了第三十七条"律师在执业活动中的人身权利不受侵犯。律师在法庭上发表的代理、辩护意见不受法律追究。但是，发表危害国家安全、恶意诽谤他人、严重扰乱法庭秩序的言论除外"的内容，将"律师在参与诉讼活动中因涉嫌犯罪被依法拘留、逮捕的，拘留、逮捕机关应当在拘留、逮捕实施后的二十四小时内通知该律师的家属、所在的律师事务所以及所属的律师协会"的规定，修改为："律师在参与诉讼活动中涉嫌犯罪的，侦查机关应当及时通知其所在的律师事务所或者所属的律师协会；被依法拘留、逮捕的，侦查机关应当依照刑事诉讼法的规定通知该律师的家属。"

2017 年 9 月 1 日第三次修正的《中华人民共和国律师法》，其修正的内容如下。

一是将"通过国家统一司法考试"修改为"通过国家统一法律职业资格考试取得法律职业资格"（第五条第二项）。

二是修改了"律师的业务和权利、义务"章节中的第三十七条，重新规定："律师在执业活动中的人身权利不受侵犯。律师在法庭上发表的代理、辩护意见不受法律追究。但是，发表危害国家安全、恶意诽谤他人、严重扰乱法庭秩序的言论除外。"第三十七条第一款和第二款基本上恢复2007 年修订的《中华人民共和国律师法》的规定，但第三十七条第三款保留了 2012 年修正的《中华人民共和国律师法》的规定。

2017 年修正的《中华人民共和国律师法》，应该是律师执业权益保障在立法上的一次回归。

## 二、律师执业风险行政管控的内容与发展变迁

### 1. 律师执业风险行政管控的内容

行政处罚风险是指执业律师或律师事务所在执业活动中违反法律、行政法规或行政规章所带来的处罚风险。行政处罚由地市级及以上的司法机关作出，也有可能由其他政府行政主管部门作出处罚（如中国证券监督管理委员会）。

第一，同时在两个以上律师事务所执业的风险。《律师法》第十条规定，律师只能在一个律师事务所执业。律师变更执业机构的，应当申请换发律师执业证书。《律师和律师事务所违法行为处罚办法》第五条规定，有下列情形之一的，属于《律师法》第四十七条第一项规定的律师"同时在两个以上律师事务所执业的"违法行为：一是在律所执业的同时又在其他律师事务所或者社会法律服务机构执业的；二是在获准变更执业机构前以拟变更律师事务所律师的名义承办业务，或者在获准变更后仍以原所在律师事务所律师的名义承办业务的。

《律师法》第四十七条第一项规定，律师有"同时在两个以上律师事务所执业的"行为的，由设区的市级或者直辖市的区人民政府司法行政部门给予警告，可以处五千元以下的罚款；有违法所得的，没收违法所得；情节严重的，给予停止执业三个月以下的处罚。

第二，以不正当手段承揽业务的风险。《律师法》第二十六条规定，律师事务所和律师不得以诋毁其他律师事务所、律师或者支付介绍费等不正当手段承揽业务。《律师执业管理办法》第三十三条第一款规定，律师承办业务，应当告知委托人该委托事项办理可能出现的法律风险，不得用明示或者暗示方式对办理结果向委托人作出不当承诺；第四十一条规定，律师应当按照有关规定接受业务，不得为争揽业务哄骗、唆使当事人提起诉讼，制造、扩大矛盾，影响社会稳定；第四十二条规定，律师应当尊重

同行，公平竞争，不得以诋毁其他律师事务所、律师，支付介绍费，向当事人明示或者暗示与办案机关、政府部门及其工作人员有特殊关系，或者在司法机关、监管场所周边违规设立办公场所、散发广告、举牌等不正当手段承揽业务。

《律师法》第四十七条规定，律师以不正当手段承揽业务的，由设区的市级或者直辖市的区人民政府司法行政部门给予警告，可以处五千元以下的罚款；有违法所得的，没收违法所得；情节严重的，给予停止执业三个月以下的处罚。

第三，在同一案件中为双方当事人担任代理人，或代理与本人及其近亲属有利益冲突的法律事务的风险。《律师法》第三十九条规定，律师不得在同一案件中为双方当事人担任代理人，不得代理与本人或者其近亲属有利益冲突的法律事务。《律师执业管理办法》第二十八条规定，律师不得在同一案件中为双方当事人担任代理人，或者代理与本人及其近亲属有利益冲突的法律事务。律师接受犯罪嫌疑人、被告人委托后，不得接受同一案件或者未同案处理但实施的犯罪存在关联的其他犯罪嫌疑人、被告人的委托担任辩护人。曾经担任法官、检察官的律师，不得担任原任职人民法院、人民检察院办理案件的诉讼代理人或者辩护人，但法律另有规定的除外。律师不得担任所在律师事务所其他律师担任仲裁员的案件的代理人。曾经或者仍在担任仲裁员的律师，不得承办与本人担任仲裁员办理过的案件有利益冲突的法律事务。

《律师法》第四十七条规定，律师在同一案件中为双方当事人担任代理人，或者代理与本人及其近亲属有利益冲突的法律事务的，由设区的市级或者直辖市的区人民政府司法行政部门给予警告，可以处五千元以下的罚款；有违法所得的，没收违法所得；情节严重的，给予停止执业三个月以下的处罚。

第四，私自接受委托、收取费用，接受委托人财物或其他利益的风险。《律师法》第二十五条第一款规定："律师承办业务，由律所统一接受委托，与委托人签订书面委托合同，按照国家规定统一收取费用并如实入账"；第四十条第一项规定，律师在执业活动中不得有"私自接受委托、收取费用，接受委托人的财物或者其他利益"的行为。

《律师法》第四十八条第一项规定，律师有"私自接受委托、收取费用，接受委托人的财物或者其他利益的"行为的，由设区的市级或者直辖市的区人民政府司法行政部门给予警告，可以处一万元以下的罚款；有违法所得的，没收违法所得；情节严重的，给予停止执业三个月以上六个月以下的处罚。

第五，接受委托后，无正当理由，拒绝辩护或代理，不按时出庭参加诉讼或仲裁的风险。《律师法》第三十二条规定，律师接受委托后，无正当理由的，不得拒绝辩护或者代理。《律师执业管理办法》第三十九条规定，律师代理参与诉讼、仲裁或者行政处理活动，应当遵守法庭、仲裁庭纪律和监管场所规定、行政处理规则，不得有"无正当理由，拒不按照人民法院通知出庭参与诉讼，或者违反法庭规则，擅自退庭"等妨碍、干扰诉讼、仲裁或者行政处理活动正常进行的行为。

《律师法》第四十八条第三项规定，律师有"接受委托后，无正当理由，拒绝辩护或者代理，不按时出庭参加诉讼或者仲裁的"行为的，由设区的市级或者直辖市的区人民政府司法行政部门给予警告，可以处一万元以下的罚款；有违法所得的，没收违法所得；情节严重的，给予停止执业三个月以上六个月以下的处罚。

第六，利用提供法律服务的便利牟取当事人争议的权益的风险。《律师法》第二条规定，律师应当维护当事人合法权益；第四十条规定，律师在执业活动中不得有"利用提供法律服务的便利牟取当事人争议的权益"的行为。

《律师和律师事务所违法行为处罚办法》第十二条规定，有下列情形之一的，属于《律师法》第四十八条第三项规定的律师"利用提供法律服务的便利牟取当事人争议的权益的"违法行为：一是采用诱导、欺骗、胁迫、敲诈等手段获取当事人与他人争议的财物、权益的；二是指使、诱导当事人将争议的财物、权益转让、出售、租赁给他人，并从中获取利益的。

《律师法》第四十八条第三项规定，律师有"利用提供法律服务的便利牟取当事人争议的权益的"行为的，由设区的市级或者直辖市的区人民政府司法行政部门给予警告，可以处一万元以下的罚款；有违法所得的，没收违法所得；情节严重的，给予停止执业三个月以上六个月以下的处罚。

第七，违反规定会见法官、检察官、仲裁员以及其他有关工作人员，或以其他不正当方式影响依法办理案件的风险。《律师法》第四十条规定，律师在执业活动中不得有"违反规定会见法官、检察官、仲裁员以及其他有关工作人员"的行为。

《律师法》第四十九条规定，律师有"违反规定会见法官、检察官、仲裁员以及其他有关工作人员，或者以其他不正当方式影响依法办理案件的"行为的，由设区的市级或者直辖市的区人民政府司法行政部门给予停止执业六个月以上一年以下的处罚，可以处五万元以下的罚款；有违法所得的，没收违法所得；情节严重的，由省、自治区、直辖市人民政府司法行政部门吊销其律师执业证书；构成犯罪的，依法追究刑事责任。

第八，向法官、检察官、仲裁员以及其他有关工作人员行贿，介绍贿赂或指使、诱导当事人行贿的风险。《律师法》第四十条规定，律师在执业活动中不得有"向法官、检察官、仲裁员以及其他有关工作人员行贿，介绍贿赂或者指使、诱导当事人行贿，或者以其他不正当方式影响法官、检察官、仲裁员以及其他有关工作人员依法办理案件"的行为。

《律师法》第四十九条规定，律师有"向法官、检察官、仲裁员以及其他有关工作人员行贿，介绍贿赂或者指使、诱导当事人行贿的"行为的，由设区的市级或者直辖市的区人民政府司法行政部门给予停止执业六个月以上一年以下的处罚，可以处五万元以下的罚款；有违法所得的，没收违法所得；情节严重的，由省、自治区、直辖市人民政府司法行政部门吊销其律师执业证书；构成犯罪的，依法追究刑事责任。

第九，向司法行政部门提供虚假材料或有其他弄虚作假行为的风险。《律师法》第四十九条规定的律师"向司法行政部门提供虚假材料或者有其他弄虚作假行为的"违法行为主要有下列三种情形：（1）在司法行政机关实施检查、监督工作中，向其隐瞒真实情况，拒不提供或者提供不实、虚假材料，或者隐匿、毁灭、伪造证据材料的；（2）在参加律师执业年度考核、执业评价、评先创优活动中，提供不实、虚假、伪造的材料或者有其他弄虚作假行为的；（3）在申请变更执业机构、办理执业终止、注销等手续时，提供不实、虚假、伪造的材料的。

《律师法》第四十九条规定，律师有"向司法行政部门提供虚假材料或者有其他弄虚作假行为的"等行为之一的，由设区的市级或者直辖市的区人民政府司法行政部门给予停止执业六个月以上一年以下的处罚，可以处五万元以下的罚款；有违法所得的，没收违法所得；情节严重的，由省、自治区、直辖市人民政府司法行政部门吊销其律师执业证书；构成犯罪的，依法追究刑事责任。

第十，故意提供虚假证据或威胁、利诱他人提供虚假证据，妨碍对方当事人合法取得证据的风险。《律师法》第四十条第六项规定，律师在执业活动中不得有"故意提供虚假证据或者威胁、利诱他人提供虚假证据，妨碍对方当事人合法取得证据"的行为。

《律师和律师事务所违法行为处罚办法》第十七条规定，有下列情形之一的，属于《律师法》第四十九条第四项规定的律师"故意提供虚假证据或者威胁、利诱他人提供虚假证据，妨碍对方当事人合法取得证据的"违法行为：（1）故意向司法机关、行政机关或者仲裁机构提交虚假证据，或者指使、威胁、利诱他人提供虚假证据的；（2）指示或者帮助委托人或者他人伪造、隐匿、毁灭证据，指使或者帮助犯罪嫌疑人、被告人串供，威胁、利诱证人不作证或者作伪证的；（3）妨碍对方当事人及其代理人、辩护人合法取证的，或者阻止他人向案件承办机关或者对方当事人提供证据的。

《律师法》第四十九条规定，律师有"故意提供虚假证据或者威胁、利诱他人提供虚假证据，妨碍对方当事人合法取得证据的"行为的，由设区的市级或者直辖市的区人民政府司法行政部门给予停止执业六个月以上一年以下的处罚，可以处五万元以下的罚款；有违法所得的，没收违法所得；情节严重的，由省、自治区、直辖市人民政府司法行政部门吊销其律师执业证书；构成犯罪的，依法追究刑事责任。

第十一，扰乱法庭、仲裁庭秩序，干扰诉讼、仲裁活动的正常进行的风险。《律师法》第四十条第八项规定，律师在执业活动中不得有"扰乱法庭、仲裁庭秩序，干扰诉讼、仲裁活动的正常进行"的行为。

《律师法》第四十九条规定，律师有"扰乱法庭、仲裁庭秩序，干扰诉讼、仲裁活动的正常进行的"行为的，由设区的市级或者直辖市的区人民政府司法行政部门给予停止执业六个月以上一年以下的处罚，可以处五万元以下的罚款；有违法所得的，没收违法所得；情节严重的，由省、自治区、直辖市人民政府司法行政部门吊销其律师执业证书；构成犯罪的，依法追究刑事责任。

第十二，不遵守监管场所规定的风险。《律师执业管理办法》第三十九条规定，律师代理参与诉讼、仲裁或者行政处理活动，应当遵守法庭、仲裁庭纪律和监管场所规定、行政处理规则，不得有下列妨碍、干扰诉讼、仲裁或者行政处理活动正常进行的行为：会见在押犯罪嫌疑人、被告人时，违反有关规定，携带犯罪嫌疑人、被告人的近亲属或者其他利害关系人会见，将通信工具提供给在押犯罪嫌疑人、被告人使用，或者传递物品、文件。

《律师和律师事务所违法行为处罚办法》第三十二条规定，律师有不遵守监管场所规定的违法行为的，由司法行政机关给予停止执业六个月以上一年以下的处罚，可以处五万元以下的罚款；有违法所得的，没收违法所得；情节严重的，吊销其律师执业证书；构成犯罪的，依法追究刑事责任。

第十三，发表危害国家安全、恶意诽谤他人、严重扰乱法庭秩序的言论的风险。《律师执业管理办法》第四十条规定，律师对案件公开发表言论，应当依法、客观、公正、审慎，不得发表、散布否定宪法确立的根本政治制度、基本原则和危害国家安全的言论，不得利用网络、媒体挑动对党和政府的不满，发起、参与危害国家安全的组织或者支持、参与、实施危害国家安全的活动，不得以歪曲事实真相、明显违背社会公序良俗等方式，发表恶意诽谤他人的言论，或者发表严重扰乱法庭秩序的言论。

《律师法》第四十九条规定，律师有"发表危害国家安全、恶意诽谤他人、严重扰乱法庭秩序的言论的"行为的，由设区的市级或者直辖市的区人民政府司法行政部门给予停止执业六个月以上一年以下的处罚，可以处五万元以下的罚款；有违法所得的，没收违法所得；情节严重的，由省、自治区、直辖市人民政府司法行政部门吊销其律师执业证书；构成犯罪的，依法追究刑事责任。

第十四，从事证券法律业务未勤勉尽责的风险。《证券法》第一百七十三条规定，证券服务机构为证券的发行、上市、交易等证券业务活动制作、出具审计报告、资产评估报告、财务顾问报告、资信评级报告或者法律意见书等文件，应当勤勉尽责，对所依据的文件资料内容的真实性、准确性、完整性进行核查和验证。我国《证券投资基金法》第一百零六条规定，律师事务所、会计师事务所接受基金管理人、基金托管人的委托，为有关基金业务活动出具法律意见书、审计报告、内部控制评价报告等文件，应当勤勉尽责，对所依据的文件资料内容的真实性、准确性、完整性进行核查和验证。证监会《律师事务所从事证券法律业务管理办法》第三条规定，律师事务所及其指派的律师从事证券法律业务，应当遵守法律、行政法规及相关规定，遵循诚实、守信、独立、勤勉、尽责的原则，恪守律师职业道德和执业纪律，严格履行法定职责，保证其所出具文件的真实性、准确性、完整性；第十二条规定，律师事务所及其指派的律师从事证券法律业务，应当按照依法制定的业务规则，勤勉尽责，审慎履行核查和验证义务；第十四条规定，律师在出具法律意见时，对与法律相关的业务事项应当履行法律专业人士特别的注意义务，对其他业务事项履行普通人一般的注意义务，其制作、出具的文件不得有虚假记载、误导性陈述或者重大遗漏。

《证券法》第二百二十三条规定，证券服务机构未勤勉尽责，所制作、出具的文件有虚假记载、误导性陈述或者重大遗漏的，责令改正，没收业务收入，暂停或者撤销证券服务业务许可，并处以业务收入一倍以上五倍以下的罚款。对直接负责的主管人员和其他直接责任人员给予警告，撤销证券从业资格，并处以三万元以上十万元以下的罚款。

《证券投资基金法》第一百四十三条规定，会计师事务所、律师事务所未勤勉尽责，所出具的文件有虚假记载、误导性陈述或者重大遗漏的，责令改正，没收业务收入，暂停或者撤销相关业务许可，并处业务收入一倍以上五倍以下罚款。对直接负责的主管人员和其他直接责任人员给予警告，并处三万元以上十万元以下罚款。

《律师事务所从事证券法律业务管理办法》第三十一条规定，律师、律师事务所从事证券法律业务有下列情形之一的，中国证监会及其派出机构可以采取责令改正、监管谈话、出具警示函等措施：一是未按照本办法第十二条的规定勤勉尽责，对所依据的文件资料内容的真实性、准确性、完整性进行核查和验证；二是未按照本办法第十三条的规定编制核查和验证计划；三是未按照本办法第十七条的规定要求委托人予以纠正、补充，或者履行报告义务；四是未按照本办法第二十二条的规定在法律意见中作出说明；五是未按照本办法第二十三条的规定讨论复核法律意见；六是未按照本办法第二十七条的规定履行告知义务；七是法律意见的依据不适当或者不充分，法律分析有明显失误；八是法律意见的结论不明确或者与核查和验证的结果不对应；九是未按照本办法第十八条的规定制作工作底稿；十是未按照本办法第十九条的规定保存工作底稿；十一是法律意见书不符合规定内容或者格式；十二是法律意见书等文件存在严重文字错误等文书质量问题；十三是违反业务规则的其他情形。第三十六条规定，律师事务所及其指派的律师从事证券法律业务，违反《证券法》和有关证券管理的行政法规，应当给予行政处罚的，由中国证监会依据《证券法》和有关证券管理的行政法规实施处罚；需要对律师事务所给予停业整顿处罚、对律师给予停止执业或者吊销律师执业证书处罚的，由司法行政机关依法实施处罚。第三十七条规定，律师事务所从事证券法律业务，未勤勉尽责，所制作、出具的文件有虚假记载、误导性陈述或者重大遗漏的，由中国证监会依照《证券法》第二百二十三条的规定实施处罚。第四十条规定，律师从事证券法律业务，违反《证券法》、有关行政法规和本办法规定，情节严重的，中国证监会可以依照《证券法》第二百三十三条的规定，对其采取证券市场禁入的措施。

**2. 律师执业风险行政管控的发展变迁**

（1）宏观管理时期

司法行政部门对律师的管理方式最初是宏观的、理性的制度建构。梳理自 1978 年以来与律师相关法律法规可以看出，中国律师业发展轨迹可分为三个阶段，即规模化建设阶段、规范化建设阶段，以及规模化、规范化、职业化同步建设阶段。

规模化建设阶段主要是恢复和发展律师队伍、增设法律服务机构，构建律师职业准入及律师职务等级的划分。

规范化建设阶段主要是规范律师执业行为，设立律师惩戒机构，强调律师职业道德和执业纪律，提倡律师专业化发展，拓展律师业务模式和类型，提出对职业群体素质的要求。

规模化、规范化、职业化同步建设阶段，提出了作为"社会主义法律工作者"的身份转换，对加快律师队伍建设和提高律师的专业化服务水平提出具体化的指导意见。

根据我国《律师法》的规定，司法行政机关依法对律师、律师事务所和律师协会进行监督、指导。依据《法官法》、《检察官法》、《律师法》

及有关部门规章,司法行政机关主要有以下管理权限。

第一,概括性的律师管理权。《律师法》第四条赋予了司法行政部门概括性的律师管理权,表明司法行政管理在律师管理体制中的主导地位。

第二,律师管理规章的制定权。司法部作为国务院组成部门,具有制定律师管理方面行政规章的权力。实践中,司法部先后颁布了一系列部门规章,涉及律师管理工作的各个方面,体现了司法行政机关在律师管理中的规章制定权。

第三,司法考试组织实施权。根据《法官法》第五十一条和《检察官法》第六十七条规定,国家建立统一的司法考试制度,由司法部会同最高人民法院和最高人民检察院共同来制定司法考试的实施办法,并由司法部负责实施。

第四,行政许可和资质管理权。申请律师执业、设立律师事务所,律师、律师事务所执业证注销,以及律师、律师事务所资质变更等方面,都需要司法行政机关许可或核准。

第五,行政处罚权。在《律师法》第六章"法律责任"中,凡是针对律师、律师事务所违法违规行为作出的较为严重的处罚决定,司法行政机关具有排他性的垄断权。如给予警告、罚款、没收违法所得、吊销执业证书和停止执业三个月以上一年以下的处罚等均由司法行政机关作出。

第六,律师事务所年度检查考核权。根据《律师法》第二十四条规定,律师事务所应当于每年的年度考核后,向设区的市级或者直辖市的区人民政府司法行政部门提交本所的年度执业情况报告和律师执业的考核结果。

第七,日常监督管理权。根据《律师执业管理办法》和《律师事务所管理办法》的规定,司法行政机关对律师、律师事务所执业活动具有日常监督管理权。

为履行对律师和律师事务所的监督管理职责,司法部先后制定了《律师执业管理办法》《律师事务所管理办法》《律师和律师事务所违法行为处罚办法》《司法行政机关行政处罚程序规定》等行政规章。司法部还印发了《关于建立健全律师执业社会监督制度的通知》《关于进一步加强律师监督和惩戒工作的意见》《关于进一步加强法律服务工作者违法违纪投诉查处工作的意见》等一系列规范性文件。

（2）《律师执业管理办法》的出台

2015 年 8 月，经中央批准，最高人民法院、最高人民检察院、公安部、司法部在北京联合召开全国律师工作会议，这在我国律师事业发展史上还是第一次，具有重要里程碑意义。2015 年 9 月，"两院三部"联合出台了《关于依法保障律师执业权利的规定》。为推动《规定》的有效落实，2016 年 3 月至 6 月，根据中央政法委部署，司法部组织开展了《规定》贯彻实施情况督查。从督查情况看，各地结合本地区实际研究出台实施细则，主要保障措施得到落实。律师执业管理工作不断强化。修订《律师执业管理办法》《律师事务所管理办法》，这两个《办法》已于 2016 年 9 月正式发布实施。同时，推动"两院三部"联合出台意见，进一步规范律师与司法人员、司法行政人员接触交往行为。

《中华人民共和国律师法》最初于 1996 年 5 月 15 日通过，先后历经 2001 年、2012 年、2017 年三次修正，以及 2007 年 10 月 28 日第十届全国人民代表大会常务委员会第三十次会议的修订。在 2007 年 10 月 28 日重新修订前，《律师法》规定了省级、设区的市级司法行政部门有权给予违法律师警告、停止执业三个月以上一年以下和没收违法所得的行政处罚。吊销律师执业证书由省级司法行政部门实施，县级以上司法行政部门有权责令没有取得律师执业证书，为牟取经济利益从事诉讼代理或者辩护业务的停止非法执业，没收违法所得，可以并处违法所得一倍以上五倍以下罚款。此时，律师的监管和处罚权的配置主要集中于省级和设区的市级。而目前，根据《律师法》规定的司法行政部门的行政处罚权，对律师违法行为的行政处罚种类包括警告、罚款、没收违法所得、停止执业、吊销律师执业证书五类，其中除吊销律师执业证书外的其他行政处罚权全部赋予设区的市级司法行政部门实施，而省级司法行政部门只负责吊销律师执业证书的实施。县级司法行政部门主要负责对律师进行日常监督管理，对投诉进行调查，对认为应当给予处罚的只有向上一级司法行政部门行政处罚建议权。因而《律师法》将对律师的管理分为三级，县级司法行政部门是最基层的律师行政管理部门。

《律师执业管理办法》于 2008 年 7 月 18 日以中华人民共和国司法部令第 112 号发布，经 2016 年 9 月 18 日司法部令第 134 号修订，其中第四章第二十四条至四十九条对律师执业行为进行规范，其规范内容包括：律师从事业务的范围；律师接受委托的方式和要求；委托关系中的利益冲突排除；办理委托事务的履职规范；尊重法庭和规范接触司法人员；不正当竞争的约束；规范律师收费行为；规范律师和律所之间的关系；接受司法行政机关的管理等。第五章规定了由县级司法行政机关受理对律师的举报和投诉，对律师的违法行为有处罚建议权，认为需要给予行业惩戒的，移送律师协会处理；设区的市级司法行政机关指导对律师重大投诉案件的查处工作，依职权对律师的违法行为实施行政处罚或认为应当给予吊销律师执业证书处罚的，向上一级司法行政机关提出处罚建议；省级司法行政机关实施吊销律师执业证书的处罚，监督、指导下一级司法行政机关的行政处罚工作，办理有关行政复议和申诉案件。修订后的第五十六条规定了司法行政机关、律师协会应当建立律师和律师事务所信息管理系统披露律师奖惩情况等。第五十九条新增规定了人民法院、人民检察院、公安机关、国家安全机关或者其他有关部门对律师的违法违规行为有提出予以处罚、处分的建议权。由此可见，律师违法违规行为的投诉查处和行政处罚的实施是分离的，分属不同层级的司法行政机关实施。

（3）《律师事务所管理办法》的出台

《律师事务所管理办法》于 2008 年 7 月 18 日由司法部令第 111 号发布；根据 2012 年 11 月 30 日《司法部关于修改〈律师事务所管理办法〉的决定》第一次修正；2016 年 9 月 6 日司法部令第 133 号修订；根据 2018 年 12 月 5 日《司法部关于修改〈律师事务所管理办法〉的决定》第二次修正。《律师事务所管理办法》主要是规范律师事务所的设立，加强对律师事务所的监督和管理。该办法明确规定了"律师事务所应当建立和完善党组织参与律师事务所决策、管理的工作机制"，"律师事务所应当建立健全执业管理和其他各项内部管理制度，规范本所律师执业行为，履行监管职责，对本所律师遵守法律、法规、规章、行业规范，遵守职业道德和执业纪律的情况进行监督，发现问题及时予以纠正"。

2010 年 4 月 8 日司法部发布《律师事务所年度检查考核办法》，对律师事务所进行年度检查考核，主要检查考核律师事务所遵守宪法和法律、履行法定职责、实行自律管理的情况，具体包括：一是律师队伍建设情况；二是业务活动开展情况；三是律师执业表现情况；四是内部管理情况；五是受行政奖惩、行业奖惩的情况；六是履行律师协会会员义务的情况；七是省、自治区、直辖市司法行政机关根据需要认为应当检查考核的其他事项。

该办法所称的"内部管理情况"，主要包括并可分解为下列事项：一是执业管理制度建立和实施的情况；二是收费管理、财务管理和分配管理制度建立和实施的情况；三是依法纳税的情况；四是建立执业风险、事业发展等基金及其使用的情况；五是管理聘用律师和辅助人员的情况；六是管理分支机构的情况；七是管理申请律师执业人员实习的情况；八是业务档案、律师执业档案建立和管理的情况；九是章程、合伙制度实施的情况。

（4）《律师和律师事务所违法行为处罚办法》的施行

第一，1996 年《律师法》颁布前的律师惩戒规定。1980 年 8 月 26 日通过的《中华人民共和国律师暂行条例》，标志着我国律师第一次有了一部专门法规来规范律师的职业行为。然而，该《暂行条例》仅对律师的任务和权利、资格、工作机构做简要的规定。律师有违反法律、法规、律师职业道德执业纪律的行为，处罚依据是司法部 1992 年《律师惩戒规则》。

《律师惩戒规则》规定了对律师实施处罚的主体是司法行政机关设立的律师惩戒委员会。律师惩戒委员会由执业律师、律师协会（已成立律师协会的地方）和司法行政机关的人员组成，委员由同级的司法行政机关任命。惩戒律师的处罚决定作出后，须经同级的司法行政机关批准生效。

该规则规定了处罚的种类有警告、停止执业三至六个月、停止执业六至十二个月、停止执业二年、取消律师资格 5 种，其中市级司法行政机关律师惩戒委员会实施警告、停止执业三至六个月、停止执业六至十二个月 3 类处罚权，省级司法行政机关律师惩戒委员会实施停止执业二年、取消律师资格 2 类处罚权。此时，惩戒的违法行为种类相对比较单一，如处以警告的情形有 3 类，处以停止执业三至六个月的情形有 4 类，处以停止执业六至十二个月的情形有 2 类，处以停止执业二年的情形有 2 类，取消律师资格的情形有 9 种。惩戒的事由也具有时代烙印，如受行政开除处分的则被取消律师资格。

被惩戒的律师不服惩戒委员的惩戒决定，可向上一级惩戒委员会申请复议，被取消律师资格的律师还可以向人民法院提起行政诉讼。此时，律师执业行为的处罚由律师惩戒委员会进行，律师协会的主要职责只是为了维护律师的合法权益，交流工作经验，促进律师工作的开展，增进国内外法律工作者的联系，并不涉及任何惩戒处分权。在此阶段，律师执行职务的工作机构是法律顾问处，属于国家事业单位性质，律师是国家的法律工作者，不仅有编制，而且享受政法干警的工资待遇，律师的管理还只是单纯的行政管理，对律师的惩戒主体是由单一的主体即律师惩戒委员会行使，惩罚的性质是行政处罚。

第二，1996年《律师法》颁布后的律师惩处规定。随着律师制度的改革，律师的身份从国家的法律工作者逐渐转变为为社会提供法律服务的执业人员，最终确定为为当事人提供法律服务的执业人员，律师管理制度也从行政管理走向"两结合"管理体制。1996年《律师法》颁布，根据1996年《律师法》第四十条的规定，律师协会已具有行业纪律处分的权力。律师"两结合"管理体制决定了律师惩处的二元主体。在律师行业管理中，惩戒律师的主体则有律师协会和司法行政部门。律师违反职业道德、执业纪律、法律法规、部门规章的行为，根据律师违法违规行为性质程度的不同，律师接受的处罚可能是交叉重叠的，律师可能同时承担刑事处罚、行政处罚、行业纪律处分三重不利后果，也可能同时承担行政处罚、行业纪律处分双重惩处，或仅承担行政处罚，或仅承担行业纪律处分。

《律师违法行为处罚办法》由司法部1997年第50号令发布，规定了律师有违法执业行为的给予警告、罚款、没收违法所得、停止执业、吊销执业证书五类行政处罚。《律师和律师事务所违法行为处罚办法》2004年5月1日施行后，该处罚办法同时废止。

《律师和律师事务所违法行为处罚办法》由司法部令第122号发布，自2010年6月1日起施行。对《律师法》中律师"同时在两个以上律师事务所执业的""以不正当手段承揽业务的""在同一案件中为双方当事人担任代理人，或者代理与本人及其近亲属有利益冲突的法律事务的"等违法行为的情形做了更为详细的规定，并对行政处罚的幅度进行规范。同时也规定了司法行政机关可以委托下一级司法行政机关或者违法行为发生地的司法行政机关进行调查，也可以委托律师协会协助进行调查。律师在停止执业处罚期间不得变更执业机构；在受到六个月以上停止执业处罚的，执行处罚的期间以及期满未逾三年不得担任合伙人等受到行政处罚的律师应承担的不利后果。

《司法行政机关行政处罚程序规定》由司法部令第 51 号发布实施，规定了司法行政机关行政处罚的一般程序：一是立案；二是调查取证；三是组织听证；四是出具处罚决定书。其中组织听证非必经程序，经被调查律师申请而组织。被处罚的律师对行政处罚不服的，有权依法申请行政复议或者提起行政诉讼。

随着这些律师执业行政管控体系的进一步完善，中国律师行业已进入"强监管"时代。

### 三、律师执业风险行业管控的内容与发展变迁

**1. 律师执业风险行业管控的内容**

（1）行业处分风险

行业处分风险是指执业律师或律师事务所在执业活动中违反行业自律规范所带来的纪律处分风险。行业处分由各级律师协会作出，也可能由其他行业协会作出纪律惩戒（如中国证券投资基金业协会）。

第一，利益冲突行为的风险。

中华全国律师协会《律师执业行为规范（试行）》第十三条规定，律师不得在同一案件中为双方当事人担任代理人，不得代理与本人或者其近亲属有利益冲突的法律事务；第五十条规定，办理委托事务的律师与委托人之间存在利害关系或利益冲突的，不得承办该业务并应当主动提出回避。中华全国律师协会《律师职业道德和执业纪律规范》第二十八条规定，律师不得在同一案件中为双方当事人担任代理人。同一律师事务所不得代理诉讼案件的双方当事人，偏远地区只有一家律师事务所的除外。

中华全国律师协会《律师协会会员违规行为处分规则（试行）》第二十条规定，具有直接的律师执业利益冲突行为之一的，给予训诫、警告或者通报批评的纪律处分；情节严重的，给予公开谴责、中止会员权利三个月以下的纪律处分。第二十一条规定，具有间接的律师执业利益冲突行为之一的，给予训诫、警告或者通报批评的纪律处分。

第二，代理不尽责行为的风险。

中华全国律师协会《律师执业行为规范（试行）》第七条规定，律师应当诚实守信、勤勉尽责，依据事实和法律，维护当事人合法权益；第三十六条规定，律师应当充分运用专业知识，依照法律和委托协议完成委托

事项，维护委托人或者当事人的合法权益；第四十一条规定，律师接受委托后，应当在委托人委托的权限内开展执业活动，不得超越委托权限；第四十六条规定，律师和律师事务所不得利用提供法律服务的便利，牟取当事人争议的权益；第四十七条规定，律师和律师事务所不得违法与委托人就争议的权益产生经济上的联系，不得与委托人约定将争议标的物出售给自己，不得委托他人为自己或为自己的近亲属收购、租赁委托人与他人发生争议的标的物。

律师"代理不尽责行为"主要有以下七种情形：一是超越委托权限，从事代理活动的。二是接受委托后，无正当理由，不向委托人提供约定的法律服务的，拒绝辩护或者代理的，包括不及时调查了解案情，不及时收集、申请保全证据材料，或者无故延误参与诉讼、申请执行，逾期行使撤销权、异议权等权利，或者逾期申请办理批准、登记、变更、披露、备案、公告等手续，给委托人造成损失的。三是无正当理由拒绝接受律所或者法律援助机构指派的法律援助案件的，或者接受指派后，拖延、懈怠履行或者擅自停止履行法律援助职责的，或者接受指派后，未经律所或者法律援助机构同意，擅自将法律援助案件转交其他人员办理的。四是因过错导致出具的法律意见书存在重大遗漏或者错误，给当事人或者第三人造成重大损失的，或者对社会公共利益造成危害的。五是利用提供法律服务的便利牟取当事人利益；接受委托后，故意损害委托人利益的。六是接受对方当事人的财物及其他利益，与对方当事人、第三人恶意串通，向对方当事人、第三人提供不利于委托人的信息、证据材料，侵害委托人的权益。七是为阻挠当事人解除委托关系，威胁、恐吓当事人或者扣留当事人提供的材料的。

根据中华全国律师协会《律师协会会员违规行为处分规则（试行）》第二十二、二十三条规定，对代理不尽责的给予训诫、警告或者通报批评的纪律处分；情节严重的，给予公开谴责、中止会员权利三个月以上一年以下或者取消会员资格的纪律处分。

第三，违规收案、收费行为的风险。

中华全国律师协会《律师执业行为规范（试行）》第八十九条规定，"律师承办业务，由律师事务所统一接受委托，与委托人签订书面委托合同，按照国家规定统一收取费用"；《律师职业道德和执业纪律规范》第十五条规定，"律师不得以个人名义私自接受委托，不得私自收取费用"。

中华全国律师协会《律师协会会员违规行为处分规则（试行）》第二十七条规定，违规收案、收费的，给予训诫、警告或者通报批评的纪律处分；情节严重的，给予公开谴责、中止会员权利一个月以上一年以下或者取消会员资格的纪律处分。第二十八条规定，假借法官、检察官、仲裁员以及其他工作人员的名义或者以联络、酬谢法官、检察官、仲裁员以及其他工作人员为由，向当事人索取财物或者其他利益的，给予公开谴责或者中止会员权利三个月以上六个月以下的纪律处分。

第四，不正当竞争行为的风险。

中华全国律师协会《律师执业行为规范（试行）》第十条规定，律师应当尊重同行，公平竞争，同业互助；第二十二条规定，律师和律师事务所在业务推广中不得为不正当竞争行为；第七十八条规定，律师和律师事务所不得采用不正当手段进行业务竞争，损害其他律师及律师事务所的声誉或者其他合法权益。

中华全国律师协会《律师协会会员违规行为处分规则（试行）》第二十九、三十条规定，具有不正当竞争行为的，给予训诫、警告或者通报批评的纪律处分；情节严重的，给予公开谴责、中止会员权利一个月以上一年以下或者取消会员资格的纪律处分。

第五，妨碍司法公正行为的风险。

中华全国律师协会《律师执业行为规范（试行）》第六十八条规定，律师在执业过程中，因对事实真假、证据真伪及法律适用是否正确而与诉讼相对方意见不一致的，或者为了向案件承办人提交新证据的，与案件承办人接触和交换意见应当在司法机关内指定场所；第六十九条规定，律师在办案过程中，不得与所承办案件有关的司法、仲裁人员私下接触；第七十条规定，律师不得贿赂司法机关和仲裁机构人员，不得以许诺回报或者提供其他利益等方式，与承办案件的司法、仲裁人员进行交易。律师不得介绍贿赂或者指使、诱导当事人行贿。

中华全国律师协会《律师协会会员违规行为处分规则（试行）》第三十一、三十二、三十三条规定，律师在执业过程中妨碍司法公正的，给予中止会员权利六个月以上一年以下的纪律处分；情节严重的给予取消会员资格的纪律处分。

第六，以不正当方式影响依法办理案件行为的风险。

中华全国律师协会《律师执业行为规范（试行）》第四十二条规定，律师接受委托后，无正当理由不得拒绝辩护或者代理或以其他方式终止委托；第六十四条规定，律师不得向司法机关或者仲裁机构提交明知是虚假的证据；第六十六条规定，律师应当遵守法庭、仲裁庭纪律，遵守出庭时间、举证时限、提交法律文书期限及其他程序性规定；第六十七条规定，在开庭审理过程中，律师应当尊重法庭、仲裁庭。

根据《律师协会会员违规行为处分规则（试行）》第三十四、三十五、三十六条的规定，对以不正当方式影响依法办理案件的行为给予中止会员权利六个月以上一年以下的纪律处分；情节严重的给予取消会员资格的纪律处分。

第七，不遵守监管场所规定行为的风险。

中华全国律师协会《律师职业道德和执业纪律规范》第二十三条规定，律师不得与犯罪嫌疑人、被告人的亲属或者其他人会见在押犯罪嫌疑人、被告人，或者借职务之便违反规定为被告人传递信件、钱物或与案情有关的信息。

中华全国律师协会《律师协会会员违规行为处分规则（试行）》第三十五条规定："不遵守监管场所规定，具有以下情形的，给予中止会员权利六个月以上一年以下的纪律处分；情节严重的给予取消会员资格的纪律处分：会见在押犯罪嫌疑人、被告人时，违反有关规定，携带犯罪嫌疑人、被告人的近亲属或者其他利害关系人会见。将通信工具提供给在押犯罪嫌疑人、被告人使用，或者传递物品、文件。"

第八，违反司法行政管理或行业管理行为的风险。

中华全国律师协会《律师协会会员违规行为处分规则（试行）》第三十七条规定："同时在两个律所以上执业的或同时在律师事务所和其他法律服务机构执业的，给予警告、通报批评或者公开谴责的纪律处分；情节严重的，给予中止会员权利一个月以上三个月以下的纪律处分。"第三十八条规定："不服从司法行政管理或者行业管理，具有以下情形之一的，给予中止会员权利六个月以上一年以下的纪律处分；情节严重的给予取消会员资格的纪律处分：（一）向司法行政机关或者律师协会提供虚假材料、隐瞒重要事实或者有其他弄虚作假行为的；（二）在受到停止执业处罚期间，或者在律所被停业整顿、注销后继续执业的；（三）因违纪行为受到行业处分后在规定的期限内拒不改正的。"

第九，发出的律师函用语不当行为的风险。

中华全国律师协会《律师执业行为规范（试行）》规定，律师不得有产生不良社会影响、有损律师行业声誉的行为。律师发出的律师函所表达的观点如果没有事实和法律依据，形成律师函用语不当，可能引发投诉或承担民事责任或承受律师协会惩戒的风险。

中华全国律师协会《律师协会会员违规行为处分规则（试行）》第三条规定，律师的行为不得违反公序良俗。发出的律师函用语不当，有可能是委托权力的滥用，如情节严重则会被律师协会惩戒。

第十，出庭时不按规定着装的风险。

中华全国律师协会《律师出庭服装使用管理办法》第二条规定，律师担任辩护人、代理人参加法庭审理，必须穿着律师出庭服装；第十三条规定，对违反本办法的，参照全国律协《律师协会会员处分规则》，由律协予以训诫处分，情节严重者，予以通报批评。最高人民法院《人民法院法庭规则》第十二条规定，出庭履行职务的人员，按照职业着装规定着装；第二十四条规定，律师违反本规则的，人民法院可以向司法行政机关及律师协会通报情况并提出处理建议。

中华全国律师协会《律师协会会员违规行为处分规则（试行）》第四十一条规定，有其他违反法律、法规、规章和行业规范的行为，依据本规则给予相应的纪律处分。

（2）民事责任风险

律师执业民事责任的含义，是指接受委托人委托的律师，因为自身的过错或违法执业而损害当事人或相对人的合法权益后，先由律师事务所进行赔偿而后再向有过错律师进行追偿的一种民事责任。

第一，提起诉讼前未全面了解案件情况，或未向当事人全面披露法律风险的风险。《律师执业管理办法》第三十三条第一款规定："律师承办业务，应当告知委托人该委托事项办理可能出现的法律风险。"律师承担的是专家责任，全面了解案件情况并将案件可能存在的法律风险向委托人全面披露，是受托律师应尽的义务。

第二，未及时提起起诉导致超过诉讼时效的风险。《律师执业行为规范（试行）》第三十八条规定："律师应当严格按照法律规定的期间、时效以及与委托人约定的时间办理委托事项。"

第三，诉讼策略选择不当导致案件被撤诉或驳回的风险。《律师执业行为规范（试行）》第三十六条规定："律师应当充分运用专业知识，依照法律和委托协议完成委托事项，维护委托人或者当事人的合法权益。"

第四，提起起诉时诉讼请求（诉请金额）不当或一审法庭辩论终结前未及时根据新的法律、政策规定调整诉讼请求（诉请金额）的风险。《律师执业行为规范（试行）》第三十六条："律师应当充分运用专业知识，依照法律和委托协议完成委托事项，维护委托人或者当事人的合法权益。"

第五，未按时出庭参加诉讼或仲裁的风险。《律师和律师事务所违法行为处罚办法》第十一条第三款明确提出，"委托人不履行委托合同约定义务的"，属《律师法》规定的违法行为；同时应承担违约的合同责任。

第六，遗失、损坏当事人重要证据材料原件的风险。《律师执业行为规范（试行）》第四十条规定："律师应谨慎保管委托人或当事人提供的证据原件、原物、音像资料底版以及其他材料。"

第七，律师庭审中发表言论不当的风险。《律师职业道德和执业纪律规范》第十九条规定："律师出庭时按规定着装，举止文明礼貌，不得使用侮辱、谩骂或诽谤性语言。"

第八，未经当事人同意擅自进行转委托或撤诉，或超越授权范围为当事人进行调解的风险。《律师执业行为规范（试行）》第五十六条规定："未经委托人同意，律师事务所不得将委托人委托的法律事务转委托其他律师事务所办理。但在紧急情况下，为维护委托人的利益可以转委托，但应当及时告知委托人。"针对转委托事项，《民法典》第一百七十一条第一款规定："行为人没有代理权、超越代理权或者代理权终止后，仍然实施代理行为，未经被代理人追认的，对被代理人不发生效力。"

第九，未及时向当事人送达判决文书或缴费通知单导致丧失上诉权的风险。《律师执业行为规范（试行）》第三十八条规定："律师应当严格按照法律规定的期间、时效以及与委托人约定的时间办理委托事项。"

第十，未在法定期限内替当事人向法院申请强制执行的风险。《律师执业行为规范（试行）》第三十八条规定："律师应当严格按照法律规定的期间、时效以及与委托人约定的时间办理委托事项。"

第十一，提供非诉法律服务（房产抵押合同审查、咨询回复意见等），未尽到合理审查、注意义务或违反法律规定的风险。《律师执业行为规范（试行）》第七条规定："律师应当诚实守信、勤勉尽责，依据事实和法律，维护当事人合法权益，维护法律正确实施，维护社会公平和正义。"

第十二，发表律师声明等内容与客观事实不符，或接受媒体采访伪称代理名案的风险。《律师执业行为规范（试行）》第七条规定："律师应当诚实守信、勤勉尽责，依据事实和法律，维护当事人合法权益，维护法律正确实施，维护社会公平和正义。"

**2. 律师执业风险行业管控的发展变迁**

律师协会的行业管理是律师管理体制的重要组成部分。在一些西方发达国家，律师协会充当着律师管理的重要角色。根据《中华人民共和国律师法》规定，律师协会是律师的自律性组织，属于社会团体法人。这说明，律师协会的性质既不是国家机关，也不是事业单位，而是一种行业性的社会团体法人。律师协会是非营利性组织，不以营利为目的，它既是管理和组织依法执业的机构，又是律师自我教育、自我管理、自我约束的自律性组织。1986年，中华全国律师协会成立并通过了《中华全国律师协会章程》，标志着自律性的律师协会在我国正式诞生。1996年《律师法》设专章对律师协会进行了规定，这是我国第一次将律师协会的地位、职责等内容上升到法律高度。2007年修订后的《律师法》，增加了律师协会制定行业规范和惩戒规则、对律师执业活动进行考核、管理实习人员等职能，赋予了律师协会更多的行业管理职能。

对于律师协会的行业管理职能，《律师法》第四十六条作出了规定，主要包括以下几个方面：第一，组织律师进行工作经验交流，并对工作经验加以总结；第二，对律师进行培训和教育，提高律师的业务水平、执业纪律意识和道德意识；第三，负责考核律师的执业活动；第四，依法制定律师惩戒规则和行业规范；第五，对实习律师进行管理和考核；第六，处理律师的申诉和他人对律师的投诉，对律师执业中发生的一些纠纷进行调解；第七，根据具体情况，惩戒或者奖励律师和律师事务所；第八，依法维护律师合法权益，对律师的执业活动依法进行保障。

我国第一部律师行业规范应该从1990年11月12日司法部颁布的《律师十要十不准》算起。此后，我国又公布了四部行业性规范：《律师职业道德和执业纪律规范》（司法部，1993年12月27日）、《律师职业道德和执业纪律规范》（全国律协 1996 年 10 月 6 日通过，2001 年 11 月 26 日修正）、《律师执业行为规范（试行）》（2004 年 3 月 20 日通过，2009 年 12 月 27 日修订，2017 年 1 月 8 日通过）、《律师协会会员违规行为处分规则（试行）》（1999 年 12 月 18 日通过，2004 年 3 月 20 日修订，2017 年 1 月 8 日修订）。从这一发展过程中，可以发现我国律师行业规范实际上经历了从无到有、从粗略到精细、从行政主导到行业主导的过程。如果将律师行业行为规范置于改革开放四十多年来的现代化背景之中，这种规范的变迁实际上一方面源于行业本身环境的剧烈变革，另一方面也是这种激烈变革所必然带来的价值诉求及其制度保障。

要理解中国律师行业规则的这种变迁及其含义，我们必须从促成这种变迁并赋予其含义的时代背景谈起。当代中国律师这个行业发展变迁的最大背景便是律师业的"脱钩改制"。

不过，真正大规模的改制还是从 1988 年司法部下发《合作制律师事务所试点方案》开始的。律师事务所组织形式上的变化为原有的行业行政管理体制带来了挑战，因为改制后的律师事务所成了独立核算、自负盈亏的独立主体（《合作制律师事务所试点方案》第十九条），传统的司法行政管理模式显然已经无法适应这样的运作要求。1992 年党的十四大报告中将法律、会计审计咨询等纳入第三产业，根据这一精神，1993 年国务院批准了《司法部关于深化律师工作改革的方案》，该方案明确将律师定位为为社会服务的法律工作者，并确立了多种形式的律师事务所组织形式，以及司法行政机关的行政管理与律师行业管理相结合的行业管理体制。这个方案基本上确立了中国律师业此后数十年的改革走向。

1995 年 7 月召开的第三次全国律师代表大会是律师行业管理进入实质性阶段的重要事件，在此次代表大会上，律师行业选举产生了全部由执业律师组成的理事会和领导班子。1996 年，全国律协便颁布了《律师职业道德和执业纪律规范》，这一规范取代了原来司法部颁布的行业规范，标志着我国律师行业行为规范进入了名副其实的建设性阶段。①

中华全国律师协会制定了《中华全国律师协会章程》《律师执业行为规范》《律师职业道德和执业纪律规范》《律师协会会员违规行为处分规则

---

① 吴洪淇："从纪律到规则：律师行业规范的演进逻辑"，载《法治研究》2009 年第 3 期。

（试行）》等一系列行业规范之后，各地方律师协会也制定了相应的规范细则。

（1）中华全国律师协会章程的发展变迁

《中华全国律师协会章程》最初由 1986 年 7 月 7 日第一次全国律师代表大会通过，在《律师法》颁布前还经历了 1991 年、1995 年两次修正。

《律师法》颁布后的 1999 年 4 月 28 日，第四次全国律师代表大会制定通过了新的《中华全国律师协会章程》。后经历了 2002 年（第五次）、2008 年（第六次）、2011 年（第七次）、2016 年（第八次）、2018 年（第九次）和 2021 年 10 月 14 日第十次律师代表大会的六次修订。《中华全国律师协会章程》是律师行业总的纲领，其中第七条关于律师协会的职责增加了一项，即"加强律师行业管理，规范律师执业行为"，并且将此项作为律师协会的第一职责。

（2）律师执业行为规范的发展变迁

律师执业行为规范是指律师作为特定的法律职业群体在执业过程中所应遵循的规则。其内容主要包括：律师与委托人的关系规范，律师与对方当事人及其律师关系规范，律师与法官、检察官和仲裁员关系规范，律师与同行关系规范，律师与执业机构及行业组织关系规范，律师业务宣传规范，律师形象规范，等等。其目的在于规范律师的执业行为，维护律师执业市场秩序；同时也使当事人的权益得到保障，并确立律师职业群体良好的社会形象。

中华全国律师协会《律师执业行为规范（试行）》于 2004 年审议通过，经 2009 年、2017 年两次修订并试行，是规范律师执业行为的指引，是评判律师执业行为的行业标准，是律师自我约束的行为准则。

《律师执业行为规范（试行）》对律师执业的基本行为、业务推广行为、与委托人或当事人的关系、参与诉讼或仲裁、与其他律师的关系、与所任职的律师事务所关系、与律师协会关系七个方面的执业活动行为进行了详尽规范。其中，与委托人或当事人关系及参与诉讼或仲裁的行为规范为重中之重，尤其是利益冲突审查、尊重法庭与规范接触司法人员两节对其进行了更加详细的规定。执业律师若违反本规范的强制性规范的，律师管理部门将依规予以惩处。

律师执业要处理好以下关系：

一是律师执业行为规范与律师执业规范的关系。律师执业规范是指律师业务活动指引，诸如律师办理各类诉讼和非诉讼业务的工作方式、程序和基本要求。

律师执业行为规范和律师执业规范都是律师在执业活动过程中所应当遵循的规则，均与当事人的利益保护相关。但律师执业规范主要是律师的业务活动示范性规则，使律师的业务活动符合一定的标准，能达到基本的质量要求。

二是律师执业行为规范与律师职业道德的关系。职业道德是指一定行业从业人员在职业活动中应当遵循的道德规范，以及应当具备的道德观念、道德情操和道德品质。职业道德作为一种社会规范，是社会道德的重要组成部分，是一定社会的道德原则和规范在职业行为和职业关系中的特殊表现。相对于一般的社会道德，职业道德的职业规范性更强，且与一定职业的本质属性有着紧密的联系，体现了从事一定职业所必须遵循的一些规律。

律师执业行为规范的意义，绝不仅仅在于约束律师的行为，更在于能维护律师的合法权益。因为律师执业行为规范作为律师的行为标准，实际上也为解决律师和当事人之间可能发生的冲突提供了一个依据和尺度。在遇到当事人对律师提供的服务不满进行投诉时，只要律师遵守了职业道德和执业行为规范，就可以避免和化解相应的风险。

（3）律师职业道德和执业纪律规范的发展变迁

《律师职业道德和执业纪律规范》由中华全国律师协会于 2001 年 11 月 26 日颁布实施，规定了律师的职业道德基本准则，律师在执业机构中，在诉讼、仲裁活动中，在与委托人、对方当事人，在与同行之间等四个方面执业活动中的纪律准则，是律师都应当遵守的道德纪律守则。但由于该规范既包含禁止性规范，也包含任意性规范，违反前者将依惩戒规则处分，后者则属自律范畴。因此，《律师职业道德和执业纪律规范》在某种意义上，既是规制管控，也是非规制管控。如第八条规定："律师应当严守国家机密，保守委托人的商业秘密及委托人的隐私。"律师违反这条规定，严重一点的，可能触犯刑律受到刑事处罚；轻一点也是有违律师执业行为规范，应受到律师惩戒处分。

（4）律师协会会员违规行为处分规则的发展变迁

《律师协会会员违规行为处分规则（试行）》于 1999 年通过，经 2004 年、2017 年二次修订。该处分规则是地方律师协会进行行业纪律处分的主要依据，规定了律师协会设立的惩戒委员会负责对律师违规行为进行处分。2017 年的修订将律师协会的惩戒委员会组成人员修改为具有八年以上执业经历和相关工作经验，或者具有律师行业管理经验，熟悉律师行业情况的人员组成。根据工作需要，还可聘请相关领域专家担任顾问。复查委员会则由业内和业外人士组成。业内人士包括执业律师、律师协会及司法行政机关工作人员，业外人士则包括法学界专家、教授和司法机关或其他机关、组织的有关人员。修改后的律师协会惩戒委员会的组成人员条件要求更为严格，涉及职业范围也更广。

《律师协会会员违规行为处分规则（试行）》规定了律师的行业处分种类有：训诫、警告、通报批评、公开谴责、中止会员权利一个月以上一年以下、取消会员资格六种，此次修订增加了警告与中止会员权利一个月以上一年以下两个种类。其中前五类处分可由省级或设区的市级律师协会作出，取消会员资格则只能由省级律协作出。《律师协会会员违规行为处分规则（试行）》将违规行为细分为利益冲突行为，代理不尽责行为，泄露秘密或者隐私的行为，违规收案、收费的行为，不正当竞争行为，妨碍司法公正的行为，以不正当方式影响依法办理案件的行为，违反司法行政管理或者行业管理的行为等八类。

律师协会作出处分的一般程序：①惩戒委员会受理立案；②惩戒委员会调查；③通知律师到会陈述、申辩；④组织听证；⑤作出处分决定；⑥签发执行；⑦送达。其中组织听证属非必经程序，经被投诉调查的律师申请或惩戒委员会认为有必要的则组织听证。被处分律师不服处分决定，可向复查机构申请复查。

各省律师协会制定的省律师协会会员处分细则，是对中华全国律师协会《律师协会会员违规行为处分规则（试行）》的具体补充和完善。对处以训诫、通报批评、公开谴责的违规行为予以区分。详细规定应处以训诫、通报批评、公开谴责、取消会员资格的情形，以及可以从轻、减轻或免予处分或应予以从重处分的适用条件，使得律师协会的行业纪律处分具有更加明确的操作性。

律师行业惩戒是律师协会的一项法定职责，也是实现行业自律管理的重要手段，其产生发展与律师协会的发展变迁紧密相连。自中华人民共和国成立以来，律师行业惩戒和律师协会的变迁分为四个阶段。

第一阶段为停滞阶段（1949年至1978年）。1949年中华人民共和国成立到1957年，新中国曾经尝试建立人民律师制度，取得了一些成效。但在反右运动中，律师制度受到了严厉批判，此后，就基本上处于发展停滞状态，没有衍生出律师惩戒制度。

第二阶段为探索及初步构建阶段（1979年至1996年）。1979年9月，司法部恢复设立。同年12月，司法部发出《关于律师工作的通知》，明确宣布恢复律师制度。1980年，全国人民代表大会常务委员会发布《中华人民共和国律师暂行条例》。该条例规定了律师严重不称职的取消律师资格的惩罚方式。同时授权司法部对于律师奖惩制度给予规范。1992年司法部发布《律师惩戒规则》，对包括惩戒对象、惩戒事由、惩戒种类、各惩戒种类的具体符合情形、减轻或加重情节、惩戒权分配、惩戒机构设立及人员组成、从投诉立案到作出惩戒决定的惩戒程序等进行了详细的规定，基本建立了行政类律师惩戒制度。1993年司法部发布《律师职业道德和执业纪律规范》，首次明确律师协会作为律师执业的监管主体，与司法行政机关一同定位为律师执业的监督者，但并没有赋予律师协会惩戒权。1993年底，司法部向国务院提交了《关于深化律师工作改革的方案（送审稿）》，该方案提出"建立司法行政机关的行政管理与律师协会行业管理相结合的管理体制"，律师行政管理和行业管理"两结合"的管理模式浮出水面。

第三阶段为成型发展阶段（1996年至1999年）。1996年5月通过的《律师法》，对律师和律师事务所行政处罚作出了较为详细的规定，并对律师协会的行业处分作出了授权性的规定。1997年1月31日，司法部出台了《律师违法行为处罚办法》，对《律师法》有关律师惩戒制度的内容进行了具有可操作性的规定，并对律师及律师事务所惩戒的具体情形进行了扩充。与此同时，1992年的《律师惩戒规则》废止。同年2月13日，司法部又出台了《司法行政机关行政处罚程序规定》，对包括律师惩戒的行政处罚作出了程序性规定。1999年4月28日，第四次全国律师代表大会通过《中华全国律师协会章程》，对会员的行业处分作出了较为完整的规定。同年 12 月 18 日，第四届中华全国律师协会常务理事会第五次会议通过《律师协会会员违规行为处分规则（试行）》（2004 年 3 月 20 日第五届全国律协常务理事会第九次会议进行了修订），规定了律师惩戒从重从轻处分情节、各级律师协会之间根据处分种类划分不同的处分权限、处分的实施、受理和立案调查、处分的决定和听证程序等较为完备的处分内容。2004 年《司法部关于进一步加强律师监督和惩戒工作的意见》明确司法行政机关拥有对律师的"行政处罚权"，律师协会拥有对律师的"行业处分权"。至此，我国基本确立了律师惩戒的制度框架：以司法行政机关为主导，律师协会为主体的"两结合"模式。①

第四阶段为深化完善阶段（2007 年至今）。2007 年新《律师法》第四十六条明确规定，律师协会的职责包括"制定行业规范和惩戒规则"，以及"对律师、律师事务所实施奖励和惩戒"，将律师协会对律师的监督权从"行业处分权"上升为"惩戒权"。2013 年中华全国律师协会发布了《全国律协关于进一步加强和改进律师行业惩戒工作的意见》，就完善律师行业惩戒工作机制提出系列要求，构建起了整体性的行业惩戒制度框架。2017 年中华全国律师协会修订出台《律师协会会员违规行为处分规则（试行）》，对惩戒委员会委员的资格作出了规定，细化完善了律师行业惩戒工作程序，并在 2004 年版《律师协会会员违规行为处分规则（试行）》规定的训诫、通报批评、公开谴责、取消会员资格等四种处分类型基础上新增了警告、中止会员权利一个月以上一年以下这样两种处分类型，增加了处分种类的梯度，使律师协会对律师违规行为进行处分时更加灵活。司法部和全国律协随后又印发了《司法部关于加强律师违法违规行为投诉处理工作的通知》《司法部、中华全国律师协会关于进一步加强律师惩戒工作的通知》，进一步完善了律师惩戒制度，特别是对律师协会的行业惩戒机制进行了较为详尽的细化规定，推动"两结合"模式不断优化，律师行业惩戒制度不断健全完善。

我国律师行业惩戒制度是在"两结合"模式之下的一种制度设计，有其明显的优势和特点。

一是惩戒机制有梯度。我国律师惩戒包含了司法惩戒、行政惩戒和行

---

① 朱敏敏：《我国律师惩戒制度回顾与发展趋势探析》，载《公安学刊（浙江警察学院学报）》2017 年第 2 期。

业惩戒三种类型，形成了具有中国特色的惩戒体系。[①] 在这个体系中，律师违法违纪执业行为，根据性质不同，面临着刑责、民责、行政处罚、行业处分四种类型三个层次的处分，呈梯度分布，层次分明。行业惩戒挺在前面，有利于发挥行业纪律的威慑力和惩戒警示作用。

二是管理资源有层次。我国律师惩戒制度中，运用了司法、行政和行业三种管理资源，分别依托司法强制力、行政权威和行业自律力量，资源调度广泛、配置合理，有利于实现律师惩戒科学合理、精准高效。

三是作用发挥有侧重。"两结合"模式下，司法惩戒重在对律师违法行为侵害的社会关系进行修复平衡；行政惩戒是司法行政机关对律师较为严重的违规执业行为进行规制，重在对律师服务活动的合规性合法性进行保护；行业惩戒是律师协会运用行业自律机制对律师违规违纪行为进行纪律处分，重在对行业秩序和律师执业操守原则的保护。三者联动，推动律师执业规范发展。[②]

在律师协会的职责上，应当考虑现行律师协会的公共性与合意性两方面的性质，以律师协会的规制职责为首要任务，构建职责系统、全面，各职责界限合理清晰的职责体系。

优化的核心，是突出律师协会的行业规制功能。行业规制功能与内部行政服务功能合理区分，保证行业规制模块具有相对的独立性。律师协会的行业规制功能具有公共性，是律师协会代表国家对律师行业进行管理的体现。因此，律师协会的行业规制功能应当超越律师行业本身的利益。然而，这种功能与律师协会体现会员合意的行业服务、行业代表等功能具有一定的利益冲突。如果没有适当的运作框架，就可能出现"规制者为被规制者所俘获（regulatory capture by the regulated）"的问题。因此，"律师协会的行业规制功能，应当考虑裁决权主体的广泛性，吸收社会各界人士参与，并由裁决主体执行最终的裁决权，以保证行业规制的相对独立性和行业管理的有效性，从而为司法行政机关行政处罚与律师协会行业纪律处罚的统一化创造条件"。[③]

---

① 朱德堂：《新时代律师惩戒体系与行业惩戒的完善》，载《中国司法》2018 年第 7 期。
② 曹扬文、宫照军、张玮：《中国特色律师行业惩戒模式研究——"两结合"管理体制下完善律师行业惩戒制度的思考》，载《中国司法》2019 年第 11 期总第 239 期。
③ 王进喜：《律师管理体制比较研究》，中国法制出版社 2021 年版，第 226～227 页。

律师协会惩戒行为的独立性是需要重点提及的部分，目前"两结合"管理模式造成了律师职业行为法的重叠、真空，律师协会管理手段软弱等问题。① 因此，针对律师协会的惩戒行为需要突出其独立性，而非与司法行政机关过多重合，这样不仅不利于对律师的科学管理，也会导致行政的过多干预。行业组织自治性管理，有其特殊的管理优势。惩处行为只是小范围的警示，比起行政机关的警告，性质上较轻，有利于惩戒后当事人心理的重建。律师协会只针对律师群体，比司法行政机关管理范围上更窄，更能够量体裁衣地对待律师群体存在的问题和不足。"术业有专攻"的管理模式也会促进管理模式的长效发展，当某些行为并未影响到公共利益，对行政管理秩序没有过多影响的情形下，律师协会独立处理会员事项使得行业成员拥有更多的安全感、归属感，能够更好地凝聚精神形成健康积极的协会发展环境，而非让会员以为律师协会只是扮演着司法行政机关的辅助角色，破坏协会成员与协会之间和谐信任的关系形成。②

司法实践中，关于律师惩戒行为的认定一直处于争论状态，其主要原因是对于同一个律师行为有律师协会和司法行政机关两个主体对其管制、处罚。其中，律师协会的管制行为还需要受到司法行政机关的影响。这样重合的惩戒机制不利于有效区分自治管理和行政管理之间的权责划分，在司法审查中也无法很好地界定律师协会惩戒行为的属性，使得控辩双方往往忽略实质问题，只就律师协会惩戒行为可诉性争论不休，法院大部分判决最后也只根据惩戒行为是否可诉下结论。律师协会惩戒行为不可诉，已经成为每一个作为被告的律师协会不约而同采取的法庭"战术"，这不仅不利于律师协会自治组织的积极健康发展，容易形成律师协会逃避责任的不良风气，使得会员对于自治组织丧失信任；也不利于和谐的律师管理制度构建。"法律职业的成长历史，就是一部寻求自治和独立的历史，实践证明，正是这种特殊的地位和机制，促进了西方近代法治和文明的发展。"因此，明确管理主体各自的职责，加强律师协会惩戒行为的独立性，对于在司法审判中的判决标准确立，对于律师协会明确自身责任，加强律师群体的保护，都是大有裨益的。

---

① 王进喜：《论〈律师法〉修改的背景、原则和进路》，载《中国司法》2017 年第 11 期。
② 谭九生：《职业协会惩戒权边界之界定》，载《法学评论》2011 年第 4 期。

## 四、律师执业风险自我管控的内容与发展变迁

### 1. 律师执业风险自我管控的内容

律师执业风险自我管控的主体是律师事务所，其自我管控的突出表现，又集中于大中型律所的自我管控。[①]

（1）大中型律所的市场风险与管理风险

第一，律师事务所持续发展战略环境的主要风险因素。

一是行政规范和政策变动带来的风险。国家、产业或行业相关政策的变化和限制，影响企业发展并传导或改变法律服务市场的发展方向，可能导致律师事务所持续发展绩效达不到预期目标。

二是行业市场环境方面的风险。行业的盈利水平、市场的变迁和市场竞争强度的变化，都会对律师事务所发展战略的定位、业绩和竞争优势产生影响。律师事务所的竞争对手的战略选择与战略调整，也会影响律师事务所的战略。服务价格变动、资源的可获得性或者市场准入门槛，则会导致更高或更低的资本成本及新竞争者。

三是专业化发展方面的风险。律师事务所专业环境的发展和变化，将直接影响律师事务所实现战略目标和业绩，影响律师事务所的战略重点、竞争优势和发展模式。

四是人才环境方面的风险。人才的培养、引进、融合问题，最终影响律师事务所持续发展的目标能否实现。

五是执业环境方面的风险。律师法律服务市场已进入强监管时代，律师事务所对执业律师的风险规制管控能力将要经受大的考验。

第二，律师事务所持续发展战略资源的主要风险因素。

一是管理资源方面的风险。管理资源是指律师事务所可以通过组织管理和调配以达到其战略目标的管理性资源。管理资源的短缺可能会带来信息的流通不畅，影响律师事务所的决策质量及资源分配，进而影响战略的执行和实施。

二是专业能力资源方面的风险。专业能力资源是保持律师事务所专业

---

[①] 注：这里所称的自我管控，是指规制管控中的律所自我管控，又称规定管控。它区别于执业律师个人的执业风险管控，律师个人风险管控不属于规制管控的类型。

优势和竞争优势的基础。如果专业能力资源存在很大的不确定性，将导致律师事务所持续发展战略面临巨大的风险。

三是市场资源方面的风险。市场资源是保证律师事务所价值链传输实现的最重要资源。市场资源的弱化，会影响法律服务业绩和法律服务市场的开发，导致律师事务所竞争力下降，进而丧失其市场地位，从而形成律师事务所战略风险。

四是资产资源方面的风险。资金、资产对律师事务所发展战略的影响主要表现在资金资源对律师事务所战略目标的支持性程度，以及资金资源的短缺对律师事务所战略目标的发展可能带来的战略风险。

第三，律师事务所持续发展战略能力的主要风险因素。

律师事务所的竞争能力包括管理控制能力、法律服务产品创新能力、市场营销能力、战略管理能力等。

一是管理控制能力方面的风险。律师事务所的管理水平和管理控制的能力如果达不到要求，就会成为薄弱环节，构成风险。

二是持续创新能力方面的风险。律师事务所的法律服务产品创新能力，决定了律师事务所在法律服务市场上的地位。如果创新能力弱于竞争对手，不能带来满足客户需求的法律服务产品，将会使法律服务市场占有率下降，会使律师事务所的核心竞争力下降，从而带来律师事务所发展的战略风险。

三是战略管理能力方面的风险。战略管理能力是指律师事务所对持续发展过程中各种不同的发展战略的决策、规划、实施和管控能力。律师事务所的战略领导能力将对律师事务所主要的发展目标产生影响。

四是资源转化能力方面的风险。所谓资源转化能力，是指律师事务所在持续发展过程中制定和实施的发展战略，其所需要的相关资源是充足的，并具备将其进行转化的能力。只有具备这种能力，才能成功地支撑律师事务所将已有的资源，通过一定的转化机制，形成律师事务所的竞争能力。转化机制对战略的支持程度低或不匹配是重要的战略风险因素。

第四，律师事务所持续发展重大项目的主要风险因素。

重大法律服务项目的风险因素归纳为项目因素、律师事务所能力因素和项目管理因素等三个方面。其中，项目因素是指对项目成败可能产生重大影响的项目自身因素；律师事务所能力因素一般包括管理能力、信息获取能力及沟通能力、商业化能力、项目团队的总体实力与能力等因素；项目管理因素包括项目团队的总体实力与能力、项目组织与控制、高层管理者对项目的兴趣和支持等因素。

第五，核心合伙人自身风险因素。

由于律师事务所持续发展是关系全局的活动，因此对决策者提出了更高的要求。在律师事务所持续创新发展的过程中，决策者可能决策失误。如果决策者缺乏长远眼光和认知水平，如选择错误的战略类型，或战略时机把握不准，或重大创新项目与战略定位不相符等，都有可能作出错误的决策。决策者的思想观念、知识结构、经历经验、学习能力，对环境和市场的洞察力，以及对律师事务所运行情况和内部管理控制的各个方面发展态势的判断，都会影响律师事务所战略的制定，从而对律师事务所发展产生重大的影响。决策者的风险偏好则会影响律师事务所的战略行为、战略目标和战略期望。战略层次的决策风险具有全局性，因而无论是风险还是机会，其结果都会使损失或收益得到放大。

（2）小型律师事务所的市场风险与管理风险

大中型律师事务所的紧迫问题是发展，小型律师事务所的紧迫问题是生存，两者在分析风险因素的角度上有所区别。

第一，与执业主体身份相关联的市场风险。

一是执业律师专业素养和水平不高存在的风险。执业律师专业素养和水平是其为委托人提供优质高效法律服务的基础，执业律师基础不牢就不能深刻分析和准确理解受托法律事务的本质。在从事执业活动时，既不能管理好委托人的法律风险，也不能有效管控自身的执业风险。特别是从事金融、证券、投资等非诉讼业务的律师，不仅要有法律专业知识，还要有跨学科和继续学习的能力。不仅要熟悉金融、证券、投资的行业规则，还要研究机构所投资服务的企业，如果是科技类企业还会涉及半导体、人工智能或基因、生物制药等领域。执业律师专业素养和水平不高，还影响律师成长和事务所发展。

二是执业律师身份不同（合伙人与非合伙人律师、专业与非专业律师、资深律师与实习律师），对风险判断有差异存在的风险。在律师行业所处位置不同，对风险识别和风险处置的能力具有差异性。律师职业专业属性的强弱，与实务经验有关。合伙人相当于律师事务所的投资人，对律师执业的风险判断能力较非合伙人律师要高。在现实中，非合伙人律师、专业化不强的律师以及年轻律师和实习律师占比超过了律师总人数的80%，他们因限于专业能力或经验、眼界等，更容易让执业风险现实化。

三是执业律师在不同的执业区域、不同的专业领域，个人或团队业务合作，会有不同应对效果存在的风险。在不同的区域执业，地区差异会形成风险管理水平的差距。在不同的专业领域执业，传统业务领域比高端业务领域风险管理水平低。另外，个人执业比团队合作的风险管理水平低。

四是执业律师执业时所处的经济发展周期有不同的风险态势。律师行业整体的发展周期，与国家的经济发展周期同步。现在经济周期正处于下行期，律师行业的收益增长也将放缓，这也会使法律服务市场的竞争更加激烈。

第二，与执业机构相关联的市场风险。

一是律师事务所发展战略改变（规模化、综合化、区域化）带来的风险变化。规模化、综合化、区域化发展，将是未来一段时间众多律师事务所的必选题。要实现规模化发展，应该审视自身条件是否存在转型发展的局限性。

二是律师事务所规模较小存在的风险。律师事务所规模较小，意味着其发展空间也相应较小，很多B端业务不能操作，甚至很多政府法律服务项目连报名资格都没有；同样，小所抗风险能力更弱。

三是律师事务所业务标准化程度欠缺存在的风险。律师事务所业务标准化程度的高低，与风险管理水平呈正相关关系。

四是律师事务所人才流失存在的风险。所与所之间的竞争、行业转型、律师转行等原因，可能导致律师事务所执业的核心骨干流失。律师事务所之间的竞争主要是人才竞争，人才流失严重会使律师事务所丧失发展能力。

五是执业律师和律师事务所的税务存在的风险。现行的律师行业税收政策在合伙人费用扣除、计税成本核算等方面仍然存在问题，这些都是悬在各位律师头上的利剑。

第三，与服务事项相关联的市场风险。

一是服务对象自身带来的风险。委托人自带的风险包括隐瞒案件事实，欺骗受托律师，将律师当成"背锅侠"。还有委托人拒付律师法律服务费，引发欠费风险。根据裁判文书网的统计，近几年律师事务所涉诉案件持续上升，大部分案由是追讨律师法律服务费。

二是服务约定过程中律师未对客户进行必要提示的风险。服务约定过程中，律师未对客户进行必要提示，容易引发代理关系纠纷，应该进行风险提示，并将过程录音、录像存档。

三是律师服务过程中流程化与痕迹化不显现（包括对律师工作底稿的整理与存档的忽视）存在的风险。律师服务过程中流程化与痕迹化是风险管控的有效措施，也是证明律师是否做到勤勉尽责的证据。

四是执业律师对服务事项认识的局限带来的风险。执业律师不要承接对服务事项有认识局限的法律事务，避免承担不能服务的赔偿责任。

五是执业律师履职的客观局限存在的风险。执业律师履职如果超出律师服务范围、专业范畴以及其他履职的客观局限，应事先约定排除，避免承担违约责任。

六是律师事务所内部没有建立有效的管理体系存在的风险。律师事务所内部没有建立有效的管理体系，容易诱发律所的管理风险。

七是风险现实化后未能采取必要的补救措施存在的风险。风险现实化后，律所和律师要采取积极的风险应对措施，避免损失的扩大。

第四，与执业环境相关联的市场风险。

一是经济环境条件的变化与律师社会认可度之间存在的风险。律师执业经济环境条件的变化与律师社会认可度呈正相关关系，越是经济发展环境条件弱的，律师的社会认可度越低。

二是法治制度和法治文化的状况对律师执业带来的风险。法治制度和法治文化的进化程度，是律师执业环境的风向标，律师执业环境越好执业风险越小，律师执业环境越差执业风险越大。

三是民族、宗教、伦理道德、风俗习惯、思想意识等方面的差异性对律师执业带来的风险。民族、宗教、伦理道德、风俗习惯、思想意识等方面与法律规范一样调节人们之间的社会关系，对律师执业风险影响较大，有些方面是正相关，有些方面是负相关。

四是地理自然环境对律师执业的成本和效率方面带来的风险。执业律师最大的成本是时间成本，追求效率是律师的生存之道，而地理自然环境影响律师执业效率和律师执业成本。地理自然环境恶劣，会增加律师的交通成本、时间成本，影响律师的执业效率。

五是司法机关对律师执业的支持度方面存在的风险。当前我国法律共同体还未建立，寻求司法机关的支持，是律师执业特别是诉讼活动中必须解决的问题。这个问题不处理好，会为律师执业过程带来很多不确定性，增加了律师的执业风险。

六是人工智能进入法律服务领域对传统法律服务市场挤压带来的风险。现代科技的发展使我们进入了人工智能时代，技术发展衍生的各种低端类型化的法律服务产品，对传统法律服务市场形成了挤压，给本来竞争能力较弱的小型律所，增加了市场风险。

七是律所内部关系融洽度的缺乏带来的风险。律所内部关系的融洽度越高，律师之间相互交流越充分，更能检视管理环节的漏洞而降低律师执业风险的发生率。

（3）其他风险

第一，系统性风险。

所谓系统性风险，是指国家因多种外部或内部的不利因素经过长时间积累没有被发现或重视，造成全市场投资风险加大。系统性风险对市场上所有参与者都有影响，无法通过分散投资来加以消除。经济的系统性风险向社会的扩散触发律师执业的系统性风险。

第二，其他不确定性因素风险。

各种突发事件（如疫情）或社会冲突，会引发律师执业风险。

**2. 律师执业风险自我管控的发展变迁**

（1）律所管理的无规制野蛮生长时期（1993 年至 1996 年）

律师制度恢复初期，律师是国家的法律工作者。法律顾问处是律师执行职务的机构，是国家的事业单位，律师的薪酬是靠国家财政支付的。在这个时期，律师的职责是完成好法律顾问处交办的各项工作，律师也没有任何的经营活动。

司法部 1988 年改革律师体制的主要内容，包括：自收自支合作制律师事务所实行律师职务与资格相分离；扩大事务所自主权；推行岗位责任制；实行主任负责制；司法行政机关与律师协会双重管理等。

1988 年 6 月 3 日，司法部下发《合作制律师事务所试点方案》，合作制律师事务所的特点是不占国家编制，不要国家经费，合作律师共同集资、独立核算、自负盈亏，由此迈出了"改变国家包办律师事务的重要一步"，律师业逐步走向社会化。

1993 年 6 月，司法部报经国务院批准，律师事务所组织形式再由合作制发展到合伙制，允许律师实行自愿组合、自负盈亏、自我约束、自我发展的机制，充分调动了律师的积极性。

从这以后，律师事务所和律师才进入市场经济的初级阶段，开启了律师执业在经营上由被动向主动转化的无规制野蛮生长时期。这一阶段最主要的特点，就是许多国办所的主任和业务骨干离职下海创办律所，然后吸纳律师加盟，律所不给律师发工资，律师还要分摊办公场所的摊位费。律师要解决生存困境，就必须拼命地寻找案源，也导致部分律师寻求与各级法院的司法工作人员合作获取案源。这也是律师与法官之间关系出现"潜规则"的源头，也是社会评价法官"吃了原告吃被告"的灰暗时期。

（2）律所管理开始走向有规制的初步成长期（1997 年至 2007 年）

1996 年 5 月，第八届全国人大常委会第十九次会议通过的《中华人民共和国律师法》确认了前期律师制度体制改革的成果，将律师的性质由国家工作者正式确定为为社会提供法律服务的执业人员。《律师法》明确规定合伙人对律所的债务承担无限责任和连带责任，使得律所出资人及合伙人必须关注律所的管理问题。这期间的管理主要是案件受理、收费结算管理、律所公函出具和印章使用的管理等。

（3）律所管理开始进入全面规范时期（2008 年至 2017 年）

2007 年修订的《律师法》第二十三条规定："律师事务所应当建立健全执业管理、利益冲突审查、收费与财务管理、投诉查处、年度考核、档案管理等制度，对律师在执业活动中遵守职业道德、执业纪律的情况进行监督。"首次以立法的形式，明确了律所建立健全管理的目标、范围。

2008 年发布并经 2018 年修正的《律师事务所管理办法》，以行政规章的形式明确规定了"律师事务所应当建立和完善党组织参与律师事务所决策、管理的工作机制"，"律师事务所应当建立健全执业管理和其他各项内部管理制度，规范本所律师执业行为，履行监管职责，对本所律师遵守法律、法规、规章、行业规范，遵守职业道德和执业纪律的情况进行监督，发现问题及时予以纠正。"

2010 年 4 月 8 日，司法部发布《律师事务所年度检查考核办法》，进一步明确了对律师事务所进行年度检查考核的具体内容。

以上规定为律师事务所的管理设定了基本边界，而律所的规模化、专业化、标准化和国际化更是推动律所管理升级的内部动因。

现代化的律所管理已经由律所费用分摊制，向公司制、绩点制、合伙人联合体和一体化管理模式转变。所谓律所管理的公司制，是指用公司管理的模式管理律所。所谓律所管理的绩点制，是一种合伙人根据年资、贡献度等进行点数核算后进行分配的机制，是一种合伙人、作业律师全员评价的体系，其运行基础是客户共享。所谓律所管理的合伙人联合体，是一种每个合伙人建立、聘用自己的作业团队以完成作业、服务客户的运行体系，其运行基础是客户独享。所谓律所管理的一体化，是作用于全体合伙人与作业律师共同体之间的、内在的、有组织的、有经济基础的一体化机制。这种内在性，源于统一收益率这样一个经济基础，基于统一收益率，合伙人向律所让渡作业资源的统筹配置的权利，由律师事务所以客户需求以及体验为导向，统筹配置作业资源。①

（4）律所管理迈入行业党建时期（2018 年至今）

律师队伍在实现中华民族伟大复兴历史进程中发挥着重要作用，因此，律师行业党建工作一直受到党和政府高度重视。2008 年，中组部、司法部发出《关于进一步加强和改进律师行业党的建设工作的通知》；2010年，中办、国办转发了《司法部关于进一步加强和改进律师工作的意见》；2016 年，中办、国办印发了《关于深化律师制度改革的意见》，就律师行业党建工作提出了要求；2017 年，司法部党组决定成立中国共产党全国律师行业委员会，负责指导全国律师行业党的建设工作；2018 年，中华全国律师协会修改了章程，明确规定中华全国律师协会要"坚持以习近平新时代中国特色社会主义思想为指导""坚持中国共产党领导""坚定维护以习近平同志为核心的党中央权威和集中统一领导""接受中国共产党全国律师行业委员会的领导，组织开展律师行业党的建设工作"；为加强党对

---

① 杨强：《机制的力量：律师事务所管理模式与实践》，中国法制出版社 2022 年版，第 3～19 页。

律师工作的全面领导，规范律师事务所党组织建设，提高律师行业党建工作水平，中共全国律师行业委员会于 2018 年 8 月 30 日，印发《律师事务所党组织工作规则（试行）》；2019 年，全国律师行业党委印发《关于加强律师行业党建工作力量的指导意见》，指导各地律师行业党委健全工作机构，指导律师事务所党组织配备专兼职党务工作人员，加强律师行业党建工作，是提高律师行业政治站位、立足律师事业长远发展的必然选择；2021 年 10 月 15 日，中共全国律师行业委员会印发《律师事务所党组织参与决策管理工作指引（试行）》，要求在律所推行律师事务所党组织班子成员与管理层、决策层双向进入、交叉任职，采取党组织会议先行审议、决策管理层与党组织联席会议、党组织负责人参加或者列席决策管理层会议等方式，听取党组织意见。建立律师事务所党组织与决策管理层重大事项决策会商机制。

律师行业党建着重强调的是理想信念和社会主义核心价值观，这些都属于律师执业风险非规制管控的内容，是律师事务所风险管理体系的重要组成部分。律师事务所风险，是指如果不加以控制，可能造成律师事务所或律师意想不到的危害后果。从管理角度看，这个定义应当尽可能广泛和包罗万象，远远超出了不当执业索赔的风险。例如，可以包括对律师个人和整个律师事务所的刑事起诉、职业惩戒、退还律师费、律师事务所解散、负面宣传等。律师事务所应当高度重视风险管理。加强律师事务所风险管理，能够帮助律师事务所识别和管理风险，避免、减轻可能带来的严重不利后果；能够提高服务质量；在提供改进的服务之后，能够获得更大的利润。采用有效的风险管理制度，使律师事务所更容易获得职业责任保险，提高律师事务所的品牌价值。律师事务所应当将行业党建视为律师事务所风险控制体系的重要组成部分。这是因为，现行《律师执业行为规范》尚不足以对律师和律师事务所的执业行为进行全面、有效调整。现行《律师执业行为规范》是 2004 年制定并于 2009 年修订和 2017 年修正的，在当前律师执业活动规模化、全球化、科技化的背景下，该规范呈现出许多不适应现实需求的不足，在实践中还存在对违规行为处罚力度不足、不及时、不主动等问题，给律师事务所带来诸多风险。

律师事务所风险管理，是指在整个律师事务所或者整个业务领域设立制度性的政策、程序或系统，即风险管理"工具"，将律师事务所及其业务活动中的风险降到最低。风险管理是一个过程，而不是一个事件。律师事务所风险管理的这一性质，也与党纪、党风建设常抓不懈的机制是一致的。

律师队伍中党员人数占律师总人数的30%左右。例如，截至2009年底，全国有律师15.6万人，其中党员律师4.4万人，占律师总数的28.2%；截至2017年底，全国有律师36.5万多人，其中党员律师11.7万多人，占律师总数的32.1%；截至2019年底，全国有律师47.3万人，其中党员律师16.3万人，占全国律师总数的34.5%。其中2019年在律师行业新发展党员1900多人。目前，全国律师事务所共建立党组织1.26万多个，向无党员律师事务所选派党建工作指导员6300多名，基本实现党的组织和党的工作全覆盖。地方的党员律师比例也基本如此，甚至更高。例如，截至2018年底，上海市共有执业律师23975人，其中党员律师8675人，占全市执业律师总数的36.18%。如果党员律师确实能够在业务、纪律等各方面严格要求自己，积极发挥党员的模范带头作用，则必然大大降低律师事务所的执业风险，提高律师事务所执业活动的社会效益和经济效益。如果党员律师能够切实履行党员义务，密切联系群众，带动群众按照党员的要求来严格要求自己，律师事务所执业风险必然进一步降低。

因此，律师事务所积极发展律师入党，特别是发展青年律师入党，不仅是在为党输入新鲜血液，壮大党的队伍，也是在加强律师事务所的正能量，加强律师事务所的风险防控力量。事实证明，律师行业党建工作出色的律师事务所，不仅业务出色，执业风险也大大降低。将律师行业党建与律师事务所风险管理体系结合起来，是以党建促所建、以党风促行风的重要着力点。从这个意义上讲，律师行业党建是律师事务所风险管理体系的重要组成部分，它给律师事务所带来的益处，不仅及于党员律师、党员合伙人，也及于非党员律师、非党员合伙人。因此，即使是非党员律师、非党员合伙人，也应当旗帜鲜明地支持律师事务所党建活动，律师事务所党建经费也应当与律师事务所风险管理经费统筹使用。[①]

中国本土律师事务所发展历史短，行业发展文化尚未形成，再加上律

---

① 王进喜：《论律师事业改革发展与行业党建》，载《中国司法》2021年第9期。

师事务所是人合组织，这使得律师事务所管理很难。只有建立健全符合法律服务业发展规律的制度、规章，法律服务业的发展才能有可持续科学发展的根本保障，只有坚持加强制度建设，律师事务所才能不断走向规模化、专业化、品牌化乃至国际化。

完善律师事务所自身管理，加强律师事务所的制度建设，要坚持共性和个性的统一。各种专业特长、各种规模和各种体制的律师事务所应该根据实际情况"因地制宜、因时制宜"，走出一条符合自身实际的发展道路。律师行业没有最好的模式，只有最合适的模式，不管是哪里的律师事务所，都有自己适合的发展模式。但是律师事务所制度建设仍有其共性的一面，那就是建立健全完善的组织管理制度、质量保证制度以及科学合理的分配制度等，实行规范管理，实现科学发展。

中国的法律市场正在迅速走向成熟，随着优秀的全国及区域所不断站稳脚跟，相对轻松的野蛮生长时代已经结束。中国律所在新阶段的发展特征，将会更多体现为"修炼内功"，即对内部治理和专业化建设的重视和探索，以及对法律科技和信息化建设的投入。

与此同时，外部的发展环境也在变化，国与国之间在经贸与科技领域的摩擦日趋激烈，中国企业在海外发展的法律需求也在变化。如何适应新的形势，在法律层面为中国企业的海外投资利益保驾护航，将是未来客户对律师的集中需求。

## 第三节　律师执业风险非规制管控的内容及其发展变迁[①]

### 一、律师执业风险非规制管控中理想信念管控的内容及其发展变迁

理想是在现实生活中对未来的憧憬与追求，信念是在现有认知基础上形成的一种稳定的、持久的精神状态，理想信念就是人们在长久社会实践过程中对人生价值、社会发展目标所形成的基本看法和根本观点。

---

① 本部分主要借鉴：百度百科。

执业律师的理想信念，是指执业律师在人生价值取向的引导下，在学习、执业活动和生活中形成的、有现实依据的、对未来社会和自身发展的合理向往和追求，是主观与客观、认识与实践的统一。

**1. 理想信念在律师执业风险非规制管控中的内容**

人民有信仰，民族有希望，国家有力量。理想和信念是相辅相成的统一体，理想是人们追求的目标，信念是人们朝着这个目标前进的意志和定力。理想崇高，才能坚定信念；信念坚定，才能坚守理想。

执业律师的理想是一种对于未来事物的合理想象和美好希望，作为一种思想意识，尽管其形式是主观的，但其内容是客观的，因而是执业律师对客观事物未来发展的自觉反映，具有一定的客观必然性和现实可能性。

执业律师在理想信念上的发展，不仅是执业律师整体发展中的优先内容，而且在很大程度上决定了执业律师其他方面发展的性质和层次。虽然理想和信念这两个概念具有各自的含义和内容，但是两者组合成理想信念概念，有机地融为一体，形成了理想信念这一新概念特有的深刻意蕴。从执业律师发展的角度看，理想信念既是执业律师掌握世界的重要方式，又是执业律师具有的人的本质力量的升华，还是执业律师实现自身发展的基本支撑。理想信念有正确与非正确之分。正确的理想信念在执业律师发展中发挥着脊梁作用、导向作用和动力作用。

执业律师最根本的理想信念是三个"维护"，也就是维护当事人合法权益，维护法律正确实施，维护社会公平和正义。律师的职责和使命是律师制度的重要内容，《律师法》明确规定律师"三维护"的职责使命，这是从我国律师制度的社会主义属性和律师的社会主义法律工作者属性出发，对律师职责使命所作的必然选择和科学定位。"三维护"是一个有机统一的整体，相辅相成，不可分割。只有维护法律的正确实施，才能维护当事人的合法权益；只有通过对具体当事人合法权益的维护，才能从整体上实现法律的正确实施；而维护当事人的合法权益和维护法律正确实施的最终目标就是要维护社会的公平正义。正确认识和认真履行"三维护"的职责和使命，对于引导律师树立正确的执业观、确保律师工作的正确方向具有重要意义。

习近平总书记在党的十九大报告中指出："中国特色社会主义进入新时代。"立足新时代，在我国社会主要矛盾发生变化的背景下，律师队伍所处的工作环境和过去有着明显的差别，社会对律师工作给予了新的希望、赋予了新的任务，"理想信念"是律师执业的"航标灯"，决定着律师的人生轨迹与行为方式。失去理想信念的指引，律师队伍就会迷失方向。

坚定理想信念，要同实际相结合。立定脚跟，脚踏实地，做好眼前的事情，干好最现实的工作。广大执业律师一定要把践行中国特色社会主义共同理想和坚定共产主义远大理想统一起来，真正落实到发挥职能作用、做好本职工作上，做到虔诚而执着、至信而深厚。要自觉地把拥护党的领导、拥护社会主义法治作为从业基本要求，认真履行维护当事人合法权益、维护法律正确实施、维护社会公平正义的职责使命。要切实强化大局意识，不断提高服务大局的自觉性和坚定性，紧紧围绕党和国家工作大局开展法律服务。要自觉坚持服务为民的律师工作宗旨，把促进解决民生问题作为律师工作的根本出发点和落脚点，努力促进解决人民群众最关心、最直接、最现实的利益问题。

**2. 理想信念在律师执业风险非规制管控中的发展变迁**

1980 年颁布的《中华人民共和国律师暂行条例》第一条规定："律师是国家的法律工作者，其任务是对国家机关、企业事业单位、社会团体、人民公社和公民提供法律帮助，以维护法律的正确实施，维护国家、集体的利益和公民的合法权益。"

1996 年颁布的《律师法》在第一条中提出，维护当事人的合法权益，维护法律的正确实施，发挥律师在社会主义法制建设中的积极作用。这次法律的出台，新增的内容是"发挥律师在社会主义法制建设中的积极作用"。

2007 年修订的《律师法》第二条第二款规定，律师应当维护当事人合法权益，维护法律正确实施，维护社会公平和正义。这次法律的修订，新增的内容是"维护社会公平和正义"。

2008 年颁布的《律师执业管理办法》第三条规定，律师通过执业活动，应当维护当事人合法权益，维护法律正确实施，维护社会公平和正义。

2016 年修订的《律师执业管理办法》第二条规定，律师应当把拥护中国共产党领导、拥护社会主义法治作为从业的基本要求。律师通过执业活动，应当维护当事人合法权益，维护法律正确实施，维护社会公平和正义。这次行政规章的修订，新增的内容是"律师应当把拥护中国共产党领导、拥护社会主义法治作为从业的基本要求"。

1986 年通过的《中华全国律师协会章程》第三条规定，律师协会的宗旨是团结全国律师，不断完善律师队伍自身建设，坚持四项基本原则，正确执行党和国家有关律师工作的方针政策，全心全意为人民服务，维护法律的正确实施，以发展社会主义民主，健全社会主义法制，促进社会主义现代化事业。

1991 年通过的《中华全国律师协会章程》第二条规定，律师协会的宗旨是：团结和教育会员，以经济建设为中心，坚持四项基本原则，坚持改革开放，正确执行党和国家有关律师工作的方针政策，全心全意为人民服务，维护法律的正确实施，以发展社会主义民主，健全社会主义法制，促进社会主义现代化事业。这次章程修改的内容包括，删掉了"不断完善律师队伍自身建设"，增加了"以经济建设为中心"和"坚持改革开放"。

1995 年通过的《中华全国律师协会章程》第二条规定，律师协会的宗旨是：团结和教育会员忠实于律师事业，恪守律师职业道德和执业纪律，捍卫宪法和法律尊严；维护会员的合法权益，提高会员的业务素养；加强行业自律，促进律师事业的健康发展，以发展社会主义民主，健全社会主义法制，促进社会的文明和进步。

1999 年通过的《中华全国律师协会章程》第三条规定，律师协会的宗旨是：团结和教育会员维护宪法和法律的尊严，忠实于律师事业，恪守律师职业道德和执业纪律；维护会员的合法权益；提高会员的执业素质；加强行业自律，促进律师事业的健康发展，为依法治国，建设社会主义法治国家，促进社会的文明和进步而奋斗。这次章程修改的内容中，增加了"依法治国"和"建设社会主义法治国家"。

2002 年通过的《中华全国律师协会章程》第三条规定，律师协会的宗旨是：维护宪法和法律的尊严，忠实于律师事业，恪守律师职业道德和执业纪律；提高律师的执业素质；维护律师和律师事务所的合法权益；加强行业自律，促进律师事业的健康发展，为依法治国，建设社会主义法治国家，促进社会的文明和进步而奋斗。

2008 年通过的《中华全国律师协会章程》第三条规定，律师协会的宗旨是：团结带领会员维护当事人的合法权益、维护法律的正确实施，维护社会公平和正义，为建设社会主义法治国家，促进社会和谐发展和文明进步而奋斗。

2011 年通过的《中华全国律师协会章程》第三条规定，律师协会的宗旨，是坚持中国共产党的领导，团结带领会员高举中国特色社会主义伟大旗帜，忠实履行中国特色社会主义法律工作者的职责使命，维护当事人合法权益，维护法律的正确实施，维护社会公平和正义，为建设社会主义法治国家，促进社会和谐发展和文明进步而奋斗。

2016 年通过的《中华全国律师协会章程》第三条规定，律师协会的宗旨是：坚持中国共产党的领导，团结带领会员高举中国特色社会主义伟大旗帜，忠实履行中国特色社会主义法治工作队伍的职责使命，加强律师队伍思想政治建设，推进律师行业党的建设，把拥护中国共产党领导、拥护社会主义法治作为律师从业的基本要求，增强广大律师走中国特色社会主义法治道路的自觉性和坚定性，忠于宪法和法律，维护当事人合法权益，维护法律的正确实施，维护社会公平和正义，为全面依法治国，建设社会主义法治国家，促进社会和谐发展和文明进步，实现中华民族伟大复兴的中国梦而奋斗。

2018 年通过的《中华全国律师协会章程》第三条规定，律师协会的宗旨是：坚持以习近平新时代中国特色社会主义思想为指导，坚持中国共产党领导，团结带领会员高举中国特色社会主义伟大旗帜，坚定维护以习近平同志为核心的党中央权威和集中统一领导，忠实履行中国特色社会主义法治工作队伍的职责使命，加强律师队伍思想政治建设，把拥护中国共产党领导、拥护社会主义法治作为律师从业的基本要求，增强广大律师走中国特色社会主义法治道路的自觉性和坚定性，忠于宪法和法律，自觉践行社会主义核心价值观，维护当事人合法权益，维护法律的正确实施，维护社会公平和正义，为全面依法治国、建设中国特色社会主义法治体系和社会主义法治国家，为把我国建设成为富强民主文明和谐美丽的社会主义现代化强国，实现中华民族伟大复兴而奋斗。

1994 年 1 月 18 日，司法部关于印发国务院批复通知和《司法部关于深化律师工作改革的方案》的通知（司发〔1994〕003 号）指出，"律师工作改革的指导思想是：认真贯彻党的十四大和十四届三中全会精神，以邓小平同志建设有中国特色社会主义理论为根本指针，坚持'一个中心，两个基本点'的基本路线，进一步解放思想，不再使用生产资料所有制模式和行政管理模式界定律师机构的性质，大力发展经过主管机关资格认定，不占国家编制和经费的自律性律师事务所；积极发展律师队伍，努力提高队伍素质，建立起适应社会主义市场经济体制和国际交往需要的，具有中国特色，实行自愿组合、自收自支、自我发展、自我约束的律师体制"。律师工作的发展目标是："在质量上，要建立起一支政治素质好、业务能力强的律师队伍。"

2011 年 4 月 7 日，全国律协根据中央政法委的决策部署和《司法部关于开展"发扬传统、坚定信念、执法为民"主题教育实践活动的实施方案》，结合律师工作实际，发布《关于在律师行业中开展"发扬传统坚定信念执业（法）为民"主题教育实践活动的实施意见》，要求：以发扬光荣传统、坚定理想信念、践行执业为民为主要内容，着力解决律师行业在理想信念、宗旨意识、诚信规范执业等方面存在的突出问题，培养和造就一支政治坚定、法律精通、维护正义、恪守诚信的律师队伍，切实担负起中国特色社会主义事业建设者、捍卫者的神圣使命。

2016 年 10 月 27 日，中国共产党第十八届中央委员会第六次全体会议通过的《关于新形势下党内政治生活的若干准则》，提出了坚定理想信念的问题。明确指出：共产主义远大理想和中国特色社会主义共同理想，是中国共产党人的精神支柱和政治灵魂，也是保持党的团结统一的思想基础。必须高度重视思想政治建设，把坚定理想信念作为开展党内政治生活的首要任务。理想信念动摇是最危险的动摇，理想信念滑坡是最危险的滑坡。全党同志必须把对马克思主义的信仰、对社会主义和共产主义的信念作为毕生追求，在改造客观世界的同时不断改造主观世界，解决好世界观、人生观、价值观这个"总开关"问题，不断增强政治定力，自觉成为共产主义远大理想和中国特色社会主义共同理想的坚定信仰者和忠实实践者；必须坚定对中国特色社会主义的道路自信、理论自信、制度自信、文化自信。领导干部特别是高级干部要以实际行动让党员和群众感受到理想信念的强大力量。

2018 年党的第十九届三中全会提出，以习近平新时代中国特色社会主义思想为指导，坚持以人民为中心，坚持全面依法治国，以加强党的全面领导为统领。

党的第十九届四中全会提出，坚持共同的理想信念、价值理念、道德观念，弘扬中华优秀传统文化、革命文化、社会主义先进文化，促进全体人民在思想上精神上紧紧团结在一起的显著优势。

1996 年 9 月 26 日，《司法部关于严格执行〈律师法〉进一步加强律师队伍建设的决定》（司发〔1996〕1006 号），指明了律师队伍建设总的指导思想、基本任务、工作重点和基本要求等。

一是当前律师队伍建设总的指导思想和基本任务是，以邓小平同志建设有中国特色社会主义理论、党的基本路线和江泽民同志"七一"重要讲话精神为指导，认真学习贯彻《律师法》，整顿律师队伍，严格把关，严格要求，严格管理，充分调动司法行政机关、律师协会和律师事务所在律师管理工作中的积极性，充分发挥党组织在律师队伍建设中的核心作用，培养造就一支政治可靠、业务精湛、道德高尚、纪律严明、作风过硬，具有良好社会形象的律师队伍。

二是律师队伍建设的工作重点是，在律师事务所内部建立健全党组织，充分发挥律师队伍中党员的模范带头作用；树立正面典型，弘扬正气，以高尚的精神塑造律师；创造高标准、高层次、形象好的文明律师事务所；严格把关，严明纪律，严肃整顿，坚决把律师队伍中政治上不合格、道德败坏的人员清除出去；强化管理，健全监督、制约机制，真正发挥司法行政机关的监督指导和律师协会的行业管理职能。

三是律师队伍建设的基本要求是，切实加强律师队伍的社会主义精神文明建设，提高律师的思想政治、业务素质和职业道德、执业纪律水平，展现律师队伍健康向上的精神风貌，在社会上树立良好的形象；促进律师严格依法办事，提高执业水平；着力开拓业务，提高服务质量，扩大律师的社会影响，为律师队伍的发展奠定坚实的基础。

四是努力提高律师的思想政治素质。我国律师是为社会提供法律服务的执业人员，必须具有高度的社会责任感和使命感，必须把社会效益放在第一位，必须把维护当事人的合法权益与维护国家法律的正确实施有机地统一起来。要根据律师行业的特点和实际情况，建立律师政治学习制度，有计划地组织律师进行政治理论学习。要注意理论联系实际，要和律师业务紧密联系起来，防止空洞说教和搞形式主义。要用江泽民同志关于讲政治的重要讲话精神统一律师思想，教育广大律师在任何时候都要坚持正确的政治方向、坚定的政治立场、鲜明的政治观点、严明的政治纪律、较强的政治鉴别力和高度的政治敏锐性。要在律师队伍中开展社会主义、爱国主义和集体主义教育，开展正确的人生观、价值观、事业观教育，端正律师的从业思想。要引导律师正确处理竞争和协作、效率和公平、经济效益和社会效益的关系，当好法律卫士，维护法律尊严。

五是加大律师职业道德和执业纪律的教育、评查和培训力度，不断提高律师的职业道德水平。运用教育、评查、培训等手段，强化律师的道德和纪律观念，在律师队伍中形成遵纪守法、秉公执法、热情服务、诚实守信、扬善惩恶、文明礼貌、助人为乐的道德风尚。要对照《律师法》，定期开展律师职业道德和执业纪律评查活动，认真检查律师的职业道德和执业纪律的执行情况，表现好的予以表扬奖励，违纪者予以惩戒。要继续抓好律师职业道德和执业纪律培训制度的建设，做到经常化和正规化。

2014 年 5 月 23 日，司法部印发《关于进一步加强律师职业道德建设的意见》（司发〔2014〕8 号）指出，要教育引导广大律师坚定中国特色社会主义理想信念。通过开展多形式的教育培训、实践养成活动，组织律师结合自身思想和执业实际，深入学习贯彻党的十八大、十八届二中、三中全会精神，深入学习贯彻习近平总书记系列重要讲话精神，引导广大律师坚定中国特色社会主义理想信念，坚持中国特色社会主义律师制度的本质属性，坚决拥护党的领导，拥护社会主义制度，自觉维护宪法和法律尊严，坚决抵制违反我国宪法原则、不符合我国国情的西方政治制度、法律制度和法治观念对我国律师行业的不良影响和侵蚀，自觉抵制境内外敌对势力对我国律师队伍的渗透和利用，始终坚持律师工作正确方向。

2016 年 11 月 29 日，司法部印发《关于进一步加强律师协会建设的意见》指出："要组织引导广大律师服务党和国家中心工作，服务经济社会发展和全面依法治国。""要深入学习贯彻党的十八届六中全会精神，坚持党的领导，坚持正确的政治方向，切实增强政治意识、大局意识、核心意识、看齐意识特别是核心意识、看齐意识，严守政治纪律和政治规矩，在思想上政治上行动上始终同以习近平同志为核心的党中央保持高度一致。要坚持和完善中国特色社会主义法治理论，坚持和完善中国特色社会主义律师制度，不断增强中国特色社会主义道路自信、理论自信、制度自信、文化自信。"

## 二、律师执业风险非规制管控中法治信仰管控的内容及其发展变迁

法治信仰是社会主体对法律治理现象的一种主观把握方式，是社会主体依法管理国家和治理社会的经验凝结，是社会主体在对法治现象理性认识的基础上自然产生的一种认同感、皈依感和神圣体验，是调整社会关系进行社会秩序安排的主流意识形态。

### 1. 法治信仰在律师执业风险非规制管控中的内容

执业律师坚守法治信仰的基本要求，即律师执业应当维护法律正确实施，遵守宪法和法律，必须以事实为根据，以法律为准绳。这些要求，已成为《律师法》的原则规定。

首先，法治信仰是一种思想情感和精神寄托。信仰法治意味着法律不是与自己无关的外在强制力量，而是自己生活中的一部分，法律不仅是自己的生活方式和生存模式，而且是人们进行价值评价和思想情感交流的载体。

其次，法治信仰是一种社会意识形态和文化形式。在人类的精神生活中，信仰处于社会意识的最高层次，统摄其他意识形态。法律不仅是一套行为规则，还是自由、民主、正义、安全的制度化价值体系。法治信仰的本质是对法律价值和法治功能的一种坚定不移的信任，是对法律所确立的价值目标和法治所蕴含的功用效能的始终不渝的追求。

最后，法治信仰是社会治理的经验凝结和理性选择。法治信仰建立在社会交往和社会组织方面的经验基础上，在人类法律制定和实施的历史活动中逐渐地转化成一种法治文化传统。人们对法治的信服和尊重，是人类在社会交往和社会组织方面的经验凝结和理性选择。

法治作为人们的规则化生活模式，倾注人们的思想感情，表达人性需求，体现法治情感。信仰是伴随着社会生活发展起来的精神现象。法治信仰是在理性认识基础上形成的一种神圣的体验，是一种在长期的体验过程建立起来的心理认同感。法治既有现实性又有超越性。如果法治不能带给人们一定的现实感受，就不能渗入人们的思想情感之中。如果法治无法带给人们超越社会现实的神圣性，就不能成为人们的精神寄托和价值追求。法治情感是人们崇尚法治的心理体验和态度倾向。人们不仅在情感上信任、热爱和期盼法治成为治国理政的方式，而且把法治作为人生终极目标

的指导权威，把对美好生活的向往和希望都寄托在法治上，使法治成为影响和支配自己生活的精神力量。

只有信仰法治，才能坚守法治。习近平总书记强调指出，法律要发生作用，首先全社会要信仰法律。律师是具有专业法律知识和专门法律技能的职业群体，肩负着维护宪法和法律尊严、维护当事人合法权益、维护法律正确实施、维护社会公平正义的职责使命。广大青年律师坚守法治精神，要从扣好人生第一粒扣子开始，从加入律师队伍的第一天开始，真正把它作为终生职业追求。要把法治信仰铭刻在内心里，落实在行动中，践行法治既要有深度，也要有宽度，真正做到尊法、学法、守法、用法，坚定不移地做社会主义法治的忠实崇尚者、自觉遵守者、坚定捍卫者。要模范遵守宪法和法律，把法律的规定和要求贯彻落实到执业活动的各个环节，绝不能违反法律规定办关系案、人情案、金钱案。要正确理解和运用法律，依法为当事人出具法律意见，提供法律咨询，坚决维护法律的尊严和权威。要深入宣传法律知识，弘扬法治精神，通过以案释法、辨法析理等形式，向当事人和社会公众广泛传播法治理念和权利义务观念，促进全社会树立法治观念。①

**2. 法治信仰在律师执业风险非规制管控中的发展变迁**

《律师法》第二条、第三条规定，律师执业应当维护法律正确实施，遵守宪法和法律，必须以事实为根据，以法律为准绳。

2008 年颁布的《律师执业管理办法》第三条规定，律师通过执业活动，应当维护当事人合法权益，维护法律正确实施，维护社会公平和正义。

2014 年 5 月 23 日司法部印发的《关于进一步加强律师职业道德建设的意见》（司发〔2014〕8 号）指出：要教育引导广大律师忠于宪法和法律。引导广大律师坚定法治信仰，牢固树立法治意识，模范遵守宪法和法律，努力维护宪法和法律尊严。在执业中以事实为根据，以法律为准绳，严格依法履行辩护代理职责，尊重司法权威，遵守诉讼规则和法庭纪律，与司法人员建立良性互动关系，不得以不当、错误的方式干扰案件依法办理，不得纵容、支持当事人以非法手段扰乱司法执法秩序，不得与司法人员进行不正当交往或者向其输送利益，维护法律正确实施，促进司法公正。

---

① 赵大程：《切实肩负起律师事业生力军的职责使命努力在服务"四个全面"战略布局中建功立业》，载《法制日报》2015 年 5 月 4 日第 2 版。

2016 年修订的《律师执业管理办法》第二条规定，律师应当把拥护中国共产党领导、拥护社会主义法治作为从业的基本要求。律师通过执业活动，应当维护当事人合法权益，维护法律正确实施，维护社会公平和正义。这次行政规章的修订，新增的内容是："律师应当把拥护中国共产党领导、拥护社会主义法治作为从业的基本要求。"

2021 年通过的《中华全国律师协会章程》第三条规定，律师协会的宗旨是：坚持以习近平新时代中国特色社会主义思想为指导，学习贯彻习近平法治思想，坚持中国共产党领导，团结带领会员高举中国特色社会主义伟大旗帜，增强政治意识、大局意识、核心意识、看齐意识，坚定中国特色社会主义道路自信、理论自信、制度自信、文化自信，坚决维护习近平总书记党中央的核心、全党的核心地位，坚决维护党中央权威和集中统一领导，坚持正确政治方向，忠实履行中国特色社会主义法治工作队伍的职责使命，加强律师队伍思想政治建设，把拥护中国共产党领导、拥护社会主义法治作为律师从业的基本要求，增强广大律师走中国特色社会主义法治道路的自觉性和坚定性，忠于宪法和法律，维护当事人合法权益，维护法律正确实施，维护社会公平和正义，依法依规诚信执业，认真履行社会责任，为深入推进全面依法治国、建设中国特色社会主义法治体系、建设社会主义法治国家，推进国家治理体系和治理能力现代化，把我国建设成为富强民主文明和谐美丽的社会主义现代化强国，实现中华民族伟大复兴的中国梦而奋斗。本会遵守宪法、法律、法规和国家政策，自觉践行社会主义核心价值观，弘扬爱国主义精神，遵守社会道德风尚，自觉加强诚信自律建设。

习近平总书记指出，从政治角度看，全面推进依法治国是国家治理领域的一场广泛而深刻的革命。步履维艰的法治中国从 1997 年 "依法治国基本方略" 到 2014 年 "全面推进依法治国"，跨越了十七年，大致经历了五个阶段。

一是确立阶段——党的十五大。1997 年 9 月中共十五大将依法治国基本方略纳入政府工作报告；时隔两年，法治入宪，标志着执政党的国家治理决策正式变为国家制度。

二是目标阶段——党的十六大。2002 年中共十六大提出了到 2020 年全面建设小康社会的总目标，法治的完备和依法治国基本方略的全面落实是关系到我们能否完成这一目标的重要内容之一，更是社会秩序良好和人民安居乐业的有力保障。

三是任务阶段——党的十七大。2007 年中共十七大，我党从全面建设小康社会、开创中国特色社会主义事业新局面的战略高度出发，提出了"加快建设社会主义法治国家"的重要任务。

四是升华阶段——党的十八大。2012 年中共十八大明确指出，"法治是治国理政的基本方式"，要"全面推进依法治国"。首次要求干部要用"法治思维"和"法治方式"来衡量执政行为，这种"法治元素"嵌入在执政行为中是本次政府工作报告的新亮点。

五是会议主题——党的十八届四中全会。2014 年专题讨论依法治国问题，在党的历史上尚属首次，是中共党史上一座里程碑，更是决定民族前途命运的历史跨越。①

2014 年 1 月，习近平总书记在中央政法工作会议上强调："做到严格执法、公正司法，就要信仰法治、坚守法治。"同年 10 月，党的十八届四中全会通过了《中共中央关于全面推进依法治国若干重大问题的决定》并指出，"法律的权威源自人民的内心拥护和真诚信仰"。首次以党的重要文件形式将法律和信仰结合在一起予以表述。

2015 年 12 月，中共中央、国务院印发的《法治政府建设实施纲要（2015—2020 年）》提出，实施纲要的主要任务是：依法全面履行政府职能；完善依法行政制度体系；推进行政决策科学化、民主化、法治化；坚持严格规范公正文明执法；强化对行政权力的制约和监督；依法有效化解社会矛盾纠纷；全面提高政府工作人员法治思维和依法行政能力。

2020 年 12 月，中共中央印发《法治社会建设实施纲要（2020—2025 年）》指出，要"培育全社会法治信仰"，强调要"使人民群众自觉尊崇、信仰和遵守法律"。

2021 年 1 月，中共中央印发《法治中国建设规划（2020—2025 年）》，将实现"法治信仰普遍确立"纳入法治中国建设的总体目标之一。将"法治"与"信仰"相结合，弘扬法治的现代理论与实践价值，意味着我国已将法治提升到了历史新高度。②

---

① 代长春：《依法治国与律师使命》，载《法制博览》2017 年第 9 期（上）。

② 段传龙：《新时代法治信仰的内涵与实况评估》，载《人民论坛》2021 年第 5 期。

2021 年 8 月 2 日，《法治政府建设实施纲要（2021—2025 年）》中提出的总体目标是：到 2025 年，政府行为全面纳入法治轨道，职责明确、依法行政的政府治理体系日益健全，行政执法体制机制基本完善，行政执法质量和效能大幅提升，突发事件应对能力显著增强，各地区各层级法治政府建设协调并进，更多地区实现率先突破，为到 2035 年基本建成法治国家、法治政府、法治社会奠定坚实基础。

### 三、律师执业风险非规制管控中伦理道德管控的内容及其发展变迁

"伦理"，指行为事实如何的规律和行为应该如何的规范；"道德"，指行为应该如何的规范和规范在人们身上形成的心理自我——品德。作为"行为应该如何的规范"的伦理与道德是指社会制定或认可的关于人们具有社会效用的行为应该如何的非权力规范。

律师伦理通常是指执业律师应当遵循的行为准则，即同律师职业活动紧密联系，具有自身职业特征的道德准则和规范。因此，律师伦理与通常所说的律师职业道德这两个概念是可以互换的。

**1. 伦理道德在律师执业风险非规制管控中的内容**

律师是基本人权的守护者与社会正义的追求者，其工作既蕴含着推动社会进步的可能，又隐藏着损害法治与正义的风险。律师在职业生涯中应时刻关注其行为是否符合维护人权、法治与社会正义的使命，不断反思其行为是否对人权、法治与社会正义构成损害或威胁。

就律师伦理而言，促进负责任的行为比惩罚不道德的行为更为重要。律师伦理首先需预见、判定与制止违反伦理的行为，其后才是对其进行谴责与惩罚。同理，律师不应刻板固守遵循现在规范所确立的程序，而要以积极和关心的态度反思和评估自己行为的伦理责任。

律师伦理不仅代表着对律师进行道德约束，同时也能够确认并维护律师的道德权利，并在律师面临来自各方的不适当影响和压力时为律师提供支持。

律师伦理支持但不限制律师在遵循道德准则的同时，追求职业上的成功。律师伦理并不要求律师成为"苦行僧"或为道德准则作出过度的牺牲。一位律师既严格遵循律师伦理，又取得职业上的成功，应当完全是可能的。

伦理判断与决定贯穿于律师职业的任何一个方面，遵守律师伦理是评判律师职业成功与否的首要标准。伦理判断自然而然地存在于律师职业的任何一个环节，哪怕是最微小的合同见证和法律咨询环节，都应关注其中的伦理问题。

律师伦理适用于律师职业群体的每一成员。律师职业生涯中的每一种关系，无论律师与委托人、与法官、与同行之间的关系，都蕴含着深刻的道德含义；律师职业活动中的每一种行为，无论是法律行为、经济行为或职业行为，都包含着相应的道德内容。

"职业道德一般包括三个层次，分别是职业道德意识、职业道德行为和职业道德规则。职业道德意识又包括职业道德心理和职业道德思想。"[①]职业道德意识指的是从事特定职业的专业人士对其从事该行业所应遵守的道德的认识，包括他们执业时的心理状态和他们在对整个执业活动整体的道德思想认识；职业道德行为是专业人士在从事执业活动时所作出的执业行为，既包括正面行为，也包括负面行为，并非只指符合该职业道德的行为；而职业道德规则则是在全行业范围内形成的，及于行业中每个人，约束每个人的一种道德思想的综合体现。它起初可能是一种默示的道德习惯，随着行业的发展和稳定需要也会变成一种明示的规则，以此来对行业内部进行管制约束。而为了确保其能实行预期的效果，职业道德规则还往往伴随着默示或明示的惩治措施。如此看来，职业道德规则在本行业内的地位和作用是不容小觑的，加强对职业道德规则的改进与贯彻也是促进行业稳定发展的重要一环。

律师职业道德是律师在执业过程中所要遵守的一种职业道德，也可以说是一份职业责任。因为这种律师职业道德在法律上有所规定，且具有一定的惩治措施，是带有一定强制力的，所以无论对律师职业道德规定得是否详细具体且负有实操性，惩治的措施是否建立健全且负有威慑力，律师职业道德都已经上升成为一份职业责任了。它既是一种职业道德，也是一种职业责任，并不是遵守了更好，而是必须遵守。

律师职业伦理的主要内容如下。

（1）坚持党的领导。律师作为社会主义法治工作队伍的重要组成部

---

① 李本森：《法律职业伦理》，北京大学出版社 2016 年版，第 8 页。

分，必须始终坚持党对律师工作的全面领导，加强党的建设工作已经明确写入《中华全国律师协会章程》。律师应当把拥护中国共产党领导、拥护社会主义法治作为律师从业的基本要求，增强走中国特色社会主义法治道路的自觉性和坚定性。

（2）维护公平正义。公正是法治的生命线，律师应当把维护公平正义作为核心价值追求。律师应当促进司法公正，使法律事实尽可能贴近客观事实，从而实现维护公平正义的目标。

（3）坚持诚实守信。诚实守信原则的具体体现：一是在与当事人建立委托代理关系过程中始终坚持诚实守信；二是禁止伪造证据，不得故意提供虚假证据，不得威胁、诱导、暗示他人提供虚假证据或者怂恿委托人伪造证据、提供虚假证词等；三是律师应遵循同业互助、公平竞争的职业精神。

（4）独立履行职责。独立履行职责是律师最重要的职业人格之一。具体而言，一是在法庭上进行代理或辩护活动中保持独立，以事实为根据，以法律为准绳，凭借扎实的证据材料和过硬的执业技能赢得诉讼。二是在为委托人赢得最大合法利益的关系中保持独立，律师有权根据法律的要求和道德的标准，选择完成或实现委托目的的方法。

（5）坚持依法执业。律师在执业过程中要切实维护宪法和法律尊严，模范遵守宪法和法律，坚持依法执业。

（6）勤勉尽职尽责。一是维护当事人合法权益。律师应当充分履行辩护或代理职责，充分运用自己的专业知识和技能，尽心尽职地完成当事人的委托事项。二是严格依照法定程序履职。律师应当严格按照法律规定的期限、时效以及与委托人约定的时间，及时办理委托的事务；律师应当在委托授权范围内从事代理活动。三是严格履行保密义务。在执业活动中严格保守知悉的国家秘密、商业秘密，当事人的隐私以及委托人和其他人不愿泄露的情况和信息。四是避免利益冲突。律师不得在同一案件中为双方当事人担任代理人，不得代理与本人或者其近亲属有利益冲突的法律事务。

（7）积极参与政府、社会事务。在全面依法治国进程中，律师要积极承担服务经济发展和国家重大发展战略、参与法治政府建设、助力国家法治建设，坚持执业为民的理念，积极履行法律援助、实施法治宣传、推进法治文化发展、化解矛盾纠纷等社会责任和职业使命。①

**2. 伦理道德在律师执业风险非规制管控中的发展变迁**

《律师法》第三条规定，律师执业必须遵守宪法和法律，恪守律师职业道德和执业纪律。

《律师执业管理办法》第二条规定："律师应当把拥护中国共产党领导、拥护社会主义法治作为从业的基本要求。律师通过执业活动，应当维护当事人合法权益，维护法律正确实施，维护社会公平和正义。"

1996 年 9 月 26 日，司法部印发《关于严格执行〈律师法〉进一步加强律师队伍建设的决定》（司发〔1996〕1006 号），要求"在律师队伍中形成遵纪守法、秉公执法、热情服务、诚实守信、扬善惩恶、文明礼貌、助人为乐的道德风尚"。

1996 年 10 月 6 日，中华全国律师协会常务理事会第五次会议通过的《律师职业道德和执业纪律规范》，用第二章专章规定"律师职业道德"的内容，明确规定：一是律师应当坚持为社会主义经济建设和改革开放服务，为社会主义民主和法制建设服务，为巩固人民民主专政和国家长治久安服务，为维护当事人的合法权益服务。二是律师应当忠于宪法和法律，坚持以事实为根据，以法律为准绳，严格依法执业。三是律师应当忠于职守，坚持原则，维护国家法律与社会正义。四是律师应当道德高尚、廉洁自律，珍惜职业声誉，保证自己的行为无损于律师职业形象。五是律师应当诚实信用、严密审慎、尽职尽责地为当事人提供法律帮助。六是律师应当保守在执业活动中知悉的国家秘密、当事人的商业秘密和当事人的隐私。七是律师应当尊重同行，同业互助，公平竞争，共同提高执业水平。八是律师应当敬业勤业，努力钻研和掌握执业所应具备的法律知识和服务技能，注重陶冶品德和职业修养。九是律师应当遵守律师协会章程，切实履行会员义务。

2001 年 11 月 26 日，中华全国律师协会修订了《律师职业道德和执业纪律规范》，将制定规范目的修改为：为维护律师的职业声誉，全面提高律师队伍的道德水准，规范律师的执业行为，保障律师切实履行对社会和公众所承担的使命和责任。将第二章修改为"律师职业道德基本准则"，

---

① 刘培培：《新时代律师职业伦理的法治化构建》，载《中国律师》2020 年第 9 期。

其内容包括：一是律师应当忠于宪法和法律，坚持以事实为根据，以法律为准绳，严格依法执业。律师应当忠于职守，坚持原则，维护国家法律与社会正义。二是律师应当诚实守信，勤勉尽责，尽职尽责地维护委托人的合法利益。三是律师应当敬业勤业，努力钻研业务，掌握执业所应具备的法律知识和服务技能，不断提高执业水平。四是律师应当珍视和维护律师职业声誉，模范遵守社会公德，注重陶冶品行和职业道德修养。五是律师应当严守国家机密，保守委托人的商业秘密及委托人的隐私。六是律师应当尊重同行，同业互助，公平竞争，共同提高执业水平。七是律师应当自觉履行法律援助义务，为受援人提供法律帮助。八是律师应当遵守律师协会章程，切实履行会员义务。九是律师应当积极参加社会公益活动。

《律师执业行为规范（试行）》于 2004 年 3 月 20 日第五届全国律协第九次常务理事会审议通过试行；2009 年 12 月 27 日第七届二次理事会修订；2017 年 1 月 8 日第九届全国律协常务理事会第二次会议审议通过试行。其中第二条规定，本规范是律师规范执业行为的指引，是评判律师执业行为的行业标准，是律师自我约束的行为准则。第六条还规定，律师应当忠于宪法、法律，恪守律师职业道德和执业纪律。

2014 年 5 月 23 日，司法部印发《关于进一步加强律师职业道德建设的意见》（司发〔2014〕8 号）进一步明确加强律师职业道德建设的总体要求：坚持以邓小平理论、"三个代表"重要思想、科学发展观为指导，深入贯彻落实党的十八大、十八届二中、三中全会精神，深入学习贯彻习近平总书记系列重要讲话精神，紧紧围绕社会主义核心价值体系的要求，全面贯彻落实中央关于深化律师制度改革的部署，坚持不懈地大力加强律师职业道德建设，健全完善加强律师职业道德建设长效机制，进一步提高广大律师职业道德素质，进一步规范执业行为、严肃执业纪律，切实解决在当前执业活动中存在的突出问题，努力建设一支政治坚定、法律精通、维护正义、恪守诚信的高素质律师队伍，为推进平安中国、法治中国建设作出积极贡献。

《律师职业道德基本准则》（2014 年 6 月 5 日全国律协制定）对律师提出了要坚定信念、执业为民、维护法治、追求正义、诚实守信、勤勉执业的基本要求。这些要求体现在律师职业的方方面面。律师在与其委托人之间、与法官之间、与律师协会之间、与律师事务所之间、与同行之间乃至与社会之间都要遵守律师职业道德规范。这些基本准则，亮明了与律师职业利益相关方不可触碰的道德红线。

2016 年 4 月 6 日，中共中央办公厅、国务院办公厅印发了《关于深化律师制度改革的意见》指出，"要加强职业道德建设，完善律师职业道德规范，健全职业道德教育培训机制"。

## 四、律师执业风险非规制管控中价值观念管控的内容及其发展变迁

价值观念是一定主体对实践中客观存在的价值关系和价值现象的主观反映，是主体关于客体价值的总观点和总看法，是一定社会主体所共有的、基于生存和发展的需要判断某类事物价值性质及程度的评价标准体系。

### 1. 价值观念在律师执业风险非规制管控中的内容

价值观念是由价值原则、价值目标和价值规范三个要素构成的有机体系。价值原则是主体在判断客体价值性质及程度时所坚持的基本准则。价值目标是主体价值活动所追求的、具有现实可能性和合乎主体愿望的指向与归宿。从时间上看，价值目标可分为近期目标和长远目标；从可能性上看，价值目标可分为现实目标和理想目标；从活动领域来看，价值目标可分为经济目标、政治目标、文化目标、社会目标和生态目标等；从承担主体来看，价值目标又可分为个体目标和群体目标等。价值规范是人们为实现价值目标，依据价值原则而制定的行为规范。价值原则、价值目标和价值规范三者共同组成价值观念。

价值观念总是和特定的主体相联系，表现为一定主体的价值观念。依据主体的不同，价值观念可分为个体价值观念和群体价值观念。个体价值观念是社会成员个人在社会实践过程中所形成的价值观念，是个人现实需要和利益的反映。群体价值观念是指一定人类群体在共同的实践活动中所形成的价值观念，是特定群体共同需要和利益的反映。依据群体的类型，群体价值观念又可分为集体价值观念、阶级价值观念、民族价值观念、社会价值观念、人类价值观念等。个体价值观念和群体价值观念虽然主体不同，但由于任何个体都是一定群体中的个体，任何群体都是由一定个体组成的群体。因此，个体价值观念与群体价值观念特别是社会价值观念是紧

密相连的。

当代中国社会价值观念的变迁使人的发展问题以一种极为迫切和醒目的方式呈现出来，在当代中国社会价值观念变迁的进程中研究人的全面发展及其实现是非常必要的。当前，我国正进入社会转型期，社会结构的深刻变动、利益格局的深刻调整和思想观念的深刻变化引发社会各个领域价值观念的变迁。社会价值观念的变迁推动社会不断发展，社会发展或社会进步最终促进人的发展，社会价值观念变迁与人的全面发展之间是协调一致、双向互动的关系。社会价值观念的变迁虽然引发一定时期内社会信仰危机与道德滑坡现象的发生，但它从整体推动了社会的进步与人的全面发展，具有历史的必然性和进步性。

2012 年 11 月 8 日，中国共产党第十八次全国代表大会报告中提出了"三个倡导"，即"倡导富强、民主、文明、和谐，倡导自由、平等、公正、法治，倡导爱国、敬业、诚信、友善，积极培育和践行社会主义核心价值观"。积极培育和践行社会主义核心价值观与中国特色社会主义发展要求相契合，与中华优秀传统文化和人类文明优秀成果相承接，是中国共产党凝聚全党全社会价值共识作出的重要论断。

社会主义核心价值观是以习近平同志为核心的党中央，积极应对现阶段经济发展进入新常态、社会结构历史变动、利益格局深刻调整、思想观念多元变化、环境风险居高不下、外部考验压力加大等现实问题，为不断增进全国人民对伟大祖国、中华民族、中华传统文化、中国共产党的领导、中国特色社会主义道路的认同，加强国家文化软实力建设而提出的。培养和践行社会主义核心价值观，是在全面建成小康社会和实现中华民族伟大复兴中国梦的过程中，各行各业都必须认真解决好的一个重大现实课题。加强律师职业道德建设，既是培育和践行社会主义核心价值观的必然要求，又是培育和践行社会主义核心价值观的重要内容。培育具有时代特征的律师核心价值观，是新形势下党和国家对广大律师提升职业发展水平和积极履行社会责任的新要求，是社会主义核心价值观在律师队伍建设中的生动实践。

中国共产党根据人类社会发展的规律和我国历史传统经验，进行了一系列实践和充分总结，以科学的理论为基础，提出了社会主义核心价值观。以科学的理论为基础，并在实践上具有可操作性，能够有效地引领我国律师职业道德建设向着良性、健康、有序的方向发展。社会主义核心价值观对律师职业道德建设有重大意义，使律师有明确的道德标准。它帮助律师净化心灵，完善自己的内心世界，使律师更有深度，更有涵养。它使律师充分认识自己的工作内容，确定工作目标，规划工作蓝图，用社会主义核心价值观来武装自己的头脑，为实现社会的公正公平作出努力。

社会主义核心价值观的具体内容是经过国家及人民群众认可并实践的，"是社会各界广泛认同、普遍接受、一致认可、共同追求的主流价值观，是各种社会认知的最大公约数"。律师职业道德建设是我国社会建设的重要组成内容，其工作做得好坏，是否到位，直接影响着社会主义核心价值观的践行情况。律师对社会建设有着不可推卸的责任，而遵守律师行业的职业道德规范就是其贡献自己力量的重要体现。

做一个有社会责任感的人，这既是社会发展对人的基本要求，也是律师实现自我价值的必由之路。广大执业律师要强化社会责任意识，认真履行法律援助义务，努力为困难群体提供法律援助。要积极参与社会矛盾化解和信访工作，引导当事人依法合理表达诉求，协助政府疏导群众情绪，促成矛盾纠纷妥善解决。要正确处理好经济利益与社会效益、维护当事人权益和维护社会公众利益关系，防止片面追求经济利益，在依法维护当事人合法权益的同时，防止损害他人合法权益和社会公共利益，努力实现法律效果与社会效果的统一。要带头积极参加志愿服务，主动承担社会责任，热诚关爱他人，多做扶贫济困、扶弱助残的实事好事，以实际行动促进社会进步。

近年来，在全面推进依法治国背景下，律师队伍建设取得长足发展，整体素质得到稳步提升。在思想方面，律师队伍在总体上虽然呈现出政治立场坚定、社会责任意识较强、参政议政热情较高、职业身份认同感强等特点，但是存在政治引导不足、社会地位满意度较低、参政议政态度较被动和职业价值取向容易出现偏差等问题。

一是律师自身的价值定位无法摆脱经济利益干扰。作为一个法律职业群体，律师是民主法治建设不可或缺的重要力量，担负建设法治社会的重任。同时律师具有市场属性，在市场经济环境下追求经济利益无可厚非，但是任何价值追求都有位阶高低之分。作为法律人，律师是法律职业共同体中不可或缺的一部分，是统一战线队伍中不容忽视的重要一员，其最高位阶的价值追求应是公平正义。在经济利益诱惑下，个别律师在一定情况下可能会放弃法律信仰与政治价值。反映到执业过程中，个别律师在现实生活中唯利是图，信奉金钱至上，为一己私利对法律规范视若无睹，更有律师直言不讳地告诉当事人需要用钱与法官"交易"，这在很大程度上扭曲了律师的社会形象，破坏了作为法律职业共同体成员的公信力。二是律师对政治素养的价值判断存在偏差。改革开放以来，律师行业"由公到私"的发展格局，导致许多律师对自身执业过程中需不需要把握政治原则、学习政治理论存在疑惑。很多人认为政治素养与律师工作关联度较低。如在调查需不需要学习中央重要会议精神时，47.37%的受访者认为很有必要学习，32.99%的受访者认为在需要时可以学习，10%左右的受访者认为完全没必要学习。很多律师没有充分认识自身政治素养在执业过程中的价值。这种对价值追求的错误定位带来的后果是，即使偶尔参与政治生活、接受政治教育，也只是作为一种身份标志或商业推广手段，没有真正体会到其中的价值蕴含和需要。①

**2. 价值观念在律师执业风险非规制管控中的发展变迁**

1980年颁布1982年施行的《律师暂行条例》第一条规定："律师是国家的法律工作者，其任务是对国家机关、企业事业单位、社会团体、人民公社和公民提供法律帮助，以维护法律的正确实施，维护国家、集体的利益和公民的合法权益。"

1996年颁布的《律师法》第一条规定：律师要"维护当事人的合法权益，维护法律的正确实施，发挥律师在社会主义法制建设中的积极作用"。

2007年颁布的《律师法》第二条第二款规定："律师应当维护当事人合法权益，维护法律正确实施，维护社会公平和正义。"

2014年5月23日，司法部印发的《关于进一步加强律师职业道德建设的意见》（司发〔2014〕8号）明确指出：要教育引导广大律师努力维护社会公平和正义。引导广大律师牢固树立使命意识，把维护社会公平正义作为核心价值追求，通过执业全心全意为人民群众服务，努力维护当事人合法权益；运用法律服务手段积极预防和化解社会矛盾纠纷，引导当事人依法理性维护权益，维护社会大局稳定；依法充分履行辩护代理职责，促进案件依法、公正解决，让人民群众在每一起案件和服务事项中都能感

---

① 中共重庆市委统战部、重庆市律师协会、西南政法大学党委统战部联合课题组：《新形势下律师队伍思想状况及对策研究》，载《重庆社会主义学院学报》2016年第2期。

受到公平正义。

2021 年 10 月 14 日第十次全国律师代表大会修订的《中华全国律师协会章程》将律师协会的宗旨修改为：坚持以习近平新时代中国特色社会主义思想为指导，学习贯彻习近平法治思想，坚持中国共产党领导，团结带领会员高举中国特色社会主义伟大旗帜，增强政治意识、大局意识、核心意识、看齐意识，坚定中国特色社会主义道路自信、理论自信、制度自信、文化自信，坚决维护习近平总书记党中央的核心、全党的核心地位，坚决维护党中央权威和集中统一领导，坚持正确政治方向，忠实履行中国特色社会主义法治工作队伍的职责使命，加强律师队伍思想政治建设，把拥护中国共产党领导、拥护社会主义法治作为律师从业的基本要求，增强广大律师走中国特色社会主义法治道路的自觉性和坚定性，忠于宪法和法律，维护当事人合法权益，维护法律正确实施，维护社会公平和正义，依法依规诚信执业，认真履行社会责任，为深入推进全面依法治国、建设中国特色社会主义法治体系、建设社会主义法治国家，推进国家治理体系和治理能力现代化，把我国建设成为富强民主文明和谐美丽的社会主义现代化强国，实现中华民族伟大复兴的中国梦而奋斗。本会遵守宪法、法律、法规和国家政策，自觉践行社会主义核心价值观，弘扬爱国主义精神，遵守社会道德风尚，自觉加强诚信自律建设。

党的十八大以来，以习近平同志为核心的党中央高度重视社会主义核心价值观融入法治建设。

2013 年 12 月，中共中央办公厅印发了《关于培育和践行社会主义核心价值观的意见》，指出："法律法规是推广社会主流价值的重要保证。要把社会主义核心价值观贯彻到依法治国、依法执政、依法行政实践中，落实到立法、执法、司法、普法和依法治理各个方面，用法律的权威来增强人们培育和践行社会主义核心价值观的自觉性。""充分发挥法律的规范、引导、保障、促进作用，形成有利于培育和践行社会主义核心价值观的良好法治环境。"

2016 年 12 月，中共中央办公厅、国务院办公厅印发了《关于进一步把社会主义核心价值观融入法治建设的指导意见》，进一步强调："将社会主义核心价值观融入法治国家、法治政府、法治社会建设全过程，融入科学立法、严格执法、公正司法、全民守法各环节，把社会主义核心价值观的要求体现到宪法、法律、行政法规、部门规章和公共政策中，以法治体现道德理念、强化法律对道德建设的促进作用，推动社会主义核心价值观更加深入人心。"

2018 年 5 月，中共中央印发了《社会主义核心价值观融入法治建设立法修法规划》，强调要以习近平新时代中国特色社会主义思想为指导，坚持全面依法治国，坚持社会主义核心价值体系，着力把社会主义核心价值观融入法律法规的立改废释全过程，确保各项立法导向更加鲜明、要求更加明确、措施更加有力，力争经过 5 到 10 年时间，推动社会主义核心价值观全面融入中国特色社会主义法律体系。这个规划明确提出了在立法修法中融入社会主义核心价值观的六项主要任务。一是以保护产权、维护契约、统一市场、平等交换、公平竞争等为基本导向，完善社会主义市场经济法律制度；二是坚持和巩固人民主体地位，推进社会主义民主政治法治化；三是发挥先进文化育人化人作用，建立健全文化法律制度；四是着眼人民最关心最直接最现实的利益问题，加快完善民生法律制度；五是促进人与自然和谐发展，建立严格严密的生态文明法律制度；六是加强道德领域突出问题专项立法，把一些基本道德要求及时上升为法律规范。

这三个文件明确了社会主义核心价值观融入法治建设的重大意义、指导思想、重点任务、基本要求。贯彻落实这三个文件精神，要在"全方位贯穿、深层次融入"上下功夫。一是要将社会主义核心价值观的全部要素全面融入法治建设，即把国家价值目标、社会价值取向、公民价值准则全面系统地融入中国特色社会主义法治体系。二是要将社会主义核心价值观融入法治建设全过程各环节，即融入法治国家、法治政府、法治社会建设全过程，融入科学立法、严格执法、公正司法、全民守法各环节。三是要把社会主义核心价值观的要求体现到党内法规和公共政策之中，形成有利于培育和弘扬社会主义核心价值观的良好政策导向和利益引导机制，实现公共政策和道德建设良性互动。这是核心价值观融入中国特色社会主义法治体系当然之义。四是要提高运用社会主义核心价值观发现、评估、解决法治建设中突出问题的能力，充分发挥社会主义核心价值观对法治建设的引领、评价和校正作用。①

---

① 张文显：《社会主义核心价值观与法治建设》，载《中国人大》2019 年第 10 期。

## 五、律师执业风险非规制管控中文化素养管控的内容及其发展变迁

文化素养指人们在文化方面所具有的较为稳定的、内在的基本品质，表明人们在这些知识以及与之相适应的能力、行为、情感等综合发展的质量水平和个性特点。

### 1. 文化素养在律师执业风险非规制管控中的内容

执业律师除了必须养成基本的职业素养之外，还应顺应社会发展趋势培养多维和多元的文化素养。面向未来，科学技术发展的加速及科技副作用的日益凸显，使得执业律师学会学习、肩负社会责任感变得至关重要。信息素养和人际交往能力是信息时代执业律师生存的基本素养，伴随着信息文化的出现及文化全球化，拥有文化理解力、认同民族文化成为未来社会对执业律师文化素养的基本诉求。

一是学会学习。伴随着知识的爆炸式增长及学科交叉融合的加强，人们只有学会学习，保持终身学习，才能够跟上科学技术发展的步伐。学会学习，读写算和信息技术的使用是基础，同时个体要了解自己所偏好的学习策略及其优缺点和程度，知道如何获得教育及培训机会和帮助。

二是肩负社会责任感。科学技术提高了社会效能、劳动生产率和生活质量，但同时也使得技术解决的办法和技术造成的问题两者间距离加大。科学技术带来的环境污染、生态危机等负面效应及伦理挑战日益显现。

三是具备信息素养。自 20 世纪中叶以来，新技术革命导致整个社会从传统的工业时代向信息时代转变，在这一社会变革中，起决定作用的主要不是资本，而是知识和信息，知识、信息成为生产力的主要要素和国家核心能力所在。后工业社会以信息为资源，信息加工是资源的主要处理模式，信息素养是信息时代生存的基本素养，它要求个体批判地将资讯社会技术应用于工作、休闲和沟通等方面，以信息和通信技术方面的基本能力为基础，接收、评估、存储、生成、呈现和交换信息，应用互联网进行沟通和协作。

四是人际交往能力。人际交往能力是人们对于社会交往内涵、实质、地位、作用等方面认识和实践程度的决定因素，交往品质的高低直接关系到人们的交往思维和交往实践水平的高低。在新的经济发展趋势下，执业

律师需要有良好的人际交往能力，开展积极的、自觉的交往活动，并具有倾听他人观点、从他人角度思考问题、有效控制情绪等人际交往品质。

五是拥有文化理解力。伴随着信息革命的不断深入，崭新的文化形式正在形成：人与人之间的交往已经打破地域、国别和等级的界限，通过网络倾吐思想、交流感情。信息文化是产生和发展在信息时代，以信息技术为依托和支柱，能同时表达语音、文字、图像的全球性文化。与以往任何形态的文化相比，信息文化超越了地域环境的障碍，实现了文化的全球化。全球化进程不是在制造文化的单一性，相反，它使我们明了文化的多样性。文化的全球化要求人们以尊重和开放的心态，理解世界各地的文化和语言，具有文化理解力。

六是认同民族文化。全球化在帮助人们打开"文化的世界橱窗"时，也给地方文化、民族文化的发展带来影响和冲击。在融入多元文化的潮流中，如果没有民族文化的认同追求，就有可能消退自己，甚至丧失自己，这就是为什么"民族主义和民族认同话语在这个愈益全球化的世界上看来仍然会保持其重要性"。认同民族文化，首先是母语的认同，一个民族往往把自己全部的精神生活痕迹都珍藏在语言中，一个民族的语言总是体现着这个民族的精神。其次，是对自己文化的深刻理解，热爱民族文化，理解民族文化的价值，保护、开发、使用文化资源。①

企业文化是指以企业哲学为指导，以企业价值观为核心，以企业道德为准则，以企业环境为保证，以企业形象为重点，以企业创新为动力的系统理念。它最充分地尊重人、理解人、关心人、信任人。最大限度地培养和发挥企业员工的创新能力。积极适应21世纪经济知识化、网络化、全球化的大趋势。不断增强企业的应变能力和竞争能力，推动企业健康、快速地发展，立足国内，走向世界。

律所执业的基本要素是律师，律所管理的基本对象也是律师。如果说企业是靠物质财富去获取利润，那么律师事务所则是靠知识财富去赢得效益。这种天然的相似决定了律师事务所应当大胆地借鉴和吸收企业文化的内涵，形成有特色的律师事务所文化，这样才能将律师的个体化、分散化行动组合成协调有机的群体行动，才能形成统一的理念、追求和精神。可

---

① 王梦：《社会发展对人核心素养的基本诉求》，载《课程教育研究》2015年9月。

以说，律师事务所的文化建设，是保障律师事务所健康发展、保证我国律师事业适应社会主义现代化建设需要不断发展壮大的大计。

正如博登海默所言："为了使法律工作者成为一个真正有用的公仆，成为一流的法律工作者，他们就必须首先是一个具有文化修养和广博知识的人士。"①

无论规模多大的律师事务所，最初的竞争力可能会有千差万别，但竞争力到了一定阶段，其实是很简单的，那就是文化观、战略观和价值观。文化观最重要的是一种恒力，战略观最重要的是一种能力，价值观最重要的是一种心力。仅就文化观而言，大型律师事务所最致命的是异化；中型律师事务所最致命的是固化；小型律师事务所最致命的是虚化。一个律师事务所有没有文化，让三类人评价才最为公允：让你的忠诚客户评价；让你的普通员工评价；让你的离职同事评价。

律师文化之于律师事务所，其功能主要体现在强大的凝聚力、融合力以及团队精神的形成上。"律师文化所形成的环境氛围和自我调解机制，可以把来自不同文化背景、具有不同人格特征和行为习惯的律师有机地融合在一起"②，把全体成员统一到一个共同的理想和目标下，最大限度地发挥集体的力量，这是律师事务所生生不息的永恒动力。目前，中国律师业单打独斗的局面，正是由于没有形成一种普适性的、被绝大多数律师所认同的律师文化。因而，律所也难以形成有效的规模效应。无数的案例也已经证明，合伙人的分家无非有两个原因：一是分配不公；二是理念不合。而理念不合则是更深刻的原因。这样的现状也恰恰说明，律师事务所的律师文化是其发展动力和精神之源，是律师事务所的灵魂所在，它可以潜移默化地影响成员的行动和言谈，引导成员将自我职业生涯与律师事务所的发展有机结合起来，激励成员为远大的理想和目标奋斗，从而将成员内在的潜力激发出来。没有共同文化的律师事务所是危险的，是没有竞争力的，同时，也难以长久对外树立律师事务所良好的形象，更难以形成独特的品牌价值。

律师事务所文化是以人为中心，文化在律师事务所的建设和律师队伍

① ［美］E. 博登海默：《法理学——法律哲学与法律方法》，邓正来译，中国政法大学出版社 1999 年版，第 507 页。
② 宋占文：《当代中国律师文化》，载《中国律师》2007 年第 8 期。

成长过程中，是逐步形成的，它可以增强律师事务所的凝聚力、创造力和持久力。它是各种精神因素、道德因素、信念因素、环境因素、职能因素的总和。因此，律师事务所的文化建设具有以下深远的意义。

第一，文化建设增强律所的凝聚力。传统的律师业务使律师很大程度上成为独来独往、独自奋斗的自由职业者。但来自21世纪知识经济和经济全球化的挑战，决定了个人服务型的律师越来越难以胜任诸多新型业务领域，而客户对律师事务所的信用和信誉的依赖正在改变传统意义上对律师个人的依赖。因此，一个律师事务所要将相对独立的成员建设成一个稳固的群体，就必然要充分发挥文化建设的凝聚力作用。

由于律师资格的取得必须具备一定的政治、业务、道德条件，决定了律师自身是具有一定文化素质和底蕴的，对其只有物质利益上的刺激是不够的，律师更需要的是文化上的认同和支持。律师事务所必须创造一个文化氛围，让每一个律师在这个环境中得以沟通、交流，得以帮助和激励，更得以塑造某种理念。一个优秀的团队，如果能通过一定的文化氛围塑造某种精神，给律师以文化上的认同，这样，律师就能在这个团队里寻找到一种精神上的归属感。相反，如果忽视了律师事务所的文化建设，淡漠了律师事务所内部管理中的人情味，那将是另一种情形了。据浙江省司法厅2002年对浙江省部分律师事务所执业检查的一份调查报告显示，由于缺乏律师事务所文化建设，部分律所无法吸引优秀人才，律师流动频繁，个别律师一年换一个所。还有部分律所不在管理体制上下功夫，却靠违规为聘用律师高提成（通常为70%，个别所高达88%）来吸引律师，这些都非常不利于律师事务所的稳定和发展。可见，只有加强律所的文化建设，将律师紧密结合到一起，以创建本所事业、推动中国律师事业发展为己任，才能充分实现每个律师的价值。否则，如果以经济利益或其他利益为唯一目标，便会出现前途迷茫，便会产生令社会公众失望的短期行为，从而阻碍律师事业的健康发展。

第二，文化建设激发律所的创造力。律师事务所提供给社会的是一种知识型的服务，律师们应始终保持一种与之相称的职业声誉和形象，在社会中应当以高质量、高品位的形象出现在公众的面前。任何高质量的东西如果没有文化的烘托，就不可能达到品位的提升，也很难给人留下深刻的印象并迅速传播开来。律师事务所追求的是什么？利润是企业的最终目的却不是律师事务所的本色。律师是为社会公众提供法律服务的职业，因而律师事务所也必须追求完美的服务，提高服务质量，以优质的服务赢得信誉，得到社会的认同。这种认同感不仅来自普通民众，更来自同一法律行业。律所文化建设的创造力在于创新，它突破了原有的律师业囿于服务业的限制，在社会公众面前树立了法律文化和法律人的理念。通过律师事务所的文化建设，律师不仅在社会公众面前赢得良好的法律信誉，而且在同一行业中找到与其他职业的法律人（如法官、检察官）相同的法律文化背景和认同。可以说，律所的文化建设为法律文化的形成和统一创造了机遇和契机。

第三，文化建设支撑律所的持久力。市场经济的深入发展、中国入世的深厚背景、各个律师事务所的蓬勃兴起，越来越激烈的社会竞争时刻威胁着一个所的命运。律师事务所应当如何参与竞争并不断扩展自己的生存空间呢？恐怕仅靠物质和金钱的维系是不够的，有不少律所为了"案源"不惜搞垄断经营，不惜违背职业道德和执业纪律，其结局也往往是惨痛的。因此，律所要生存发展，必须借助一种隐含于内而又彰显于外的意义和价值，这就是一种特定的理念和文化。始终以这种高标准的理念和文化对待自己向社会提供的每一项法律"产品"，对每一个环节都精益求精，保证自己向社会提供的永远是"精品"，这才是律师事务所能够生存发展下去的最高支持和动力。

律师事务所文化建设可以增强律所的凝聚力、创造力和持久力，而创造力和持久力又是依靠凝聚力得以体现的，因此我们将律所的文化建设分为内部文化建设（凝聚力）和外部文化建设（创造力和持久力）两个层面。律师事务所文化的基本内涵是以人为中心，增强人们之间的凝聚力，所以内部文化建设也就是人本文化建设。律师事务所文化本身是一个抽象的概念，律所文化的创造力和持久力更需要一个"文化载体"来体现，所以外部文化建设就是"文化载体"的建设，也是一种品牌文化建设。

第一，律师事务所文化建设的内核——人本文化。

按照我国法律规定，律师事务所的组织形式包括国资律师事务所、合作制律师事务所、合伙律师事务所三种。由于在北京、上海等律师业较为发达地区，律师事务所以合伙为主要的组织形式，故在论述律所人本文化时，仅以合伙律所为例。我国合伙律师事务所主要由合伙人律师、管理者、聘用律师、律师助理、内勤人员组成。因此，合伙律所的人本文化主要从以下五个方面进行建设：

一是律所合伙人之间的关系。律师事务所与一般的经营实体不同，物质资本相对于律师个体的知识、能力和品格来讲，不是第一要素，只有建立了合伙人之间稳定的合作关系，志同道合，才是一家律所成功的关键。回顾以往，没有哪一家律师事务所在成立之初，合伙人不是怀着共同的理想走到一起的。然而放眼现实，合伙人之间因合作不好而影响律师事务所发展的例子却比比皆是。因此，合伙人之间的人本文化，就是要充分考虑合伙人之间配置的整体效应，看他们能否相处融洽，平衡利益摩擦，增强凝聚力，为其他律师建立表率。

二是律所合伙人与管理者的关系。目前，我国律师事务所专业的管理人士或专门的管理人士非常缺乏，还没有像职业经理人那样成为一个阶层。所以，在律所文化的建设过程中，应当为培育律师事务所的管理阶层提供空间，即合伙人适时适度地让渡管理权，使得管理者能够在一个合理的文化制度背景下，对律师事务所的人力、物力资源进行最佳配置，达到成本最小化、效益最大化（包括经济效益、社会效益）。

三是律所合伙人律师与聘用律师之间的关系。首先，不能简单地把两者看作是"老板和伙计"的关系。合伙人律师应该把聘用律师视为事业伙伴。其次，合伙人律师应当在聘用律师获得收益的满足、人格的尊重、发展的机遇的基础上与聘用律师建立平等、和谐的人际关系，可以明显地提高工作效率。

四是律所合伙律师、律师与律师助理之间的关系。律师助理在整个律师事务所的运行过程中承担了重复性较强、创造性较弱的那部分工作，包括收发报纸与信件、整理保管文件和档案、接待咨询、代写简单的法律文书等。总之，律师助理虽然不能独立对外以律师身份进行活动，但是由于律师助理大多法律知识结构新、理论基础扎实、进取心强，他们也能在很大程度上代表律所的良好形象。如果律所的人本文化建设能处理好律师助理的法律文化提升问题，对他们及时进行知识向能力转化的系统培训，这些人才就会在两三年内成为律所的生力军，成为律所人本文化的宣传者，而不是像现在这样很快就流失了。

五是律所律师与内勤人员的关系。内勤人员的言谈举止是展现律师事务所文化风貌和管理水准的一个方面，是律师事务所文明服务的窗口。因此，内勤人员应当对所内的每一位律师一视同仁地提供服务，这样才能通过律师的服务更好地服务于客户。同时，律师事务所的文化建设不能忽视内勤人员的作用，应当充分调动内勤人员的积极性，使所有员工产生强烈的归属感。

第二，律师事务所文化建设的品牌文化。

品牌是商品经济和市场经济的产物，最好的品牌传达了质量的保证，同时也是文化的载体。律师事务所文化建设必须将内部的人本文化体现到律所的社会形象和法律服务中，这就是律所文化建设的最终承载者——律所的品牌文化。律师事务所品牌文化的创立和建设都源自其向社会提供的"产品"——法律服务，因此品牌文化建设分为法律服务质量品牌文化和形象品牌文化建设两个方面。

一是法律服务质量的品牌化。法律服务的质量是律师事务所的立业之本，高质量的法律服务是客户能够及时、经济、高效地达到其合法目的所不可或缺的。因此，律师事务所的每一个办事处和每一名律师必须在每一个专业领域提供始终如一的优质服务，以优质的服务创造出律师事务所的独特品牌。同时，律所的品牌要体现律所与众不同的人本文化氛围，还必须在提供优质的法律服务过程中，一方面，为客户的不同商业需要进行"量体裁衣"，进行富有创造力的增值；另一方面，保持高标准的职业操守和对客户负责的专业责任心，不为一时的商业利益而丧失一贯的职业要求。

二是法律服务形象的品牌化。律师事务所向社会提供法律服务的同时也在塑造着法律服务的社会形象，因此法律服务形象也是品牌文化建设的重要内容。律所的法律服务形象具体包括律师的个人执业形象和律师事务所的整体工作环境形象等。所以，一方面执业律师要树立自己良好的执业形象，注重仪表，穿着应当整洁、有品位，注重礼仪，讲普通话，禁止在办公时酗酒、抽烟、赌博等；另一方面律所整体的工作环境应当营造一种崇尚个性、以人为本的文化氛围和严谨的作风，将其体现于办公室风格、各种诉讼文件格式设计以及具有本所特色的各类纸张、信封和向客户赠送象征性礼品。①

---

① 《律师事务所的文化建设》，载 https://china.findlaw.cn/info/findlawyer/lawyers/1912.html。

**2. 文化素养在律师执业风险非规制管控中的发展变迁**

1996 年 9 月 26 日，司法部印发《关于严格执行〈律师法〉进一步加强律师队伍建设的决定》（司发 1996〔1006 号〕）指出，树立正面典型，弘扬正气，以高尚的精神塑造律师；创造高标准、高层次、形象好的文明律师事务所。大力加强律师队伍的社会主义精神文明建设，努力提高律师的思想政治素质、职业道德水平和业务素质。

2001 年 3 月 8 日，司法部印发的《关于中国加入 WTO 后加快律师业改革与发展的意见》（司发通 2001〔1030 号〕）指出，"入世"后，大量外国律师事务所进入我国境内提供外国法律服务，不仅促进了中外律师间广泛的交流与合作，也为中国律师参与国际法律服务竞争创造了机会。同时，国外法律服务业的先进经验和一些成熟做法，对我们进一步解放思想、更新观念，科学合理地规划律师业的发展战略，加快建立符合国际竞争要求的中国律师制度，将提供良好的借鉴。

2016 年 4 月 6 日，中共中央办公厅、国务院办公厅印发的《关于深化律师制度改革的意见》指出，要"加强法治文化建设，培育中国特色社会主义律师执业精神"。

2016 年 11 月 29 日，《司法部关于进一步加强律师协会建设的意见》指出，要坚持和完善中国特色社会主义法治理论，坚持和完善中国特色社会主义律师制度，不断增强中国特色社会主义道路自信、理论自信、制度自信、文化自信。

《律师执业行为规范（试行）》（2004 年 3 月 20 日第五届全国律协常务理事会第九次审议通过试行；2009 年 12 月 27 日第七届全国律协常务理事会第二次会议修订；2017 年 1 月 8 日第九届全国律协常务理事会第二次会议审议通过试行）第八条规定："律师应当注重职业修养，自觉维护律师行业声誉。"第十七条规定："律师和律师事务所应当通过提高自身综合素质、提高会议法律服务质量、加强自身业务竞争能力的途径，开展、推广律师业务。"第七十二条规定："律师在法庭或仲裁庭发言时应当举止庄重、大方，用词文明、得体。"第一百零二条规定："律师应当积极参加律师协会组织的律师业务研究活动，完成律师协会布置的业务研究任务，参加律师协会组织的公益活动。"

2018 年 8 月 30 日，中共全国律师行业委员会印发的《律师事务所党组织工作规则（试行）》第三条规定："律师事务所党组织要坚持以习近平新时代中国特色社会主义思想为指导，牢固树立'四个意识'，始终坚持'四个自信'，坚决维护习近平总书记核心地位，坚决维护党中央权威和集中统一领导，坚定不移走中国特色社会主义法治道路。"第二十条规定："律师事务所党组织要营造积极向上的律师文化氛围，把社会主义核心价值观融入律师执业理念和律师事务所文化建设，加强社会公德、职业道德、家庭美德、个人品德教育，推动树立高尚的律师道德情操。"

### 六、律师执业风险非规制管控中人生境界管控的内容及其发展变迁

人生境界是一个人在其人生历程中心灵总体存在的状态和水平，核心是心灵感通或通达的意义世界和价值世界。它在生活实践过程中逐步形成，并不断作用于人的认识、情感、意志等心理过程，体现于人对人生和世界的态度、外在气象和外在行为等各个方面，是人性能达致的高度和人自由本质力量的集中体现。人生境界既是一个人生而为人取得的精神成就，也是人与人之间根本差异之所在。①

**1. 人生境界在律师执业风险非规制管控中的内容**

人生境界作为人的长期生活经验（直接和间接）内化于人的心理结构，而在人的心灵层次上形成的对真善美的追求，它内在地包含如下几方面的内容。

第一，人生本质。人何以为人？先哲们主要通过"人性"这个范畴对人的本质展开讨论，主要有"性善论"、"性恶论"、"性无善无恶论"、"天命之性"和"气质之性"的区分等。对人的本质的不同理解，将演绎出差异甚大的人生境界理论体系。如理性主义主张人的本质是理性的，因而他们追寻的是一种道德的与宗教的自由境界；非理性主义主张人的本质是意志的、情感的，因而追寻的是一种意志自由境界；精神分析学派主张人的本质是人的本能，因而他们追寻的是一种本能自由境界；马克思主义主张人的本质是一切社会关系的总和，因而追寻的是一种人的全面发展的自由境界。

---

① 郝永刚：《人生境界论》，复旦大学博士学位论文，第22页。

第二，人生价值。人生价值问题实质上就是人存在的意义问题。文化发展史上有把个人价值置于社会价值之上，以个人的物欲满足为唯一追求的纵欲主义，如列子；有把人的价值置于社会价值之上，以个体的精神的自由境界为最高追求的审美主义，如老子、庄子；有把社会责任、历史使命置于个人价值之上的，如孔子、孟子、荀子、朱熹等；有把价值的实现置于对实体的认知中，如柏拉图、黑格尔等；有把价值的实现寄托于对客体的征服中，如实证主义等。价值取向影响意义生成，没有价值取向就无法定义意义世界，也就无法形成意义的世界。因此，只有遵循正确价值观，只有对社会产生积极影响的人生价值观才能产生崇高的人生境界。

第三，人生理想与完美人格。人生理想是人们为之努力奋斗以求实现的人生境界目标；完美人格则是人们为自己树立的人生榜样和人格准则，是完美人生境界的内在体现。一般来说，人生理想和完美人格是每个人确立的人生目标、人生抱负和人生追求的导航坐标，它为人的生活提供着取之不尽的人生动力，并使人领悟到其人生是充实的、有价值的、有意义的。在中国古代人生理论中，有把为天下兴利除弊作为人生理想的墨子；有把成贤成圣作为完美人格的儒家学派；有把清净淡泊、自然无为作为人生追求的道家学者；有把进入虚静空无的涅槃境界作为人生目标的佛教；也有把实现文明进化的"大同世界"作为人生理想的康有为和谭嗣同等。这些理想人格的追寻使人生境界表现出不断地超越性特点。

第四，人生准则与人生态度。人生准则是人们为人处世的基本规范，是人们对生活、人生的基本态度。人的生活中的矛盾是客观存在的，正确处理人生中的矛盾而获得生命的意义与价值，就必须坚持一定的准则和态度。公平正义的准则使人明智，真善美统一的人生态度使人谦和。准则的遵守使人生的价值与意义得以体现，态度的谦和使人的意义与价值的实现成为可能。因而，在生活中，坚持不同的人生准则和人生态度在一定的程度上也影响着人生境界的水平与层次的实现。在中国传统文化中，儒家要求人们以"三纲五常"的理论信条为人生的基本准则；而道家提倡"见素抱朴""少私寡欲"的人生准则；法家要求人们刻意遵守法度规矩；佛教为众生设计了一整套的节律禁忌等。作为古代思想家，荀子倡导"制天命而用之"的自强不息的人生态度；庄子推崇"知其不可奈何而安之若命"

的自然无为、消极宿命的人生态度；玄学宣扬明哲保身的人生态度等。这些人生准则和人生态度在一定程度上对当时人生境界的建构产生了很大的影响。

第五，人生修养。人生修养是人们为实现理想人格，达到理想的人生境界而进行的涵养心性、锻炼人格意志的功夫。在中国传统文化中，十分重视境界的修养。境界的修养是实现崇高人生境界的必然路径。一般而言，境界的修养既重视个人内在的心性修养，又顾及外在的形体磨炼，试图达到身心兼修的境界。一方面通过节欲节食，反对过分放纵个人的物质欲望；另一方面强调人与天地自然的一致，使人的身心与大自然的变化节奏合拍，达致"天人合一"。王国维先生通过"隔"与"不隔"来阐释人生的修养；冯友兰先生突出理性，强调道德行为的自觉原则；唐君毅先生主张境界的修养是心灵的第九次上升过程，认为人类心灵可以由自然状态到理智状态，再到道德自觉状态而于最终得到完满的实现。因此，人生修养是人生境界最终得以完满的手段和路径。①

马克思主义坚持作为个性自由发展的理想人格境界应表现为以下三个方面：一是人的活动及其能力（包含体力和智力、自然力和社会力、个体能力和集体能力、潜力和现实能力等）的全面发展；二是社会关系（包括经济关系、政治关系、伦理关系、生活交往关系等）的全面丰富，以及对社会关系的全面占有和共同控制；三是人的个性（包括生理素质、心理素质和社会素质在内的个体素质的独特性及其在社会生活领域中的集中表现）的自由发展。因此，马克思主义人生境界观认为，人生境界的生成是人类社会历史的产物，高度发展的社会生产力和它所创造的社会物质条件，是生成人生境界的现实基础，同时人也只有在复杂多变的社会生活中，才能显示出更强的主动性和创造力，也才能实现人生境界的提升。

当代中国社会已经进入了一个与以往社会完全不同的崭新时代。一方面，现代性已经广泛而深刻地渗入国家的社会系统和人们的日常生活之中。随着法律和制度不断完善，人们的行为日益得到法制的规范。随着市场经济体制的逐步健全，越来越多的人摆脱了对各类社会群体和社会组织的依赖，日渐获得了更强的主体性和更大的自由，人们越来越能够在不违

---

① 单连春：《人生境界论》，东北师范大学博士学位论文，第 18 ~ 19 页。

背法律和底线伦理的基础上选择自己的生活方式。广大民众生活方式的空前多元和选择的自由度大幅增加是中国社会进步的重要标志。

另一方面，由于现代性彻底的世俗化本性和人们为了改变物质生活水平激发出的巨大热情得到了空前释放，广大民众在获得越来越多的独立和自由的同时，又普遍地陷入了对金钱和物欲的追逐之中，成功似乎成了压倒一切的生活目标，金钱似乎成了衡量人生意义和价值的唯一标志，外在的、看得见摸得着的成就似乎成了评价人的唯一标准。人们不由自主地陷入了赚钱、消费、再赚钱的僵化生活模式中。劳动是为了赚钱，赚钱是为了消费，消费是为了满足欲望。欲望无穷无尽，不断推陈出新，于是人生陷入无止境的无奈循环之中。昔日赖以安身立命的信仰体系逐渐瓦解，使人们常常对自己生活方式感到迷茫和困惑；人际关系却越来越淡漠；功利性交往和事务性交往主导了日常交往行为，内心感到越来越孤单；休闲时间越来越长，休闲种类日益繁多，却感到越来越无聊。欲望越来越容易满足，却也越来越难以体会到深刻的幸福感。心灵越来越自由，却无法找到安放之地。对现实的生活方式有诸多的不满，心有不甘，却无法找到令人振奋和笃定的人生意义。在这种生命的境遇下，人们渴望在日常的生命活动中重新发现和重新获得笃定感、意义感、价值感和深刻的幸福感，因而渴望获得高层次的人生境界，因此提升人生境界在当代更凸显了其时代意义。

从中国社会的发展趋势来看，生产力的发展和物质财富的整体增加使人们过上了较为殷实的生活，但社会同时也需要人们具有更强的思想觉悟和更高的道德觉悟，从而使人们一方面能够强化主体意识，另一方面能有更自觉地对集体、国家、民族、人类乃至生态环境的关怀和责任感，以及以这种责任感为缘由的使命意识。在和平和发展的时代主题下，人们的人生境界的提升进一步带来的是家庭幸福、企业发展、社会安定、人类和平，以及人与自然环境的和谐共处。

**2. 人生境界在律师执业风险非规制管控中的发展变迁**

1996 年 9 月 26 日，司法部印发的《关于严格执行〈律师法〉进一步加强律师队伍建设的决定》（司发 1996〔1006 号〕）指出，树立正面典型，弘扬正气，以高尚的精神塑造律师；创造高标准、高层次、形象好的文明律师事务所。大力加强律师队伍的社会主义精神文明建设，努力提高律师的思想政治素质、职业道德水平和业务素质。

2001 年 3 月 8 日，《司法部关于中国加入 WTO 后加快律师业改革与发展的意见》（司发通 2001〔1030 号〕）指出，"入世"后，大量外国律师事务所进入我国境内提供外国法律服务，不仅促进了中外律师间广泛的交流与合作，也为中国律师参与国际法律服务竞争创造了机会。同时，国外法律服务业的先进经验和一些成熟做法，对我们进一步解放思想、更新观念，科学合理地规划律师业的发展战略，加快建立符合国际竞争要求的中国律师制度，将提供良好的借鉴。

2010 年 8 月 13 日，全国律协发布的《律师执业年度考核规则》第二条第二款规定，律师执业年度考核，应当教育、引导和监督律师遵守宪法和法律，遵守律师职业道德和执业纪律，依法、诚信、尽责执业，忠实履行中国特色社会主义法律工作者的职业使命，维护当事人合法权益，维护法律正确实施，维护社会公平和正义。

2015 年 6 月 8 日，中央政法委印发的《关于建立律师参与化解和代理涉法涉诉信访案件制度的意见（试行）》指出，律师参与化解和代理涉法涉诉信访案件，既是为信访群众提供法律服务，也是提高自身能力素质、彰显社会责任的实践和锻炼。

2016 年 4 月 6 日，中共中央办公厅、国务院办公厅印发的《关于深化律师制度改革的意见》指出，要"加强法治文化建设，培育中国特色社会主义律师执业精神"。

2016 年 11 月 29 日，《司法部关于进一步加强律师协会建设的意见》指出，要坚持和完善中国特色社会主义法治理论，坚持和完善中国特色社会主义律师制度，不断增强中国特色社会主义道路自信、理论自信、制度自信、文化自信。

2018 年 8 月 30 日，中共全国律师行业委员会印发的《律师事务所党组织工作规则（试行）》第三条规定："律师事务所党组织要坚持以习近平新时代中国特色社会主义思想为指导，牢固树立'四个意识'，始终坚持'四个自信'，坚决维护习近平总书记核心地位，坚决维护党中央权威和集中统一领导，坚定不移走中国特色社会主义法治道路。"第二十条规定："律师事务所党组织要营造积极向上的律师文化氛围，把社会主义核心价值观融入律师执业理念和律师事务所文化建设，加强社会公德、职业道德、家庭美德、个人品德教育，推动树立高尚的律师道德情操。"

2019 年 3 月 14 日，《司法部关于扩大律师专业水平评价体系和评定机制试点的通知》在完善评价标准方面指出，坚持德才兼备、以德为先，突出考察律师讲政治、守规矩、重品行、做表率，严格依法、规范、诚信、尽责执业。

《律师执业行为规范（试行）》（2004 年 3 月 20 日第五届全国律协常务理事会第九次会议审议通过试行；2009 年 12 月 27 日第七届二次理事会修订；2017 年 1 月 8 日第九届全国律协常务理事会第二次会议审议通过试行）第八条规定："律师应当注重职业修养，自觉维护律师行业声誉。"第十七条规定："律师和律师事务所应当通过提高自身综合素质、提高法律服务质量、加强自身业务竞争能力的途径，开展、推广律师业务。"第七十二条规定："律师在法庭或仲裁庭发言时应当举止庄重、大方，用词文明、得体。"第一百零二条规定："律师应当积极参加律师协会组织的律师业务研究活动，完成律师协会布置的业务研究任务，参加律师协会组织的公益活动。"

2021 年 3 月 26 日，中华全国律师协会发布的《申请律师执业人员实习管理规则》第三条第一款规定："律师协会应当坚持以习近平新时代中国特色社会主义思想为指导，深入学习贯彻习近平法治思想，根据律师是中国特色社会主义法治工作队伍重要组成部分的定位，按照'政治坚定、精通法律、维护正义、恪守诚信'的培养目标和本规则规定，组织管理实习人员的实习活动，指导律师事务所和实习指导律师做好实习人员的教育、训练和管理工作，严格实习考核，确保实习质量。"

2021 年 10 月 15 日，中华全国律师协会发布的《关于禁止违规炒作案件的规则（试行）》第一条规定："为进一步加强律师职业道德和执业纪律建设，防止律师通过违规炒作等方式影响案件依法办理，维护诚信公平的良好执业环境，维护行业形象，维护司法公正，根据《中华人民共和国律师法》《中华全国律师协会章程》等，制定本规则。"

2021 年 10 月 15 日，中共全国律师行业委员会印发的《律师事务所党组织参与决策管理工作指引（试行）》第五条第二项规定："坚持践行为民宗旨，引导律师树立正确执业理念，着力服务和保障民生，自觉履行社会责任，增强人民群众法制获得感、幸福感、安全感。"

# 第四节　理想信念、法治信仰、伦理道德、价值观念、文化素养和人生境界在律师执业风险非规制管控中的作用

## 一、理想信念在律师执业风险非规制管控中的作用

社会主义核心价值观的培育和践行，使主流思想在社会上传播，社会上充满正能量，从而推动社会风气向好的方向发展，律师的思想得到净化，凝聚律师队伍的意志和力量得到加强，促进律所和律师更好地防范律师执业中可能出现的各种风险。理想信念教育能够为律师队伍补足"精神之钙"。新时代发展条件外在因素的变化、律师自身功利性诉求内在因素的增加，都对律师队伍的理想信念教育带来显著影响。马克思主义关于人的价值理论是解决律师队伍社会群体性愿望与律师个体性愿望差异问题的理论基础。律师队伍理想信念教育需要构建社会、律师、个人"三位一体"的教育模式，需要发挥社会导向作用，强化律所关键作用和加强个人基础作用。

律所的理想信念教育活动让律师更加坚定马克思主义信仰，让律师熟知，律师"不仅是法律的代言人，还是人类灵魂的发言人。法律职业不应仅为一己之私而离群索居，而应为了回应人类内心的一种原始的渴望而产生和存续"。同时，律所推动理想信念教育活动能塑造律所良好风气，这种风气潜移默化地对律师的价值观产生影响，社会上就会涌现出许多政治坚定、法律精通，具有维护正义、恪守诚信优良品质的律师。①

律师是中国特色社会主义法治工作者，是全面依法治国的重要力量和国家治理现代化的重要保障。当前，我国进入全面建设社会主义现代化国家的新发展阶段，世界百年未有之大变局加速演进，律师事业发展所处的历史方位、律师队伍所肩负的使命任务、律师行业所拥有的职责定位也在发生重大变化。深刻理解、准确把握新时代律师职业定位的丰富内涵和实践要求，是解决好律师"是什么""为谁干""干什么"这一基本问题的

---

① 张琪娟：《加强新时代律师队伍理想信念教育》，载《中国律师》2020 年第 11 期。

治本之道，有利于深入贯彻习近平法治思想，引导律师队伍坚持正确政治方向，积极服务发展大局，以满腔热忱投入新时代全面依法治国伟大实践，努力做党和人民满意的好律师。①

2021 年 9 月 15 日，中共中央宣传部举行中外记者见面会，邀请 5 位司法行政领域的党员代表，围绕"司法行政跟党走，不忘初心为人民"与中外记者见面交流。其中，一名来自律师行业的党员代表十分引人注目。

他叫张祎，正在新疆从事公益法律服务。2021 年是他从事律师志愿服务的第 7 个年头，其中 2 年援助内蒙古，4 年援助西藏。7 年来，他为最需要援助的人提供最满意的免费法律服务，让受援人感受到了公平正义，感受到了党和政府的温暖，践行了人民律师为人民的理念。

"我不愿回去，这里太需要律师了。"和张祎一样，安徽律师陈贤也已经连续 8 年先后为西藏、内蒙古和新疆等边疆地区的老百姓提供公益法律服务。新中国成立 70 华诞之际，陈贤被授予"最美奋斗者"荣誉称号，这是对她个人的肯定，更是对律师行业的认可。张祎和陈贤都有一个共同的身份——"1 + 1"法律援助志愿者。

从 2009 年起，司法部连续 13 年累计选派 1200 多名律师参与"1 + 1"法律援助志愿者行动，积极为边疆地区、欠发达地区和民族地区群众提供志愿法律服务，帮助解决法律服务资源短缺地区人民群众的"急难愁盼"问题。

2019 年起，司法部又连续 3 年累计组织 200 多名律师组建"援藏律师服务团"，义务到西藏无律师县开展公益法律服务。一批批来自全国各地的律师志愿者主动请缨到高原工作，克服高原缺氧、条件艰苦等种种困难，身体力行将法律信仰和法治理念播洒在雪域高原的每一片土地。②

## 二、法治信仰在律师执业风险非规制管控中的作用

信仰具有调节社会的功能，但是这种调节不具有强制性，只能通过引导来实现。信仰作为一种复杂的社会现象，具有强大的心理凝聚作用。正

---

① 薛济民：《坚守中国特色社会主义法治工作者定位做　党和人民满意的好律师》，载《中国律师》2022 年第 5 期。

② 蔡长春、张晨：《深入学习贯彻习近平法治思想　奋力谱写律师事业发展新篇章——党的十八大以来我国律师事业发展综述》，载《法治日报》2021 年 10 月 11 日。

如托马斯·阿奎纳所说，"信仰者的思维同时伴随着赞同"。这种赞同可以达到理性和情感的统一，同时将这种统一转化为可以控制的调节机制。信仰在约束人的一种行为时，也会激励人的另一种行为，这就是信仰的调节社会的功能。

法治信仰是法律信仰的拓展与升华，它摆脱了对法律最直观的外在依赖，上升为超越法律本位的理性追求，进而深置于灵魂深处，并让人甘愿为之付出。①

培养法治信仰是国家治理体系和治理能力现代化的现实需求。习近平总书记强调，"坚持在法治轨道上推进国家治理体系和治理能力现代化。法治是国家治理体系和治理能力的重要依托。只有全面依法治国才能有效保障国家治理体系的系统性、规范性、协调性，才能最大限度凝聚社会共识"。一个现代化国家必然是法治国家。从人类社会治理的实践经验来看，法治是最为可靠、稳定、可信赖的治理模式。②

我国几十年法治建设的经验证明，要实现法治文明，仅仅依靠完善法律的制度框架是远远不够的。因为法律不仅是一种制度，更是一套价值观念。如果公民缺乏对法律的尊重与认可，那么文本中的法律条文就无法转化为现实中的法律实效。在这种"法治"状况下，法律最终只能被束之高阁，失去原本的意义。党的十八大报告提出"三个倡导"，将"法治"纳入社会主义核心价值体系之中，使之成为社会主义核心价值观的构成要素。党的十九大报告进一步提出"要提高全民族的法治素养"，目的都是要使法治成为全体国民的共同信仰。③

在现实中，大多数律师都能坚守法治信仰。但也有少数律师行业中的害群之马，丧失了法治信仰。海南省高级人民法院原副院长张家慧贪腐案，涉及 18 位律师涉嫌行贿；济南市中级人民法院三位法官受贿案，涉及 64 位律师涉嫌行贿。这些涉嫌行贿的律师，大多是地方律协的领导和律所的主任。这些律师基本上丧失了理想信念和法治信仰，其一切行为的出发点，都是以赚钱为中心。从这些案例可以充分说明，执业律师丧失了法治信仰，就有可能触碰法律的红线。

---

① 孙登科：《论法治信仰的生成逻辑》，载《法治现代化研究》2018 年第 4 期。
② 段传龙：《新时代法治信仰的内涵与实况评估》，载《人民论坛》2021 年第 5 期。
③ 林鹏：《论我国法治信仰的缺失与建构》，载《法治与社会》2018 年第 9 期（下）。

执业律师是为社会提供法律服务的，理应比一般人更加具有法治信仰、法治情怀和法治担当。如果连执业律师都丧失了法治信仰，全面依法治国就没有希望。如果执业律师都丧失了法治信仰，那他还有什么脸面和资格去理直气壮地为社会提供法律服务呢？执业律师只有自觉坚守法治信仰，才有可能有效防范律师执业风险。

### 三、伦理道德在律师执业风险非规制管控中的作用

律师的职业伦理是律师在执业过程中为了维护正常的职业需要而应遵从的价值观念、行为准则和执业职责。律师职业伦理由一套成熟的制度规范和学理解说构成。律师职业道德、执业纪律和社会责任都属于律师职业伦理的范畴。具体而言，律师职业道德是指律师在履行工作职责以及从事法律活动时，所需遵守的道德规范及行为准则。律师的执业纪律是律师在执行职务过程中所应当遵循的具体行为规范。律师社会责任是律师利用其独特知识构成、法律技能，从事律师职业行为并以推动法治、提高公众对律师的信任以及对于法治的信仰为指向的各种实践。

律师职业伦理的作用具体表现在以下四方面。

一是指导作用。律师是自律性较强的职业，律师的职业道德具有精神层面的引领作用和理念层面的导向功能。作为一种自觉和理性的文化，蕴含着律师职业普遍认同和自愿接受的价值观念，引导律师职业群体的思维方式和行为举止，使律师职业具有更高水平的认同感、归属感、使命感，从而进一步提升律师法律服务的质量和效果。

二是约束作用。律师职业道德、行为规范实质上是律师在从事执业活动过程中必须遵守的基本原则和具体要求，其中很多内容以法律规范形式呈现，也包括很多强制性规范，因此具有行为上的法律约束力，能够约束律师执业行为在法治轨道内进行。

三是评价功能。律师职业道德、行为规范以及社会责任作为律师职业的价值取向，具有评价功能。因此，无论是社会大众，还是当事人以及律师同仁，都能够以此综合评价一位律师的执业能力和水平。而维护良好的律师职业伦理整体水平，既有助于提升律师在社会公众心中的正面职业形象，同时也对社会具有正面的影响。

四是保护作用。联合国《关于律师作用的基本原则》规定，各国政府

应确保律师不会由于其按照公认的专业职责、准则和道德规范所采取的任何行动，而受到或者被威胁会受到起诉或行政、经济或其他制裁。律师如因履行其职责而其安全受到威胁时，应当得到充分保障。由此可见，律师职业道德以及行为规范是保护律师人身安全不受侵害的重要依据和理由。①

　　一份全国性的律师职业伦理评价的调查数据显示：在不同法律职业当中，法官对于律师职业伦理水准的总体评价是最为负面的。在不同从业年限和年龄层次的法律职业群体当中，从业 10 年至 20 年之间且年龄在 36 岁至 45 岁之间的这个群体，对于律师职业伦理水准的总体评价是最为负面的。在不同职业的公众当中，进城务工人员对于律师职业伦理水准的总体评价是最为负面的。在不同文化层次的公众当中，研究生及以上的群体，对于律师职业伦理水准总体评价是最为负面的。那么，未来法律职业伦理的建设与规范实施，就必须对这些群体的诉求进行重点的回应，进一步厘清这些群体诉求的来源，进行针对性的回应。比如，对于进城务工人员，如果从全国律师协会的角度出发，应该通过针对性的法律援助等建制性活动，对这个群体的诉求给予更多的回应。

　　由于诸多限制，上述数据仅仅对虚假宣传、虚假承诺和律师与法官的不正当往来等三种行为进行了调研。从调研得出的数据可以看出，这三类失范行为的社会评价并不乐观。如前所述，这三类行为都是现行律师职业行为规范所明确禁止的行为，但这些行为并未因为行为规范的禁止而销声匿迹，甚至还相当有市场。律师协会应该通过强化对此类行为投诉和惩戒来给予更为有效的回应。比如说，在大量的司法腐败案件当中，律师大多是其中的居间者。但对这些律师如何进行惩戒与处理，却很少进入社会公众的视野当中。应该说，当前的律师惩戒还更多地带有封闭性和秘密性色彩。它既无法对律师行业予以足够的震慑，也无法回应社会舆论的需求。律师协会自我惩戒的动力不足是一个普遍性问题。在美国，1988 年有超过 44000 件惩戒投诉被速决驳回。而在某些司法辖区，有高达 90% 的投诉被速决驳回②。即便已经被律师惩戒机构受理的投诉，其得到公开处理的也

---

① 刘培培：《新时代律师职业伦理的法治化构建》，载《中国律师》2020 年第 9 期。
② 美国律师协会：《面向新世纪的律师规制：惩戒执行评估委员会报告》，王进喜译，中国法制出版社 2016 年版，第 26 页。

不足 2%。① 因此，唯有在律师惩戒方面引入更多的社会力量，建构一个更为公开的惩戒机制，才可能使得律师职业伦理规范更具有权威性。

作为一个法律服务恢复重建 40 多年的国家，我国律师行业已经在复杂的制度环境当中，实现了快速发展。这样一个快速发展的过程，一方面，是法律服务群体的快速增加和法律服务市场的不断扩大；另一方面，也是律师行业管理体制与配套制度不断发展完善的过程。律师行业的制度变革，应该回应社会对法律服务的期待与法律服务市场发展的需要。②

## 四、价值观念在律师执业风险非规制管控中的作用

社会群体价值观念（社会价值观念）是以社会群体为主体的价值观念。"它是相对于个人价值观念的一种特殊的价值观形态，是人们对社会存在的总体性评价及其建立在此评价基础上的社会交往规范。"③ 它总是凝聚着社会群体主体的意识，体现着社会群体主体的需要。一旦形成，它就顺理成章地在社会群体中自发或者自为地发生作用。它的作用主要表现在两个方面。

其一，它是社会群体的精神"黏合剂"。马克思认为："要有同样的意志，这些多数的人就要有同样的利益，同样的生活情况，同样的生存条件。"④ 它直接表明，意志是与利益、生活情况和生存条件紧密联系在一起的。对于同一社会价值观念的认同，使人们在利益、生活情况和生存条件等方面形成了"同样"的认同。在这些"同样"的认同中，经济利益的认同是最为重要的。于是，认识活动中的这些"同样"的认同，就转化为心理活动中使人感觉亲切的"同样"的情感。这种使人感觉到亲切的"同样"情感，就是人们彼此凝聚的精神"黏合剂"。这也必然成为人们寄托灵魂的精神家园。

其二，它体现了社会群体作为主体在实践活动当中的价值追求。如果说，主体的价值追求体现在价值观念上，那么作为社会主体的群体，其价

---

① ［美］德博拉·L. 罗德：《为了司法正义：法律职业改革》，张群等译，中国政法大学出版社 2009 年版，第 25 页。

② 吴洪淇：《律师职业伦理的评价样态与规制路径——基于全国范围问卷调查数据的分析》，载《政法论坛》2018 年第 2 期。

③ 刘庆丰：《近十年国内社会价值观研究的现状与展望》，载《探索》2011 年第 5 期。

④ 马克思恩格斯：《马克思恩格斯全集》（第 6 卷），人民出版社 1965 年版，第 235 页。

值追求则体现在它的认识活动和实践活动当中。而作为社会主体的群体，其认识活动主要包括评价活动与认知活动。他们的认知活动主要是在遵循着客观性原则的基础之上，去揭示对象的本质和规律。但在直接性上，认知活动并不能够体现社会价值观念所内蕴的价值追求和价值取向。从这个意义上来讲，评价活动为认知指出了方向，提供了动力，直接地体现社会价值观念内蕴的价值追求与取向，而认知活动则间接体现出社会价值观念内蕴的价值追求与取向。作为社会主体的群体，其价值追求在实践活动当中的体现，就是人在实践过程结束时必定要得到一个结果，这个结果就是它的目的，而目的的制定直接与社会价值观念内蕴的价值追求和价值取向联系在一起。由于方法的制定总是围绕着目的。因此方法的制定，就是通过目的作为中介，间接地与社会主义价值追求与价值取向联系在一起。简言之，社会价值观念总是凝聚着社会主体的群体意识，体现着社会主体的群体需要。一旦形成，它就顺理成章地在社会群体中自发或者自为地发生作用。①

2019 年，北京律师行业管理部门积极引导广大律师发挥自身优势，主动服务基层社会治理，在化解社会矛盾、维护和谐稳定等方面取得显著成效。依托北京多元调解发展促进会，构建起具有北京特色的律师调解工作格局。目前，已有 60 家律师事务所成立了律师调解中心，培训认证律师调解员 700 余人。遴选了 500 余名律师，持续参与涉法涉诉案件化解工作和国家信访局日常值班工作。已有 1000 余名律师参与法援中心值班工作；500 余名律师及 30 余名实习律师进驻法院参与诉前调解工作；有 7000 多名律师参与矛盾纠纷调解；3500 余名律师参与村（居）公益法律服务。开展了救治扶贫，招募了 11 名律师参与 "1＋1" 中国法律援助志愿者行动；13 名律师参与援藏律师服务团；累计派遣 202 人（次）参与。律师数量居全国之首。持续开展了 "巾帼维权·送法到家" 女律师以案释法宣讲活动。举办讲座 135 场，共有 269 人（次）律师参与宣讲，累计培训 7000 余人。佟丽华、马兰、刘凝、时福茂 4 位律师被评为 "新时代司法为民好榜样"；马兰、范新梅、金晓莲、赵一凡 4 位律师被评为 "全国维护妇女儿童权益先进个人"。②

---

① 束燕铭：《论社会价值观念的作用》，《明日风尚》2017 年第 4 期。
② 骆轩：《挑战与机遇并存发展与荣光并进——2019 年北京律师行业十大亮点工作》，载《中国律师》2020 年第 2 期。

律师群体尊崇法治、公平、正义、诚信的价值观念，高度凝练社会责任和专业能力的职业属性，推动着执业律师法治建设思想和行为的自我养成。其中，高度的社会责任是重中之重。当前，我国律师正面临着前所未有的发展机遇，处于更高的发展起点上，用社会责任等价值观念来塑造队伍、凝聚队伍、发展队伍，让广大律师拥有更多的认同感和归属感，让广大律师真正成为法治国家的建设者、参与者，最终也是受益者。构建执业律师共同的价值观是律所发展战略的核心，也是律所防范律师执业风险的保障。

## 五、文化素养在律师执业风险非规制管控中的作用

文化是人类在长期发展过程中创造出来的精神财富和物质财富的总和。这其中就包括艺术、文学、自然科学、人生观、世界观、方法论等意识形态和非意识形态部分。公民文化素养是人在精神领域的创造物，包括科学素养、道德伦理素养、人文素养、宗教文化素养、文学艺术素养等。

开展人文素养培育，可以让文化内化为我国公民的自身素养。人文素养是推动公民文化建设、发挥民族凝聚力和创造力源泉作用的重要路径。价值观建设是人文素养培育的核心。以社会主义核心价值观为引领，发挥其指导作用，才能正确引领社会多元价值观，正确认识文化的意识形态属性。价值观建设有助于提高我国公民的整体素养，有助于推动我国科技进步和科学技术的推广。价值观建设也可以促进劳动者学习科技知识，把科技知识应用到生产之中，推动生产的向前发展，提高生产效率。

提高公民文化素养有助于体现我国以人为本的核心价值，促进公民全面发展，提高人们的生活水平，让人们感觉到更多的人文关怀。提高文化素养可以提升我国国民社会公德、职业道德、个人品德和家庭美德，推动社会主义和谐社会的建设。提高公民文化素养，可以提升人们的人文素养，形成正确的人生观和价值观，从而促进人的全面发展。

培育和提高执业律师的文化素养，可以帮助其增强自我学习的能力，进一步提升专业能力和综合能力；能使执业律师增强社会责任感，在业务活动中更好地服务普罗大众；能使执业律师提高沟通能力和人际交往能力，扩大其社会影响力；能使执业律师提高其跨文化的理解能力，便于开展涉外律师业务。随着执业律师文化素养的普遍提升，律所的声誉和形象能得到更好地维护，也能大大提高律所开展社会法律服务的竞争力，更能

提高律所和执业律师防范律师执业风险的能力。

## 六、人生境界在律师执业风险非规制管控中的作用

哲学是时代的精神，人生境界问题是当代中国最具有时代精神的核心问题之一。人生境界问题对于当代中国人和中国社会有着十分重要的意义。提高人生境界对于当代中国人和中国社会有着显著的必要性。

高层次的人生境界意味着思想之深远。思想对应的是人的认识能力，使人能认识到意义世界和价值世界。在现实生活中，人人都有一定程度的认识能力去认识现实世界。不同的人认识到的世界不同，世界对不同人的意义也因此不同。一个人认识能力越强大，其对人生和所处世界的认识程度就越高；越与真相或真理相符合，世界对一个人的意义就越丰富、宽广和深刻，心灵就愈加自由。具有深远思想的人，其认识往往能超越日常生活中的常识，从而能以形而上的视角来看待人生和世界。由于站得高、看得远，能够高屋建瓴，因而他对人生之真谛、宇宙之真相将有着更为深刻的把握和理解。

当一个人能从整个人生境界的高度来看待日常生活中的问题，往往能从平凡中看出非凡，从世俗中看出神圣，从而使人在工作、消费、休闲、交往和学习等日常生活当中活出不凡的意义。例如，同样身为律师，有的人仅仅将律师职业看作是赚钱和生存的手段，而有的人能站在人类社会的高度理解法治对于人类文明的意义和价值，从而能深刻领会到自己工作的不凡意义。

高层次的人生境界意味着道德之高尚。在现实生活中，人人都有自己的理想、期望、志向等意向。但以何为理想，以何为期望，以何为志向却反映着一个人的道德水平。高尚的道德意味着一种利他的精神、仁爱之心和高远的道德理想。相反，自私、冷酷、放任等都是道德境界低下的表现。高尚的道德境界能使自己活出尊严和人的价值，使他人产生发自内心的尊敬之情。

因此，提升人生境界，既是在现代性背景下，中国人反思自己人生境遇和人生境界后所萌生出的渴求，又是家庭、企业、政府机构、国家、民族、人类乃至人类赖以生存的自然界向每一个人发出的呼唤。[①]

---

① 郝永刚：《研究人生境界的当代意义》，载《理论界》2013 年第 4 期（总第 476 期）。

2017 年 10 月 19 日下午 3 点，党的十九大新闻中心在梅地亚中心二层新闻发布厅举办第一场集体采访活动，主题为"推进全面依法治国"。律师界唯一的党代表薛济民应邀接受集体采访。薛济民代表是江苏薛济民律师事务所主任、江苏省律师协会会长、中华全国律师协会常务理事。在谈及执业律师追求问题时，薛济民律师认为，人民对法治、公平、正义等方面的需求，就是执业律师的追求。把握时代的脉搏，勇立时代的潮头，助力时代的进步，追求民主、公平、正义是律师永恒的职责。司法是维护社会公平正义的最后一道防线。对于老百姓来说，最关心的是能否在每一个案件中感受到公平正义，自己的合法权益能否得到法律保护。作为执业律师，人民对法治、公平、正义等方面的需求，就是我们的追求。我们只有忠实履行中国特色社会主义法律工作者的神圣使命，维护宪法和法律尊严，坚持勤勉敬业，诚信执业，坚持维护当事人合法权益，坚持维护法律正确实施，才能实现"努力让人民群众在每一起司法案件中都感受到公平正义"的总目标。①

执业律师的人生境界包括法治境界、理想境界、道德境界、文化境界。提高执业律师的人生境界，可以使律师的思想政治素质、职业道德水平和业务素质得到全面提升；可以使其对价值、理想、人生态度得到更深的感悟；可以使其净化心灵，在律师执业活动中践行全心全意为人民服务的执业理念；可以使其以文明得体的举止，打动和影响各类法治活动的参与者，增强人民群众法治获得感、幸福感、安全感。也可以教化广大律师在执业活动中增强使用感和责任感，不唯金钱论，不触碰律师执业风险的红线。

## 第五节　改革开放以来律师执业风险规制管控与非规制管控有机统一的发展变迁

### 一、改革开放初期至党的十八届四中全会之前的有机统一："严管"与"厚爱"齐抓

所谓"严管"，就是对律师执业的规制管控；所谓"厚爱"，就是对律师执业的非规制管控。"严管"与"厚爱"齐抓，就是既抓规制管控又抓非

---

① 燕子：《连线律师行业十九大代表薛济民》，载《中国律师》2017 年第 11 期。

规制管控，两者齐抓共管。在某种意义上说，"严管"也是一种"厚爱"，是为了警醒和教育更多的律师规范执业。"厚爱"不是不要"严管"，在某种意义上说，"厚爱"也是教育，更是一种心灵的震撼和抚慰。

然而，"严管"即惩戒的目的不是惩戒本身，而是在惩戒少数人的同时，要警醒和教育大多数律师吸取教训，规范执业，依法执业。

1996 年颁布的《律师法》完善了律师法律制度，为律师开展执业活动提供了法律保障；同时对律师执业行为进行了规范，提出了两个"维护"的任务；界定律师是为社会提供法律服务的执业人员；提出了律师执业的原则和保障；明确了司法行政部门对律师、律所和律协的监督管理职能。

2007 年修订的《律师法》，在条文内容上有大范围的调整。

在总则方面，第一条将"保障律师依法执行业务，规范律师的行为"，改为"规范律师执业行为，保障律师依法执业"，将两个内容的顺序互换，更强调规范，而保障是在规范基础上的保障。"两个维护一个发挥"改为"三个维护"，增加了"维护社会公平和正义"，并放在第二条第二款解释律师身份的内容之中；第二条第一款中加入了"接受委托或者指定"；将"为社会提供法律服务"，改为"为当事人提供法律服务"；第三条第四款增加了"任何组织和个人不得侵害律师的合法权益"；第四条将"国务院司法行政部门"改为"司法行政部门"，意味着各级司法行政部门都有权依法对律师、律所、律协进行监督、指导。

在律师的业务和权利、义务方面，增加了律师担任辩护人的会见权及会见程序（第三十三条）；增加了律师调查取证权、申请证人出庭作证权（第三十五条第一款）；增加了律师庭审豁免权、刑事涉案的通知权（第三十七条）；增加了保守当事人秘密的例外情形（第三十八条）；增加了代理行为涉利益冲突的禁止性规范（第三十九条）；执业禁止行为中增加了"与对方当事人或第三人恶意串通，侵害委托人的权益"（第四十条第三项）；"以其他不正当方式影响法官、检察官、仲裁员以及其他工作人员依法办理案件"（第四十条第五项）；"提供虚假证据"修改为"故意提供虚假证据"（第四十条第六项）；增加了"煽动、教唆当事人采取扰乱公共秩序、危害公共安全等非法手段解决争议"（第四十条第七项）。

在行业自律管理上，增加了律师协会"制定行业规范和惩戒规则"的职责（第四十六条第三项）；增加了律师协会对律师执业活动进行考核的规定（第四十六条第四项）；增加了律师协会"组织管理申请律师执业人员的实习活动，对实习人员进行考核"（第四十六条第五项）；增加了律师协会"对律师、律师事务所实施奖励和惩戒"的权力（第四十六条第六项）。

## 二、党的十八届四中全会以来的有机统一："举旗"与"亮剑"并重

如果说党的十八大以前对律师执业的规制管控与非制管控的统一，是"严管"与"厚爱"的齐抓。那么，党的十八大以来对律师执业规制管控与非规制管控的统一，则是"举旗"与"亮剑"并重。所谓"举旗"，就是不忘初心、牢记使命，为中华民族的伟大复兴不懈努力。就是加强律师队伍的党建工作，表彰并鼓励一大批在法律服务中表现卓著的执业律师，推崇他们的优秀事迹，激励广大执业律师向他们看齐。所谓"亮剑"，就是向党的十八大以来律师执业队伍中的严重违背执业规范的极少数害群之马进行严惩。所谓"举旗"与"亮剑"并重，就是在充分维护执业律师合法权益表彰大批优秀执业律师的同时，严惩执业律师中极少数恶劣的害群之马，二者不可偏废。因为，"举旗"才能更好地"亮剑"，"亮剑"是为了更好地"举旗"。"举旗"与"亮剑"缺一不可，两者并重。

2018 年 7 月 1 日，中国共产党建党 97 周年之际，为充分发挥先进典型示范引领作用，激励全国律师行业各级党组织和广大党员履职尽责创先进、立足岗位争优秀，全国律师行业党委决定对北京天同律师事务所党支部等 95 个党组织、郝春莉等 198 名党员进行表彰，分别授予"全国律师行业先进党组织"和"全国律师行业优秀党员"荣誉称号。

2020 年 12 月和 2022 年 6 月，最高人民法院院长周强、最高人民检察院检察长张军到全国律协座谈，司法部唐一军部长和熊选国副部长出席会议。会议围绕深入学习贯彻近平法治思想、充分发挥律师在促进司法公正为民中的作用等进行工作交流，一致同意建立定期联系会商机制，加强沟通联系，密切协作配合，进一步优化律师执业环境，发挥律师职能优势，推进法治中国建设。首席大法官、首席大检察官到访全国律协，有力推动了各级人民法院、人民检察院、司法行政机关、律师协会之间的交流联系，对于健全完善沟通交流机制，共同维护司法公正，推动法治国家建设具有重要意义。律师执业权利保障不仅体现在领导的关心关怀上，还体

现在制度保障上。

2018 年 4 月，司法部会同最高人民法院联合印发了《关于依法保障律师诉讼权利和规范律师参与庭审活动的通知》（以下简称《通知》）。《通知》着眼于构建法官与律师之间彼此尊重、相互支持、相互监督的良性互动关系，重点对庭审阶段的律师权利保障和执业行为规范进行了规定，使律师参与庭审活动更加有章可循。《通知》出台后，为更好地组织学习贯彻落实，加强各地间维权惩戒工作经验交流，同年 4 月 23 日至 24 日，司法部、全国律协在福建省厦门市举办了全国律师维权惩戒工作专题研讨班。最高人民法院、最高人民检察院、公安部等律师工作部际联席会议成员单位相关工作负责人应邀出席了研讨班，进一步统一了思想，深化了认识。同时，为建立健全各级公检法部门、司法行政机关、律师协会的快速联动处置机制和联席会议制度，司法部等六部门联合印发《关于建立健全维护律师执业权利快速联动处置机制的通知》，加强沟通协调，密切互相配合，严肃查处侵犯律师执业权利的行为。

辽宁丹东金小鹏、朱平涉嫌妨害作证案，北京京平律师事务所两位律师在湖北被殴打事件等一些侵犯律师权利的案件，在司法部、全国律协的积极协调下都得到了妥善处置，受到了律师界的普遍好评。

在总结保障律师执业权利经验做法基础上，2020 年 12 月，司法部联合最高人民法院印发了《关于为律师提供一站式诉讼服务的意见》，对建立律师履职保障机制作出部署，要求人民法院建立律师参与诉讼专门通道，运用信息化手段进一步完善保障律师执业权利、便利律师参与诉讼机制。律师可以使用律师服务平台办理与法院相关的各项诉讼事务，真正实现在线办理、网上流转、全程留痕。

全国检察机关办事服务综合门户"12309 中国检察网"在首页显著位置增设"律师执业权利保障专区"，"12309 检察热线"开通律师维权专线，专门受理律师提出执业权利受到侵犯的控告申诉案件。结合最高检开展的保障律师执业权利专项监督活动，各级检察机关、司法行政机关、律师协会建立了联络员工作机制，加强信息互通，及时调查处理侵犯律师执业权利相关案件。

与此同时，司法部指导全国律协印发了《律师协会维护律师执业权利规则（试行）》《维护律师执业权利中心工作规则》，明确维权受理范围，健全完善维权工作程序和工作机制，为各地有效开展维权工作提供了指导和依据。①

从律师事业发展的外部环境看。全面推进依法治国，建设社会主义法治国家，对律师工作提出了新的更高要求，也为律师事业描绘了新的发展前景。随着经济发展进入新常态，经济结构调整，增长动力转换，必将产生新的法律服务需求。随着改革进入攻坚期，发展进入转型期，社会结构和利益格局深刻调整，需要广大律师运用法律专长，为创新社会治理、化解矛盾纠纷、促进社会和谐稳定提供法律服务。随着"一带一路"建设加快推进，迫切需要一大批通晓国际规则、善于处理涉外法律业务的律师。但从实践看，法律服务需求增长与供给不足的矛盾还比较突出，律师能够提供的法律服务还不能满足经济社会发展的需求。我们要积极适应新形势，大力发展律师队伍，不断拓展法律服务领域，创新服务方式，提升服务水平，努力为经济社会发展和全面依法治国提供优质高效的法律服务。

在保障律师执业权利方面，应该说从相关法律到中央文件都提出了系统的措施，规定已经基本到位。除了法律制度层面完善之外，还将现有制度、规定落实下来，形成有效的机制，向全社会释放出充分保障律师依法执业的强烈信号。②

在依法依规保障律师执业权利的同时，也要严格规范律师执业行为，"举旗"与"亮剑"并重。2017 年 7 月，司法部、全国律协印发《关于进一步加强律师惩戒工作的通知》，进一步明确惩戒工作职责，建立健全司法行政机关和律师协会惩戒工作衔接机制，健全完善律师不良执业信息披露制度，对外通报律师不良执业信息。与国家发改委共同推进行业信用体系建设，探索建立信息公开、守信激励和失信惩戒、行业信用评价等制度，加强对律师执业行为的监督，教育引导律师依法规范诚信执业。同时，全国律师行业党委建立了每半年研究一次维权惩戒工作机制，制定并印发了《关于做好律师执业惩戒与党纪处分相衔接工作的意见》，健全完善律师行业党纪处分工作机制，促进党员律师严格依法、诚信、尽责执

---

① 张晨、宋安勇：《"举旗""亮剑"彰显"严管""厚爱"——切实做好律师维权惩戒工作》，载《中国律师》2021 年第 11 期。

② 司法部原副部长熊选国 2017 年 1 月 9 日在学习贯彻司法部《关于进一步加强律师协会建设的意见》座谈会上的讲话，载《中国律师》2017 年第 2 期。

业，发挥示范引领作用。此外，司法部指导全国律协进一步修订完善《律师执业行为规范》，把拥护中国共产党领导、拥护社会主义法治作为律师从业基本要求，写入执业行为规范。修订完善《律师协会会员违规行为处分规则（试行）》，健全完善违规违纪情形，增加纪律处分种类，切实加大对违规违纪行为的处分力度。

为更好地指导各地开展相关工作，全国律协组织编写《维权惩戒典型案例汇编》，通过以案示警、专家点评等方式，交流总结维权惩戒工作经验，提示律师执业风险点。制定印发《投诉受理查处中心工作规则》，坚持"有诉必接、有接必查、有查必果、有违必究"原则，依法依规加强惩戒，有效规范律师执业行为。

各级律师协会在司法行政机关领导下，自觉把思想统一到党中央关于加强律师队伍建设和管理各项要求部署上来，切实增强工作责任感、使命感，通过"严管"体现"厚爱"。

2021 年初，按照党中央部署要求，司法部决定开展律师行业突出问题专项治理，针对律师与司法人员不正当接触交往和违法违规执业突出问题，精准发力、靶向治疗，补短板、强弱项，破除管理积弊、查处典型案件、完善制度机制。通过专项治理，推动律师队伍政治素质明显提升、服务为民意识明显增强、行业风气明显好转。①

当前，我国绝大多数律师是好的，在维护当事人合法权益、促进社会公平正义、服务经济社会发展中发挥了积极作用，得到党委、政府和社会各界的充分肯定和认可，是党和人民可以信赖的队伍。但也要看到，少数律师存在执业行为不规范、不诚信的问题，极个别律师甚至从事违法犯罪活动。这些问题虽然发生在少数甚至是极个别人身上，但是损害了律师队伍的形象，也导致了社会对律师较多的负面评价，必须下决心加以解决。司法部修订《律师事务所管理办法》《律师执业管理办法》，就是针对这些突出问题划定了律师执业不可触碰的红线和底线。②

2018 年，56 家律师事务所受到行政处罚，160 家律师事务所受到行业

---

① 张晨、宋安勇：《"举旗""亮剑"彰显"严管""厚爱"——切实做好律师维权惩戒工作》，载《中国律师》2021 年第 11 期。

② 司法部原副部长熊选国 2017 年 1 月 9 日在学习贯彻司法部《关于进一步加强律师协会建设的意见》座谈会上的讲话，载《中国律师》2017 年第 2 期。

惩戒，分别比 2017 年增长了 16.7% 和 68.4%；303 名律师受到行政处罚，593 名律师受到行业惩戒，分别比 2017 年增长了 56.2% 和 42.2%。

2019 年，83 家律师事务所受到行政处罚，167 家律师事务所受到行业惩戒；370 名律师受到行政处罚，746 名律师受到行业惩戒。

2020 年，84 家律师事务所受到行政处罚，129 家律师事务所受到行业惩戒；463 名律师受到行政处罚，594 名律师受到行业惩戒。①

"风险是法律人的逻辑起点，明晰和守住底线是防范化解律师执业风险的重要保障。把拥护中国共产党领导、拥护社会主义法治作为律师从业的基本要求，筑牢政治底线；坚持依法、理性、规范执业，切实维护当事人合法权益，构建与当事人关系的执业底线；坚持正当交往、良性互动，切实维护国家法律统一正确实施，守住与司法人员之间的职业底线；坚持彼此尊重，平等相待，托住律师与律师之间的行业底线。树立政治红线不能触碰、法律底线不能逾越的观念，时刻保持如履薄冰的警醒和居安思危的忧患。"②

总之，只要坚持律师执业风险的规制管控与非规制管控的有机统一，坚持"严管"与"厚爱"齐抓，"举旗"与"亮剑"并重，中国的律师执业就一定会拥有辉煌的未来。

---

① 摘自 2018 年至 2020 年《司法部年度律师、基层法律服务工作统计分析》。
② 期刊评论员：《用科学思想指导新时代律师事业改革发展》，载《中国律师》2019 年第 9 期。

# 第四章　律师执业风险管控的实案分析

## 第一节　律师执业法律风险典型案例剖析

### 一、结合典型案例分析律师执业刑事责任风险

#### 1. 法官贪腐案牵扯出的律师向法官行贿案

（1）海南省高级人民法院原副院长张家慧贪腐案

张家慧贪腐案 37 个行贿人里，律师行贿的高达 18 人，这其中多人为海南省律师协会的领导。18 位律师行贿张家慧总金额为 2095 万元，行贿数额最大的一笔为 615 万元，行贿数额最小的一笔为 10 万元。

"据央广网海口 12 月 11 日消息（记者蔡文娟　实习记者李思莹），日前，海南省司法厅发布《关于律师队伍专项教育整顿与行业突出问题专项治理情况的通报》（以下简称《通报》），对涉及海南省高级人民法院原副院长张家慧等案件的 38 名违法违规律师进行了严肃查处。《通报》指出，涉张家慧等案件的 4 名律师和 1 名隐名合伙人被移送司法机关；1 家律师事务所被吊销执业证书，9 名律师被吊销律师执业证书、取消会员资格（终身禁业），21 名律师被停止执业、中止会员权利，1 名律师被罚款，3 名律师受到行业警告处分。"

据悉，2020 年 12 月，张家慧因受贿、行政枉法裁判、诈骗被判处有期徒刑 18 年。2021 年 1 月，张家慧前夫刘远生因犯受贿、伪造公司印章、帮助伪造证据、虚假诉讼等罪，被判处有期徒刑 14 年 6 个月。

自全省律师队伍专项教育整顿活动开展以来，海南省司法厅共收到投诉举报问题线索 146 件，查处了一批违法违规违纪律师事务所和律师。截至目前，5 人被移送司法机关，56 名律师和 4 家律师事务所受到行政处罚及行业处分，12 名中共党员律师和 7 名民主党派律师受到党纪处分，免除

了 15 名律师在省律师协会担任的职务。

（2）济南市中级人民法院三位法官受贿案

2021 年 6 月，济南市中级人民法院原副院长孙永一、法官乔绪晓和戴伍建等 3 位法官的受贿案接连被曝光，由此引出 64 名律师涉嫌行贿，最高一人行贿 122 万元。

判决书显示，济南市中级人民法院原副院长孙永一受贿案，牵扯出向其行贿的 24 名律师；乔绪晓共收受 24 名律师贿赂，戴伍建共收受 16 名律师贿赂。涉案律师多在律协任职，有多人是律师事务所主任，还有受表彰的优秀律师以及曾任法学院教师或法官的律师，涉案律师所在律所也包括红圈所在当地的分所。

对于律师行贿行为，《律师法》和律师协会处分规则都有相应的规定。《律师法》第四十九条规定，律师向法官、检察官、仲裁员以及其他有关工作人员行贿，介绍贿赂或者指使、诱导当事人行贿的，由政府司法行政部门给予停止执业六个月以上一年以下的处罚，可以处五万元以下的罚款；有违法所得的，没收违法所得；情节严重的，由省、自治区、直辖市政府司法行政部门吊销其律师执业证书；构成犯罪的，依法追究刑事责任。

早在 2004 年，《关于规范法官和律师相互关系维护司法公正的若干规定》就已经对两者关系做了一定梳理，但仍改变不了两者关系的混沌状态。2015 年，中央出台了《关于进一步规范司法人员与当事人、律师、特殊关系人、中介组织接触交往行为的若干规定》《人民法院落实〈司法机关内部人员过问案件的记录和责任追究规定〉的实施办法》，明确加强问责力度，以规范司法人员的行为。

《中华人民共和国律师法》规定，律师在执业活动中有八类禁止性行为，其中包括不得"向法官、检察官、仲裁员以及其他有关工作人员行贿，介绍贿赂或者指使、诱导当事人行贿"。

中华全国律师协会作为全国性律师自律组织，依法对律师实行行业管理，该协会发布的《律师协会会员违规行为处分规则（试行）》的通知（2017 修订）规定，律师向法官、检察官、仲裁员以及其他有关工作人员行贿，许诺提供利益、介绍贿赂或者指使、诱导当事人行贿的，给予中止会员权利六个月以上一年以下的纪律处分；情节严重的给予取消会员资格的纪律处分。

我国律师制度恢复重建已经 40 多年了，随着社会的进步、法治的完善，律师的执业环境得到了较大的改善。从律师执业的刑事责任风险管控的角度来看，原有的风险诱因出现了变化。过去律师承担刑事责任的案件高发区在刑事辩护案件上，主要是刑法第三百零六条单独针对律师属于特殊主体的犯罪，即所谓的身份犯的影响。有公开的统计数字表明，自 1997 年修订的《中华人民共和国刑法》实施后的 8 年时间内，就有 200 多名执业律师因为律师伪证罪而身陷囹圄。1997—2012 年间，辩护律师被指控涉嫌律师伪证罪的案件占全国律师维权案件的 80%。[1] 本来应当维护他人权益的辩护律师，在刑事司法实践中却陷入需要社会各界对其进行"维权"的尴尬境地。[2] 无怪乎，1997 年被称为律师的"蒙难年"。[3]

2012 年修改后的《中华人民共和国刑事诉讼法》第四十二条，是对律师伪证行为以及追究律师刑事责任的程序的规定。该条规定受到了刑事诉讼理论界和律师界的广泛称赞。大部分学者认为，该条规定的出现填补了此前在追究辩护律师刑事责任特别程序上的立法空白，贯彻了回避原则，有利于防止职业报复，降低辩护工作的职业风险，促进律师辩护率的提高，维护司法公正。[4] 2015 年 9 月 16 日，最高法、最高检、公安部、国安部和司法部五机构印发《关于依法保障律师执业权利的规定》，2016 年 6 月，中共中央办公厅、国务院办公厅正式印发了《关于深化律师制度改革的意见》，2017 年修正了《律师法》，律师执业权益保障上升到了一个新的高度，受刑法第三百零六条影响而被追究律师刑事责任的情形已很少发生。但律师向法官行贿的情况，却有愈演愈烈的发展趋势。特别需要指出的是，这些律师很多是地方律协的领导和律所的主任，他们应该比普通律师更能深刻理解这种行贿行为的违法性和应受处罚的后果，但却还是去触碰了这条法律红线。

律协是律师行业自律的领导机构，律所主任是律所管理的中枢，只有

---

① 赵继成：《律师"伪证"为何频现：访中国社科院法学所研究员刘仁文》，载《法制资讯》2010 年第 2 期。

② 陈瑞华：《刑事诉讼的中国模式》，法律出版社 2008 年版，第 52 页。

③ 王丽：《律师刑事责任比较研究》，法律出版社 2002 年版，第 2 页。

④ 陈光中：《〈中华人民共和国刑事诉讼法〉修改条文释义与点评》，人民法院出版社 2012 版，第 40 页。

他们做好行业自律、提升职业道德水平，律师事务所及律师的执业风险才能管控好。因此，律师行业自律不能将律协领导当成依靠，也不能将律协的各项规则作为仅有的依靠，还需要依靠能够良性运行的系统机制。律所也要充分发挥合伙人的作用，完善律师事务所治理体系。行业需要自律，律师个人必须自律。从律师行贿的事例来说，仅有对律师执业风险的各种规制管控是不够的，还需要加强对律师执业风险的非规制管控。

**2. 律师代理牵扯参与虚假诉讼案**

虚假诉讼严重损害了司法权威和司法公信力，已成为备受关注的社会问题和法律问题。近年来，国家通过完善立法，逐步建立起了规制虚假诉讼的民事制裁和救济体系，虚假诉讼行为入罪将其上升到了刑事处罚的高度。[①]

2022 年 7 月 21 日，斯伟江律师在自媒体"千杨说法"上撰文《上千车牌死里复活，数十律师掉入"陷阱"》，披露了上海车牌转让引发的虚假诉讼案。基本案情就是：二手车交易商李学良（化名），在不经意间发现了一个上海车牌的藏宝洞"密码"，发现致富捷径，最终将数十个律师，带进了几百上千件虚假诉讼案中。

二手车交易商回收了很多上海的旧车，这些旧车中许多车主已经歇业，工商资料上写了吊销未注销。他收来的车辆，未必来自这些公司本身（因为似乎都已经歇业），很多可能来自这些车主的员工。车子不值钱，但上海的车子牌照值钱。他就动起了这些车子牌照的主意。二手车交易商伪造了这些车主的公章，然后通过起诉的方式，用法律文书认定，将这些车子的牌照额度归原告所有，原告就委托上海拍卖公司拍卖，拍卖后的钱归李学良，或者他指定的原告所有。就这样，他拿到的"死灵魂"车牌，拍卖出了几千万元。

李学良所需要的法律文书，是需要启动法律程序的。这中间，他自己是原告，或者指定自己人做原告，然后私刻车主公司的公章，委托律师进行诉讼。案件往往是调解，因为原告是他自己，被告其实也是他自己。他告诉律师，这些车是真实的买卖，只不过，因为公司被吊销了，或者车辆拍卖需要法院调解书，需要律师走一个法律程序。

---

① 曹力：《规制虚假民事诉讼的路径》，载《法制博览》2019 年 2 月（上）。

二手车经销商找的律师，都不是大所，许多都是网上找来的。一个案子从几百元到几千元不等。因为数量太多，上海法院会警惕。所以，二手车经销商就换到江苏、安徽。反正管辖问题，可以通过原被告双方约定管辖，而这些原被告，都在他手里。因此，这些案件，分布到长三角，许多法院和律师中招。

斯伟江律师认为，如果受托律师再谨慎一点，或许是要求和当事人见面，但对于一个手握公章的骗子，无非增加点成本，请一个人演戏而已。律师要不中招，很难。对律师而言，这样的案子实在太多。因此，也有律师做了几十个案子就不做了。但就算不做了，有成为犯罪嫌疑人的，也有全身而退的。由于当事人告诉律师，这就是走一个程序。甚至，还希望你介绍一名被告律师，这样方便调解。因为当事人发现的阿里巴巴金库里车辆太多。因此，案件多了，最终东窗事发。数十个律师，有的被起诉，有的不被追究。

斯伟江律师说，接触的两个被公诉律师都是自学考试考上大学，考取律师资格，这也是两位被告人的共同点。这类律师平时受理的案件不多，五百元、一千元、几千元的案件都做。说句不中听的话，他们是律师中最薄弱的一群人，李学良还会委托这些律师，帮忙找原告律师或者被告律师，因为"原被告"都同意调解，所以，律师和法官就容易大意。

李学良是网上找律师，或者看到街面上的律师事务所就进去找，当他发现了车牌拍卖系统的漏洞，以及芝麻开门的密码（让"死灵魂"车牌复活），剩下的，无非就是找几十个律师，去完成一些法律文书，他自己锒铛入狱很正常，但没想到，牵连了一堆律师，非但律师梦破，而且成了罪犯。

所谓虚假诉讼罪，是我国《刑法》第三百零七条之一所规定之罪，是指以捏造的事实提起民事诉讼，妨害司法秩序或严重侵害他人合法权益的犯罪。这里所称"捏造的事实"，是指完全凭空编造的根本不存在的事实。"妨害司法秩序"，是指妨害了国家司法机关依法履行职责或进行正常的司法审判活动，比如，因为该虚假诉讼而浪费了司法资源，或者导致司法机关作出错误裁判而损害了司法权威和司法公信力。

在上海二手车车牌转让虚假诉讼案中，相关律师涉案的原因主要包括：一是涉案律师专业能力缺乏，不能有效识别律师代理该类案件的违法风险；二是涉案律师所在律所的防范风险的管理存在漏洞；三是涉案律师所处生存环境，导致其对各种业务丧失选择能力。我们从该案中总结教训，要防范此类律师执业风险，就必须要加强对律所案件受理过程中的风险管理，重视对低收入律师的专业培训，改善其执业生存环境。

## 二、从债券欺诈发行天价赔偿案看律师执业民事责任风险

### 1. "五洋债"欺诈发行案基本案情

2018 年 9 月 7 日，德邦证券公告称，收到证监会浙江监管局调查通知书，通知书称公司在"五洋建设债券"承销过程中涉嫌违反证券法律法规，决定对公司进行立案调查。

"五洋债"欺诈发行案是全国首例公司债券欺诈发行案，也是证券纠纷领域全国首例适用代表人诉讼制度审理的案件。

2017 年 7 月临近回售期之时，"15 五洋债"就被曝难以完成兑付。随后"15 五洋 02"触发交叉违约条款违约，两期债券本金合计 13.6 亿元。

根据证监会查实，"五洋建设"自身在最近三年平均可分配利润明显不足以支付所发行公司债券一年的利息，在不具备公司债券公开发行条件的情况下，违反会计准则，通过将所承建工程项目应收账款和应付账款"对抵"的方式，同时虚减企业应收账款和应付款项，导致少计提坏账准备，于 2015 年 7 月以虚假申报材料骗取中国证监会的公司债券公开发行审核许可。

### 2. 司法审理的结果及后续进程

2020 年 12 月 31 日，杭州市中级人民法院就债券持有人起诉五洋建设、五洋建设实际控制人陈志樟，以及德邦证券、大信会计师事务所、锦天城律师事务所、大公国际证券虚假陈述责任纠纷案件作出一审判决。法院认为，债券承销商德邦证券和出具审计报告的大信会计师事务所，都未勤勉尽职，存在重大过错，应对五洋建设应负债务承担连带赔偿责任。大公国际作为债券发行的资信评级机构、锦天城律师事务所为债券发行出具法律意见书，未勤勉尽职，存在一定过错，法院酌定大公国际在五洋建设应负责任 10% 范围内，锦天城律师事务所在五洋建设应负责任 5% 范围承担连带责任。

2021 年 9 月，浙江高院作出"五洋债"诉讼代表人案终审结果，二审维持原判。

2021 年 11 月 19 日，最高人民法院向"五洋债"诉讼代表人案的投资

者下发了再审《应诉通知书》，并附德邦证券的《再审申请书》，表明"五洋债"虚假陈述民事赔偿诉讼代表人诉讼一案，经历一审、二审、执行阶段后，进入再审阶段。

2021年12月9日，杭州市中级人民法院立案了投资者的执行申请，执行标的为5308437元。

2022年3月4日和25日，杭州市中级人民法院两次发布公告，即《"五洋债"案件案款发放公告（三）》《"五洋债"案件案款发放公告（四）》。《"五洋债"案件案款发放公告（四）》称："截至2022年3月24日，立案执行案件的案款已执行到位。"

证监会对五洋建设处以共计4140万元罚款。作为首例公募公司债违约，五洋建设被外界诟病已久的欺诈发行也已被认定。

**3. 责任人和责任范围的认定**

本案判决的一大亮点在于，除了发行人五洋建设及其法定代表人陈志樟外，杭州中院判令德邦证券、锦天城律师事务所、大公国际证券、大信会计师事务所等证券服务机构就其未能勤勉尽职承担连带赔偿责任。根据证券法（2014年修正）第六十九条及第一百七十三条的规定，证券服务机构承担的责任为推定的侵权责任，这代表在发行人出现虚假陈述的情况下，证券服务机构必须证明自身无过错，否则就需要承担相应的侵权责任。

在本案中，几家证券服务机构均就其无过错提出了抗辩，但在认定是否存在过错方面，杭州中院采取了较为严格的标准：证券服务机构不仅需要就其自身业务相关事项负有特别注意义务，还需对其他业务事项负有一般注意义务。即，证券服务机构在工作过程中对某事项产生了合理怀疑时，即使有关事项不属于该服务机构专业范畴，也应进一步调查核实，否则就会构成过失。

从性质上看，虚假陈述行为所应承担的法律责任为侵权责任。因此，从法理角度，在侵权责任的范围界定上应当遵循填平原则，即责任主体所承担的责任应与债券投资者的实际损失相当，从而使后者的损失能够完全得到赔偿。然而，由于证券产品本身的特殊性，如何界定投资者的损失范围成了司法实践中的一个难题。

在本案中，杭州中院所采用的是一种将投资者的损失直接等同于到期本息的全额。这样的认定方式无疑减轻了原告的举证责任，同时也最大限度地保障了投资者的损失能够得到补偿。

当前，债券市场在一定程度上仍然存在"重承揽、轻承做"的思想，一些中介机构之间一味靠降低收费进行低质量竞争，导致服务能力和执业质量跟不上监管形势要求。司法机关在判决中再次明确，中介机构的职责就在于独立于发行人之外，就重大事项向投资者提供独立、客观的信息，如果中介机构未能勤勉尽责而出具了不实的报告，就有可能判定中介机构承担相应的赔偿责任。"五洋债"案判罚金额较大，对全市场相关中介机构的震慑作用明显。在"五洋债"案判决后，有部分中介机构表示，基于当前的监管压力和公司的风险偏好，有必要加强自身质控内核方面建设，提高债券承揽的立项标准。

**4. 律师事务所的损失**

锦天城律师事务所一位经办律师声称："当年做这个项目，四家中介机构总共收了不到 2000 万元，其中 1857.44 万元是德邦证券收取的，其他三家合计收费约 100 万元。大信会计师事务所当时审计费收取了 60 万元，虽然和德邦证券相比收入相差很大，但责任是一样的，锦天城律师事务所的律师费只有 10 万元。"

值得注意的是，收取 10 万元的律师费用，锦天城律师事务所需要承担总赔偿金额 5% 的责任，按照总赔偿金额 7.4 亿元计算，锦天城律师事务所需要赔付约 3700 万元。

从该案的民事责任承担来看，律师事务所在执业风险的防范上，应加强执业律师勤勉尽责的职业操守教育，堵上律所业务管理上的风险漏洞。同时，还要进一步完善律师事务所执业责任保险制度，加大商业投保额度，防范特定法律服务领域中的不确定性风险。

## 三、从多家律师联盟的解散分析律所的战略风险管理

### 1. 行业整顿致众多律师联盟解体

2021 年 9 月 23 日，中世律所联盟发布公告称，主席团决议提前终止《中世律所联盟合作协议》，联盟进入终止清算程序。

据悉，中世律所联盟正式成立于 2007 年 9 月，是中国地区首家被国际著名法律评级机构钱伯斯收录的跨国律所联盟，也是目前唯一受到国际评

级机构认可的中国律所联盟。联盟国内成员所在区域覆盖了北京、上海、广东、天津、湖北、重庆等十几个省市。国内成员 24 家，执业律师超过 5000 人。据悉，联盟年度总创收超过 48 亿元人民币，所均创收 1.9 亿元，人均创收 96 万元。

2021 年 10 月 25 日，盈科律所公众号发布公告称，解散北京市盈科律师事务所发起设立的盈科全球法律服务联盟，停止所有活动，联盟内的各律所也停止对外使用联盟名义。

而在五个月前的 2021 年 5 月 28 日，盈科全球法律服务联盟才宣布全球总部入驻中信大厦。盈科发起成立的"盈科全球法律服务联盟"目前已覆盖 83 个国家 145 个城市，据悉，多家成员律所在钱伯斯、Legal 500 榜上有名，其中还有印度律协候任会长、阿根廷建筑委员会主席、亚洲法学会"一带一路"委员会主席、伦敦证交所顾问委员会顾问等具有影响力的顶尖律师。

2021 年 10 月 20 日，全球精品律所联盟也发布公告称，从即日起全球精品律所联盟予以解散，停止全部活动进入终止清算，联盟、联盟各专业机构和各成员所同时停止对外使用联盟名义或联盟机构的所有称谓。全球精品律所联盟发起人为北京德和衡律师事务所。

此外还有以下律所联盟宣布解散：

2021 年 10 月 22 日，"刑事律所联盟"通过其微信公众号发布公告，宣告正式解散。

2021 年 10 月 23 日，e 律师联盟发布公告称，鉴于联盟中小律所已取得重大发展，继续进行联盟活动已无必要，经 e 律师联盟发起人会议商议，决定终止《e 律师联盟加盟协议》履行，自 2021 年 11 月 1 日起停止联盟名义的一切活动，至 2022 年 1 月 6 日正式结束 e 律所联盟。

2021 年 10 月 28 日，苏沪律师事务所发布公告宣布京师联盟解散。

2021 年 10 月 29 日，"金品律所联盟"发布公告，经金品律所联盟理事会一致决议，金品律所联盟于 2021 年 10 月 29 日正式解散。

2021 年 11 月 1 日，滴慧律所联盟宣布自 2021 年 11 月 1 日起，正式停止一切形式的运营。

2021 年 11 月 2 日，中华环保联合会发布公告，经 2021 年 10 月 29 日中华环保联合会优秀志愿律师联盟所有律师一致表决，自即日起优秀志愿律师联盟予以终止，不再使用联盟名义对外开展任何活动。

2021 年 11 月 3 日，江苏国浩律所联盟发布公告，即日起江苏国浩律所联盟解散，停止所有活动。

2021 年 11 月 4 日，北京瀚商精品律所联盟宣布解散，联盟各成员单位停止使用联盟名义对外开展任何活动。

律所联盟为何纷纷宣布解散？主要还是律所主管部门的要求。

2021 年 10 月 19 日，北京市朝阳区司法局发布《关于做好律师事务所设立和管理环节突出问题清理规范工作的通知》。通知指出，根据司法部、北京市司法局关于开展律师事务所设立和管理环节突出问题清理规范工作的文件精神，自 10 月中旬到 12 月底，在律师队伍中开展律师事务所设立和管理环节突出问题清理规范专项工作。

通知要求，各律师事务所要针对律师、律所设立或参加律师联盟等开展自查、核查、组织整改。主要体现为律师、律所发起设立或参加未经依法登记的社会组织（如律师联盟、律师机构等），并擅自以该组织名义进行活动。整改的情况就包括，律师或律所未经业务主管单位审查同意，不在民政部门登记，擅自成立律师联盟等非法社会组织。

此外，以律所联盟名义组织年会、论坛、培训、颁奖、交流访问、专业研讨、党建活动、案件互助合作等活动也被叫停。

某律师事务所主任对记者表示："律所规模化确实也是不少中小型律所发展壮大的重要手段，不过如果不加以限制，大肆发展动辄上千人的话，利益冲突以及管理、风控都面临挑战。现在确实到了反思过度规模化问题的时候了。"①

**2. 整顿不规范律师联盟的各种情形**

不规范的律师联盟主要体现为律师、律所发起设立或参加未经依法登记的社会组织（如律师联盟、律师机构等），并擅自以该组织名义进行活动。包括但不限于以下情况：

一是律师或律所未经业务主管单位审查同意，不在民政部门登记，擅自成立律师联盟等非法社会组织。

二是律师联盟对内设置组织架构、制定章程、刻制公章，向会员收取

---

① 徐世祯：《律所规模化"刹车"多个律所联盟宣布解散》，载《21 世纪经济报道》2021 年 11 月 30 日。

会费、服务费、活动费等相关费用；对外发展会员、公开宣传，从事法律服务业务招揽、转介，非法提供法律服务。

三是以律师联盟名义组织年会、论坛、培训、颁奖、交流访问、专业研讨、党建活动、案件互助合作等活动。

由国内律师、律所发起，国（境）外律师、律所参与的联盟，以及由国（境）外律师、律所与国内律师、律所在国内共同发起设立的联盟，纳入清理规范范畴。

律师联盟本身是没有问题的，如"一带一路"律师联盟，但不规范的律师联盟则是行政主管部门清理整顿的对象。

如果由此能掀起全国律所大整改，其实本质上是整个中国律师界的一次正本清源：回归法律服务主业，回归一名律师作为法律服务供给者真正的定位、责任、使命。一个浮夸的法律服务市场，起初被忽悠的，看起来好像是当事人，其实是律师界本身。律师、律所设立和参与律所联盟，从法律规定角度看，我们国家的组织，要么到工商局领营业执照，要么去民政局领相关手续。两个都没有，公开以组织的形式活动，确实也不太合适。作为法律行业的服务者，相信律师们对此也很容易理解。①

### 3. 律所联盟解散与律所发展战略风险

近几年来，许多大中型律所为追求规模化，将发展律所联盟作为律所主要的发展战略，但重视发展的同时却忽视了律所的执业风险防范，特别是将资本化、国际化作为律所联盟的着力点。有的联盟负责人说："全球精品律所联盟的未来，要向资本化、国际化、常态化的方向着力发展。通过资本化实现联盟更加紧密的联合，通过国际化助力各成员所共同拓展国际法律服务市场，通过成员问交流联系的常态化提升联盟的核心竞争力。"全球精品律所联盟要去除"联盟"概念所固有的松散化特征，要建立一致的标准、品牌、行为。但如果没有资本的融合，就很难达到真正的紧密化。为此，全球精品律所联盟已经在我国香港特区发起设立了全球精品律所联盟股份有限公司，从而开启了"资本化"的运作模式。②

① 帅勇：《全国律所大整改：一个浮夸的法律市场到底会忽悠谁》，载 https://www. aisou-tu. com/a/813371。
② 蒋琪：《顺势而为："蒋"述 10 年德和衡》，法律出版社 2021 年版，第 76 页。

从律所发展战略风险管理的角度分析律师联盟存在的问题如下：

一是律所联盟缺乏规范化。在设立上大多没有经过批准或登记程序；在运营上主要是转介案件和联合业务的拓展，影响了司法行政主管部门对律所运营的监管。

二是律所的资本化不符合律师行业发展的定位。2014 年党的十八届四中全会通过《中共中央关于全面推进依法治国若干重大问题的决定》，决定中首次正式明确提出"法治工作队伍"概念，同时提出律师队伍是法治工作队伍的重要组成部分。2016 年 4 月 6 日，中共中央办公厅、国务院办公厅印发了《关于深化律师制度改革的意见》，指出律师队伍是社会主义法治工作队伍的重要组成部分，尤其强调了律师在构建法治国家、维护社会正义中的作用。律所不是纯粹的商事主体，对资本进入是有严格的约束条件，也就是只有执业律师才能成为律所的出资人。这也是《律师法》所确认的律师管理上的"两结合"管理模式，也是未将律师事务所作为商事主体，列入政府市场监管范围的缘由。

三是律所设定发展战略关注行政监管的变化趋势不够。中国恢复律师制度已经有 40 多年，行业发展已经历了恢复期和成长期，现已进入高速发展期。行政主管部门的监管从"严管"与"厚爱"，升华至"举旗"与"亮剑"的强监管时代。行政主管部门监管政策的调整，一定会给律师事务所的执业风险管理带来新的要求。

# 第二节　法律服务项目实案中的律师执业风险管控

## 案例：律师参与某酒厂并购案非诉讼法律服务中的风险管控

### 一、并购项目的基本情况

本次并购的目标企业位于我国中部省份的地级市，目标企业是一家成立于 1957 年的国有白酒生产企业，年生产量为 7500 吨，市场区域为本省市场。并购方为一家投资公司，有相应的市场营销和企业整合能力。并购完成实现资产交割期间，设定在 2003 年底。

## 二、律师参与并购项目提供法律服务的主要风险

企业并购包括兼并和收购两层含义、两种方式。国际上习惯将兼并和收购合在一起使用，在我国称为并购。即企业之间的兼并与收购行为，是企业法人在平等自愿、等价有偿基础上，以一定的经济方式取得其他法人产权的行为，是企业进行资本运作和经营的一种主要形式。企业并购主要包括公司合并、资产收购、股权收购三种形式。本次企业并购形式为资产收购。

企业并购的主要风险包括：法律风险、财务风险、资产风险、资源风险、市场风险、整合风险。

并购重组作为企业整合资源以及获取战略性资源的主要方式，其运作的专业化及高风险性均需聘请中介机构以进行决策咨询，其中包括会计师事务所、律师事务所、投资银行以及资产评估机构等，各类中介机构优势互补以提高决策有用性，从而适度弥补企业并购决策体系中的结构性缺陷。[①]

律师参与并购项目的主要风险，是律师的专业能力是否能够帮助委托人在实现并购的过程中，有效地防范企业并购法律风险。这种专业能力包括对并购理论的认识能力、对并购交易结构的设计能力、对并购流程的服务匹配能力、平衡交易各方利益的沟通能力以及对交易法律文件起草的专业把控能力。

### 1. 企业并购的法律风险

（1）并购前的法律风险

并购前的法律风险包括主体风险、排他性风险、准入政策风险、先决条件风险、保密性风险、尽职调查风险。

（2）并购中的法律风险

并购中的法律风险包括交易结构风险、财务风险、正式合同风险、股权交割风险、公司交接风险、劳动事务风险。

（3）并购后的法律风险

并购后的法律风险包括实际控制及整合风险、争议解决风险、甩项风

---

① 李彬：《公司并购中的中介治理效应——基于风险过滤视角的实证分析》，载《兰州学刊》2015年第8期。

险、对赌风险。

在本次并购项目中，并购交易双方都聘请了专业的审计机构对资产及债务进行审计确认，审计机构须承担审计风险。目标企业是一家老的国企，企业产权比较明晰；并购程序由政府依法、依规主导。

**2. 企业并购法律风险防范的主要措施**

（1）前期的调查及策划工作

一是调查了解目标公司的主体资格情况。律师可以通过调取目标企业工商档案的方式，了解目标企业设立、出资、股东构成、年审、公司变更、企业的有形及无形资产和财务损益等情况。

二是并购的可行性分析。并购的可行性分析主要包括三个方面：第一，律师要调查了解并购公司、目标公司所涉及领域的相关法律、法规及政策。尤其是限制或禁止性规定，如股份有限公司、外商投资企业、经营项目及经批准方可经营的事项等。第二，律师要分析并购可能出现的法律障碍，帮助委托人设计合法避开该障碍的方式、方法，充分利用法律、法规及政策规定的相关性，加快或延缓并购的进程。第三，律师对目标企业的章程进行审查。审查章程时，特别应注意章程中是否有防御收购的条款。

三是确定企业并购的最佳方式。企业并购的方式通常可分为两大类：第一类是股权并购，即投资者购买目标公司股东的股权或认购目标公司增资，使该公司变更为新企业。第二类是资产并购，即投资者设立新企业，并购该企业资产且运营该资产，或投资者购买企业资产，并以该资产投资设立新企业运营该资产。律师要分析不同并购方式对并购方的利弊和可能产生的法律责任，帮助客户把法律风险降到最低。

四是帮助客户理顺主体关系，避免出现交易主体混乱。主要弄清要购买的资产为谁所有，从真正的资产所有人处购买资产。从不是所有权人手中购买的资产不是真正的购买，将来真正的所有权人可行使追索权，这样购买的资产则处在一种不稳定的状态中。

（2）审慎进行并购中的尽职调查

为了将并购中可能产生的法律风险降到最低程度，并购方要聘请律师对目标企业的外部环境和内部情况进行审慎调查和评估，这是了解目标企业的基本情况，并基于尽职调查结果来判断是否进行并购和怎样进行并购

的基础。一般来说,律师要重点调查和落实目标企业的如下问题:

一是目标企业的设立与存续过程及其合法性,尤其是注册资本的出资情况;二是目标企业的管理架构与层次、子公司与分支机构情况;三是目标企业资产(含专利、商标等无形资产)的权利状态,尤其是权证的合法性与效力;四是目标企业的生产经营情况、产品质量标准和质量控制情况;五是目标企业的主要合同及其履行情况,包括与关联企业的交易情况;六是目标企业的融资与还贷情况;七是目标企业对外提供担保等或然债务情况;八是目标企业的财务制度与财务状况,尤其是应收账款与应付账款的情况;九是目标企业的涉讼(含仲裁)情况与潜在的纠纷情况;十是目标企业存在的违法情况与行政处罚情况;十一是目标企业适用的税收政策及其纳税情况;十二是目标企业的劳动用工制度、待遇标准、养老金计划以及社会保险情况;十三是目标企业的商业保险投保情况;十四是目标企业的环境保护问题及其影响;十五是目标企业的其他重大事项。

本次并购是属于资产并购而不是股权并购,故尽职调查的重点方向是针对目标企业资产而展开。

(3)周密设计并购协议的各项条款

并购协议是由律师负责制作的最重要的法律文件。源于悠久的法律服务史,西方律师界已经总结出了企业并购协议的各种范本。在这些范本中,最引人注目的机制在于防范并购风险的陈述、承诺与保证三道防火墙,即俗称的"三剑客"。陈述、承诺与保证均是转让方向并购方作出的,旨在确保并购方所获知的信息的真实性、完整性和准确性,确保交接顺当,确保公司从业务、职员、技术、客户到市场的各个方面不因股权或资产易主而受到不良影响。作为律师,应善于在并购协议中引入这些行之有效的机制,维护并购方的利益。[①]

## 三、结合并购理论分析法律服务项目实案

在为并购项目提供法律服务时,受托律师要认真分析和研判委托人在并购过程中可能遇到的各种风险。而要做好项目的分析研判工作,就离不开企业并购理论的运用。

---

① 唐军:《企业并购中的法律风险防范及应对策略》,载《综合管理》2009 年第 5 期。

企业并购是涉及并购动机、并购能力、并购边界、并购方向、并购匹配、并购协同、并购绩效等一系列问题的理论体系，其中并购动机和并购绩效互为因果关系，这种因果关系，则涉及了并购能力、并购边界、并购方向、并购匹配、并购协同等问题。

### 1. 并购动机

收购方利害相关人在并购活动中的动机简称为并购动机。由于收购方的并购活动涉及股东、债权人、政府、员工、社区等众多利害相关人，各利害相关人在并购活动中有不同的动机，这些不同的并购动机对并购活动发挥着大小不同、方向各异的影响力。

从企业内部来考察，受公司治理机制驱动，企业并购决策受包括股东、管理层、债权人和员工等各利益相关者的影响，各种力量均能作用于并购决策，各方力量相互作用、相互博弈，使得决定企业并购行为的常常不是单一动机，而是一个动机系统。

并购动机不明确而产生的风险，是指企业在没有预先考虑自身的发展战略、充分分析所处的市场环境，也没有正视企业的优势和劣势，而是出于自己的好胜心或者受社会舆论的影响，只看到短期的并购利益，并没有考虑到企业的长远发展而进行非理性并购活动所产生的风险。

在本并购项目中，目标企业的所有者也就是地方政府的并购动机，主要是为国企解困，通过盘活存量资产招商引资，实现扩大政府税收来源的长期目标。而投资人的并购动机包括追求协同效应、追求市场势力、获取目标公司优势资产和进行产业组织等。

### 2. 并购能力

企业并购能力指具有并购动机的收购方实施并购的能力，是企业并购基础理论的一部分。基于企业资源理论理念及能力的概念界定，可以将企业并购能力更具体地定义为企业利用自身剩余资源完成并购活动的实力。在并购活动中，并购企业不仅需要投入有形资源和无形资源，还需要管理整个并购过程以保证并购活动的成功实施。企业并购能力的构成要素包括资源和能力两个方面，资源是前提条件，能力作用于资源，从而形成了企业并购能力。

资源包括有形资源（人力资源、财务资源和实物资源）和无形资源。而并购管理能力是并购方在综合考察企业自身资源的基础上，通过总结以往并购经验及整合组织知识得到对于并购活动内在规律的知识，并将其通过管理手段作用于并购活动的过程，其中作为能力的基础知识是指组织知识。

夸大自我并购能力而产生的风险，是指企业自我膨胀，只看到目标企业在市场竞争中的劣势地位，单纯地以低价购买资产、扩大经营规模为目标，缺乏对自身改善目标企业这种劣势地位能力认知的情况下实施并购行为而产生的并购风险。

本次的并购方既具有并购动机，也具有并购能力。

**3. 并购边界**

所谓并购边界，即并购活动的适用边界。解决企业发展战略是否通过并购这种外部投资方式进行，即与新建投资和联盟两种战略发展方式的比选问题。企业在选择外部成长战略时，必须全面考虑环境特性因素、交易特性因素、企业特性因素。相较而言，战略联盟特别适用于不确定的环境中，有利于企业保持高度的战略灵活性。而并购则适合于较为稳定的战略环境，对战略灵活性要求低，着眼于充分发挥规模经济和范围经济。此外，并购战略能有效控制因资产专用性、相互之间不信任、战略目标不一致等因素导致的行为不确定性，也就是说，并购强调对企业、对目标资源的控制需要。

本次并购就是强调对企业对目标资源的控制需要。具体的并购资产包括：

（1）目标企业所辖规划红线范围内的全部土地使用权、房屋所有权（职工住宅房除外），构筑物、定着物及其他不动产的财产所有权和使用权。

（2）目标企业所有的生产设备、机械器具，生产交通运输车辆等动产的财产所有权。

（3）目标企业的全部存货、原材料、半成品、辅料及其他受让资产的所有权。

（4）目标企业的供水、供气、供电、排污等生产辅助设备设施的财产所有权。

（5）目标企业的办公设备、设施及后勤服务设施的财产所有权，以及企业现有的生产技术资料、科研情报资料和图书资料的所有权。

（6）目标企业全额投资、控股投资或参股投资企业的股东权。

（7）目标企业的全部无形资产包括和不限于商业秘密和知识产权。

（8）目标企业现有的全部流动资金、有价证券和应收账款。

**4. 并购方向**

企业为了提高竞争优势，会制定一个战略目标以及为实现这个目标所需要的资源，战略目标资源与企业自身资源之间的差距就表现为资源剩余或资源缺口。其中资源剩余是企业的并购能力，而资源缺口是企业并购方向的内在资源范围，这些资源在行业、区域、规模、盈利能力等四个维度显现出的属性即为企业的并购方向。并购方向实质上是并购在行业、区域、规模和盈利能力方面的战略规划，是企业具备了并购动机和能力并决定实行并购时制定的，既与企业的总体发展战略相一致，又是总体发展战略的细化。

本次并购的投资人以战略投资者和酒业产业链成员身份，并购核心酒类企业，其并购时机选择、并购操作路径和并购策略，均符合其已确定的并购方向。

**5. 并购匹配**

并购匹配是指收购方确认的目标方资源满足收购方需求的程度，其实质是一个供求关系问题，即目标方现有的资源供给能否满足收购方的需求。

并购双方的匹配性是由企业的资源尤其是无形的知识资源及其关系驱动的，并购双方整体的匹配性应以具体资源匹配为基础，但同类资源的匹配仅仅是整体匹配的必要而非充分条件，还要考虑不同类资源之间的相互关系，综合分析和判断。当并购后企业的功能和结构大于并购双方功能和结构之和，则并购方案才是匹配和成功的。

在本次并购项目中，并购双方的匹配性较高。目标企业所有者希望将国有存量资产转让盘活、企业债务得到清结、国企人员有效安置、政府税收稳步增长；投资人希望控制企业的有效资产、增加并购的协同效应。

**6. 并购协同**

根据企业经营的不同层次，并购协同效应划分为生产经营协同效应、管理经营协同效应以及资本经营协同效应三类。如果两个企业通过合并能够降低直接生产成本，或提高产品质量，称之为生产经营协同效应；如果两个企业通过合并能够将有关经营管理职能一体化，一方面减少单位产品的管理费用支出，一方面通过规模扩大强化有关经营管理职能，则称之为管理经营协同效应；如果两个企业并购能够通过集中化融资，降低资金成本或者通过更大范围内资金分配与调动，提高资本投资效益、增强财务实力、减少财务风险，则称之为资本经营协同效应。本次并购对投资人来说，是实现了管理经营协同效应。

根据两个组织价值链的相似性和相互间的关系，将并购产生的协同效应分为增加效应，加强效应，转移、扩散效应和互补效应四类。如果收购方与目标企业的价值链基本相同，并购后整合难度较小，主要通过共享公司的基础设施等固定性支出项目，降低公司成本来获得规模经济产生协同效应，称之为增加效应；如果双方价值链部分相同，通过整合以前相互独立的价值链部分，如销售队伍、生产能力、后勤、研发等，从而更好地为客户服务、获得规模经济，称之为加强效应；如果双方价值链不同，但其中一条价值链的某些关键部分对另一条价值链有用，通过某项关键业务上的技能转移或扩散产生协同效应，称之为转移、扩散效应；如果双方价值链完全不同，并且处于不同的业务领域，但在并购战略目标可能是进入新的业务领域实现产品的扩展或公司核心能力的延伸，则称之为互补效应。本次并购对投资人来说，是实现了加强效应和补充效应。

根据并购不同阶段，并购协同应分为潜在协同效应、预期协同效应和现实协同效应三类。其中潜在协同是指并购交易结束后整合活动开始前，收购方估计并购所能产生的协同效应，是并购双方既有资源综合发挥最大效用情形下理论上能达到的协同效应的最大值；预期协同是指并购交易结束后整合活动开始前，收购方估计并购所能产生的协同效应，是在潜在协同基础上考虑了并购双方的资源转移效率，仍侧重于事前预测；现实协同是指并购整合后最终真正实现的协同效应，属于事后研究。本次并购对投资人来说，是实现了潜在协同效应。

### 7. 并购绩效

从宏观层面讲，企业并购绩效是指企业并购对整个社会资源的配置作用，表现为产业结构升级换代、跨国公司并购的全球资源配置效应等。从微观层面讲，企业并购绩效主要是分析公司的并购行为对其自身发展带来的变化，如主营业务的扩张、产品结构或资产结构的优化、经营管理机制的转变、财务指标的改善等。就单个公司而言，完整的并购行为包含了并购交易实施及并购后的整合两部分。因而，企业并购绩效可以分为两部分：一是交易绩效，指并购交易发生时，市场（投资者的预期）评价给并购交易双方带来的绩效（价值增值状况）；二是整合绩效，指并购行为完成后，目标公司被纳入并购公司中经过整合，实现并购初衷，产生效率的情况，一般通过公司在较长一段时间的业绩提升及核心竞争优势的培育和增强来反映。

本次并购完成后一年内，并购后的企业实现销售收入 1.6 亿元，税收突破 3000 万元；投资人后续又投资 5 亿元，增加了年产 2 万吨白酒的生产能力。在此次并购后，投资人又在全国范围内进行了十多次酒类生产企业的并购。目前，并购投资的母公司已进入中国酒类生产和销售的头部企业。

## 四、企业并购协议文本①

### 企业并购协议书

出让方：A 市人民政府一轻行业管理办公室
负责人：（略）
受让方：B 投资有限公司
法定代表人：（略）
目标企业：A 市酒厂
法定代表人：（略）

**第一条　商业并购**

1.1　本协议所称并购是指对目标企业 C 省 A 市酒厂全部企业产权的交易。

1.2　并购主体

1.2.1　A 市人民政府一轻行业管理办公室是 A 市人民政府授权对目标企业 A 市酒厂国有资产进行管理的主体，也是本协议的出让方。

1.2.2　B 投资有限公司是依法设立并有效经营的公司法人，也是本协议的受让方。

---

① 注：该并购协议是以并购时的法律规范为依据的。

1.3　并购企业产权的范围和具体内容

1.3.1　A市酒厂所辖规划红线范围内的全部土地使用权、房屋所有权（职工住宅房除外），构筑物、定着物及其他不动产的财产所有权和使用权。

1.3.2　A市酒厂所有的生产设备、机械器具，生产交通运输车辆等动产的财产所有权。

1.3.3　A市酒厂的全部存货、原材料、半成品、辅料及其他受让资产的所有权。

1.3.4　A市酒厂的供水、供气、供电、排污等生产辅助设备设施的财产所有权。

1.3.5　A市酒厂的办公设备、设施及后勤服务设施的财产所有权以及企业现有的生产技术资料、科研情报资料和图书资料的所有权。

1.3.6　A市酒厂全额投资、控股投资或参股投资企业的股东权。

1.3.7　A市酒厂的全部无形资产包括和不限于商业秘密和知识产权。

1.3.8　A市酒厂现有的全部流动资金、有价证券和应收账款。

1.4　并购条款的文件和有效期

1.4.1　本并购协议及其附件、目标企业职工代表大会决议以及A市人民政府及其相关部门的批准文件组成本次并购的全部文件。

1.4.2　本次并购的有效期为2003年5月1日至2003年12月31日。

**第二条　企业产权的转让**

2.1　企业产权的转让

本次并购即企业产权的转让，是受让方承担企业的全部债务（以双方确认的清产核资的结论为准）并支付2768万元人民币，来受让目标企业的全部企业产权。但同时又是附条件的转让行为。其所附条件包括：

2.1.1　受让方承担债务的范围是指财务报表和注册会计师审计报告所列明的详细债务，其未知的、隐形的及或然的债务由出让方负责。

2.1.2　受让方在受让目标企业全部产权之后，在今后五年经营期内，应以2542万元的基数，每年递增10%的税收上缴。如税收上缴不足，由受让方用现金形式补齐。新增的增值税地方留成部分三年内的税收上缴应返回给纳税义务人50%，三年后按30%返回。企业所得税地方留成部分五年免收。

2.1.3　受让方并购后的经营企业应享受A市人民政府（2003）1号

文件所规定的多种优惠政策。

2.1.4　受让方借支给出让方人民币 482 万元，用于出让方安置职工费用的支出；此借款由 A 市人民政府在五年内归还。

2.1.5　原 A 市酒厂所欠的养老保险金、医疗保险金、失业保险金和离退休人员的医疗保险金由 A 市人民政府负责。

2.2　并购付款的决议和支付

在交易主体签订框架协议后支付人民币 1000 万元的交易保证金（受让方已于 2003 年 5 月 14 日支付）。

2.2.1　在本协议签订之后，目标企业职工代表大会通过本并购协议之后五日内支付人民币 1768 万元并借支人民币 482 万元给出让方。

2.2.2　目标企业的产权转让过程中所有的税费、规费、国有划拨土地转为出让土地的出让金等税费在人民币 20 万元以内由受让方支付，超过部分由出让方负责。

第三条　达成交易和协议的生效

3.1　出让方与受让方在满足前列交易条件之后，双方经协商一致，同意就目标企业 A 市酒厂进行并购达成交易。

3.2　本次并购协议的生效，应满足以下批准程序：

3.2.1　A 市酒厂职工代表大会的通过决议

3.2.2　A 市国税局、地税局的批复

3.2.3　A 市国土管理局的批复

3.2.4　A 市财政局（国有资产管理部门）的批复

3.2.5　A 市人民政府的批准文件

第四条　出让方和目标企业的陈述和保证

4.1　财务报告

出让方和目标企业应提供给受让方多份真实完整的已审计的目标企业及其子公司年末的合并财务报表。财务报告与附表公平地反映了目标企业及其子公司交易基准日的合并财务状况，反映了该期间目标企业及其子公司所有者权益和财务状况的变化。

4.2　应披露负债

从基准日到交易结束日起，除在最近的资产负债表及附加附注上一定程度保留、反映或披露的负债或责任之外，目标企业及其子公司过去没有、现在也没有超过（略）万元人民币的任何性质的负债或自然的义务。无论这些负债或责任是累积和确定的、偶发的还是其他；无论是到期的还是将要到期的。

4.3　应收账款

并购结束时，出让方和目标企业已经或将要递交给受让方有关目标企业及其子公司所有（起止日期）应收账款的目录，该目录在所有重大方面真实、正确、完整，并同时公开应收账款的账龄。

4.4　公允的评估

出让方和目标企业提供的相关评估报告，是公允与事实相符的，没有任何虚假成分。

4.5　拥有或租赁的不动产

并购结束时，出让方和目标企业提交给受让方的不动产目录与受让方接受的不动产应该是完整、准确的（该目录或清单，包括对不动产权利证书、颁发相关证号、日期、权利期限的具体认定）。

4.6　知识产权

目标企业的知识产权，包括企业拥有或租赁，已经约定购买、出售或租赁，或是有责任购买、出售或租赁的，可应用的所有国内或国外的注册商标、服务品牌和商标名称的注册日或到期日，序列号或是专利号，未注册的商标、服务品牌和商号；产品设计；未到期专利；待决的和已经填报的专利申请；当前和活跃的已披露发明；正准备披露的发明；商业秘密；注册版权、未注册版权。

4.7　顾客和供应商

出让方和目标企业应陈述

4.7.1　真实和正确的目录，有关最近结束的财政年度目标企业及其子公司的有关销售的十个最大的顾客。

4.7.2　真实和准确的目录，有关最近结束的财政年度目标企业及其子公司的有关购买的十个最大的供应商。

4.8　账簿和记录

出让方和目标企业移交的账簿和记录都是完整准确的。

4.9　银行账户

出让方和目标企业提供的银行账户应该是全部和真实的。

4.10  提供资料的准确性

该协议公开声明中包括的有关安排、目录或其他出让方递交给受让方和提到的文件中的出让方和目标企业的陈述和保证，目标企业及其子公司已经提供的或将要提供的或代表其利益的证明的声明，不包括或将不包括该类陈述和保证制定的日期起的，证明已经被、将要被提供的日期起重要事实的所有不真实的报表。

**第五条  受让方的陈述和保证**

5.1  受让方是一个依法设立，具有完全民事权利能力和行为能力的公司法人。

5.2  该协议和因此涉及的将被受让方实施、递交和履行的协议和合约的实施、递交和履行，以及因此所涉及的交易完成，都已被受让方的股东和董事会适当采纳和证实。受让方拥有全部必要的权利和职权来实施、递交和履行该协议和受让方相关的协议，并完成在此和受让方相关协议中涉及的交易。

5.3  提供资料的准确性。

受让方对所提供的全部资料的完整、准确性予以保证。

**第六条  出让方及目标企业的义务**

6.1  出让方在签订本协议后，不得与任何第三方另行签订与本次并购相同或类似的协议；出让方同时确认在此之前没有与任何第三方签订过与此相同类似的合法、有效的协议。

6.2  出让方应与目标企业共同负责搞好 A 市酒厂全过程的改制工作，并在签订本协议后十五日内召开 A 市酒厂职工代表大会，对此次并购予以确认并通过。确保处理好改制过程中的各种矛盾并协调处理好各种相应关系。

6.3  出让方负责 A 市酒厂可以核销的债务处理，并确保可以或应该核销的债务处理到位。

6.4  出让方应积极支持受让方在收购 A 市酒厂后的技术改造和发展工作，负责协调好并购后新公司与周边的相邻关系和工农关系，为并购后的新公司创造良好的外部发展环境。

6.5  出让方负责办理好原 A 市酒厂国有划拨土地转为出让地的相应手续，并在 2003 年 12 月 31 日前土地使用权证办妥到并购后的经营企业名下。

6.6　出让方负责在 2003 年 7 月 30 日前办理 A 大酒类有限公司 3 个个人股（实际未出资）无偿转让到受让方名下。

6.7　A 市酒厂的资产原已办了抵押、担保手续的，出让方应如实告知受让方，在本协议签订后 30 天内列明清单交受让方，并将有关转移手续办妥。

6.8　出让方承诺目标企业对外所欠债务及抵押、担保等情况已如实向受让提供（见附表），不存在隐瞒和遗漏，如在签订协议前所发生的未知或隐性债务，由出让方承担并负责处理。

**第七条**　受让方的义务

7.1　承担原 A 市酒厂与中国工商银行 A 市分行所发生的短期借款余额 3355 万元。

7.2　承担原 A 市人民政府及有关投资公司借款本金 1498.9 万元及利息 80 万元。

7.3　承担原 A 市酒厂与经销商、供应商及其他往来单位的债务（以会计师事务所审计确认的数字为准，具体清单详见附件）。

7.4　受让方在收到 A 市酒厂职工代表大会的决议后立即进驻并负责生产经营管理。

7.5　受让方在未完全取得企业产权前，不可处理受让资产。

7.6　受让方成立新公司后，所需员工在同等条件下优先招聘原 A 市酒厂职工，并与员工签订劳动合同，同时加入劳动及社会保障部门的养老保险、医疗保险、失业保险。

7.7　受让方在此次并购完成后，原 A 市酒厂已签订的合同，受让方应继续履行。

7.8　受让方并购 A 市酒厂后，"×××"品牌必须作为新公司强势品牌进行运作，并着手进行二万吨曲酒生产基地项目的筹划。受让方新注册的"××"商标拥有权重新办理手续，划归新公司所有。受让方的包装中心、销售公司放在 A 市区内，纳税主体放在市本级。

7.9　受让方不承担双方认可的审计报告中未披露的隐性债务和担保责任。

**第八条**　税务

受让方并购后的经营主体不承担目标企业并购前未披露或潜在的纳税

义务。受让方及并购后的经营主体应享有的税务优惠政策应由出让方落实到位。

**第九条 交易的完成**

交易的完成应满足以下条件，满足下列条件的终止日为本交易的完成日。

9.1 各种权证的过户手续已办理完结。

9.2 各种银行债务转贷手续已办理完结。

9.3 可核销债务的核销手续已办理完结。

9.4 工商税务及其他管理部门登记颁证手续已办理妥当。

9.5 原职工身份置换手续已办理完毕。

**第十条 争议的解决办法**

本协议主体在执行本协议过程中如发生争执或分歧，应协商解决。协商不成的，提交某某仲裁委员会仲裁解决。仲裁的范围及于本协议以及本协议相关的纠纷的处理。

**第十一条 其他**

交易结束日之前，交易主体各方均不得向任何第三方（含新闻媒体）披露本协议的相关内容。


签约方：


签约日期：

# 参考文献

## 一、法律法规和文件

1. 《中华人民共和国宪法》（1978 年 3 月 5 日）

2. 《中华人民共和国刑法》（1979 年 3 月 14 日）

3. 《中华人民共和国刑法修正案十一》（2020 年 12 月 26 日通过）

4. 《中华人民共和国刑事诉讼法》（1979 年 7 月 1 日）

5. 《中华人民共和国刑事诉讼法》（2018 年 10 月 26 日修正）

6. 《中华人民共和国人民法院组织法》（1979 年）

7. 《中华人民共和国律师暂行条例》（1980 年 8 月 26 日）

8. 《中华人民共和国法官法》（1995 年 2 月 28 日）

9. 《中华人民共和国检察官法》（1995 年 2 月 28 日）

10. 《中华人民共和国律师法》（1996 年 5 月 15 日）

11. 《中华人民共和国证券法》（1998 年 12 月 29 日）

12. 《中华人民共和国立法法》（2000 年 3 月 15 日）

13. 《中华人民共和国律师法》（2001 年 12 月 29 日修正）

14. 《中华人民共和国证券投资基金法》（2003 年 10 月 28 日）

15. 《中华人民共和国律师法》（2007 年 10 月 28 日修订）

16. 《中华人民共和国刑事诉讼法》（2012 年 3 月 14 日修正）

17. 《中华人民共和国律师法》（2012 年 10 月 26 日修正）

18. 《中华人民共和国律师法》（2017 年 9 月 1 日修正）

19. 《中国共产党第十八届中央委员会第三次全体会议公报》（2013 年
11 月 12 日）

20. 《中国共产党第十八届中央委员会第四次全体会议公报》（2014 年
10 月 23 日）

21. 《中共中央关于全面推进依法治国若干重大问题的决定》（2014 年

10 月 23 日）

22. 中国共产党第十八届中央委员会第六次全体会议通过的《关于新形势下党内政治生活的若干准则》（2016 年 10 月 27 日）

23.《决胜全面建成小康社会　夺取新时代中国特色社会主义伟大胜利》（2017 年 10 月 18 日，习近平在中国共产党第十九次全国代表大会的报告）

24.《中国共产党第十九届中央委员会第三次全体会议公报》（2018 年 2 月 28 日）

25.《中国共产党第十九届中央委员会第四次全体会议公报》（2019 年 10 月 31 日）

26. 中共中央印发《社会主义核心价值观融入法治建设立法修法规划》（2018 年 5 月）

27.《全国人民代表大会常务委员会关于授权国务院在粤港澳大湾区内地九市开展香港法律执业者和澳门执业律师取得内地执业资质和从事律师职业试点工作的决定》（2020 年 8 月 11 日）

28. 司法部《关于全国律师资格统一考试的通知》（1986 年 4 月 12 日）

29. 司法部《合作制律师事务所试点方案》（1988 年 6 月 3 日）

30. 司法部《律师十要十不准》（1990 年 11 月 12 日）

31. 司法部《律师惩戒规则》（1992 年）

32. 司法部《关于律师工作进一步改革的意见》（1992 年 8 月 4 日）

33. 司法部《关于律师改革的方案》（1993 年 12 月 26 日）

34.《律师职业道德和执业纪律规范》（司法部 1993 年 12 月 27 日）

35. 司法部关于印发国务院批复通知和《司法部关于深化律师工作改革的方案》的通知（司发〔1994〕003 号）（1994 年 1 月 18 日）

36. 司法部《关于严格执行〈律师法〉进一步加强律师队伍建设的决定》（1996 年 9 月 26 日）

37.《司法行政机关行政处罚程序规定》（1997 年 2 月 13 日司法部令第 51 号）

38. 司法部《关于建立健全律师执业社会监督制度的通知》（1999 年 9 月 16 日）

39. 司法部《关于开展律师职业道德和执业纪律教育评查活动的通知》（2001 年 8 月）

40. 《关于进一步加强律师监督和惩戒工作的意见》（2004 年 3 月 19 日）

41. 《关于进一步加强法律服务工作者违法违纪投诉查处工作的意见》（2006 年 5 月 9 日）

42. 《律师事务所从事证券法律业务管理办法》（2007 年 3 月 9 日）

43. 《律师执业管理办法》（2008 年 7 月 18 日司法部令第 112 号）

44. 《律师事务所管理办法》（2008 年 7 月 18 日）

45. 《律师和律师事务所违法行为处罚办法》（2010 年 4 月 8 日）

46. 《律师事务所年度检查考核办法》（2010 年 4 月 8 日司法部发布）

47. 司法部《关于开展"发扬传统、坚定信念、执法为民"主题教育实践活动的实施方案》（2011 年 3 月）

48. 《律师事务所管理办法》（2012 年 11 月 30 日）

49. 中共中央办公厅印发《关于培育和践行社会主义核心价值观的意见》（2013 年 12 月 23 日）

50. 《境外投资管理办法》（商务部令 2014 年第 3 号）

51. 司法部《关于进一步加强律师职业道德建设的意见》（2014 年 6 月 4 日司法部印发）

52. 中共中央政法委员会《关于建立律师参与化解和代理涉法涉诉信访案件制度的意见（试行）》（2015 年 6 月 8 日）

53. 《国家外汇管理局关于进一步简化和改进直接投资外汇管理政策的通知》（2015 年）

54. 《关于依法保障律师执业权利的规定》（2015 年 9 月 16 日）

55. 《法治政府建设实施纲要（2021—2025 年）》（2015 年 12 月）

56. 中共中央办公厅、国务院办公厅《关于深化律师制度改革的意见》（2016 年 4 月 6 日）

57. 中共中央办公厅、国务院办公厅印发《关于推行法律顾问制度和公职律师公司律师制度的意见》（2016 年 6 月 16 日）

58. 《律师事务所管理办法》（2016 年 9 月 6 日）

59. 《律师执业管理办法》（2016 年 9 月 18 日司法部令第 134 号）

60. 司法部《关于进一步加强律师协会建设的意见》（2016 年 11 月 29 日）

61. 中共中央办公厅、国务院办公厅印发《关于进一步把社会主义核心价值观融入法治建设的指导意见》（2016 年 12 月）

62. 司法部《律师行业领军人才培养规划（2016—2020 年)》（2016 年）

63. 《关于发展涉外法律服务业的意见》（2017 年 1 月 8 日）

64. 《关于建立律师专业水平评价体系和评定机制的试点方案》（2017 年 3 月 30 日）

65. 《关于建立健全维护律师执业权利快速联动处置机制的通知》（2017 年 4 月 14 日）

66. 《关于依法保障律师诉讼权利和规范律师参与庭审活动的通知》（2018 年 4 月 21 日）

67. 《关于建立健全律师维权惩戒工作责任制的意见》（2018 年 7 月 30 日）

68. 《律师事务所管理办法》（2018 年 12 月 5 日）

69. 司法部关于印发《公职律师管理办法》《公司律师管理办法》的通知（2018 年 12 月 13 日司发通〔2018〕131 号）

70. 司法部《关于扩大律师专业水平评价体系和评定机制试点的通知》（2019 年 3 月 14 日）

71. 国务院办公厅印发《香港法律执业者和澳门执业律师在粤港澳大湾区内地九市取得内地执业资质和从事律师职业试点办法》（2020 年 10 月 5 日）

72. 司法部、最高人民法院印发《关于为律师提供一站式诉讼服务的意见》（2020 年 12 月）

73. 《法治社会建设实施纲要（2020—2025 年)》（2020 年 12 月）

74. 《法治中国建设规划（2020—2025 年)》（2021 年 1 月）

75. 司法部印发《全国公共法律服务体系建设规划（2021—2025 年)》（2021 年 12 月 30 日）

76. 中华全国律师协会《中华全国律师协会章程》

77. 中华全国律师协会《律师执业行为规范（试行)》

78. 中华全国律师协会《律师职业道德和执业纪律规范》

79. 《律师协会会员违规行为处分规则（试行)》

80. 《律师业务推广行为规则（试行)》（2018 年 1 月）

81. 中华全国律师协会《律师出庭服装使用管理办法》

82. 《关于在律师行业中开展"发扬传统坚定信念执业（法）为民"

主题教育实践活动的实施意见》（2011 年 4 月 7 日全国律协发布）

83. 中共全国律师行业委员会印发《律师事务所党组织工作规则（试行）》（2018 年 8 月 30 日）

84. 中华全国律师协会发布《申请律师执业人员实习管理规则》（2021 年 3 月 26 日）

85. 中华全国律师协会发布《关于禁止违规炒作案件的规则（试行）》（2021 年 10 月 15 日）

86. 中共全国律师行业委员会印发《律师事务所党组织参与决策管理工作指引（试行）》（2021 年 10 月 15 日）

87. 《律师协会维护律师执业权利规则（试行）》

88. 《维护律师执业权利中心工作规则》

89. 《投诉受理查处中心工作规则》

## 二、著作

1. 范毅：《创新驱动县乡财政转型对接研究》，知识产权出版社 2019 年版。

2. 杨强：《机制的力量：律师事务所管理模式与实践》，中国法制出版社 2022 年版。

3. 蒋利、陈小英：《律师执业风险与合规管理》，中国法制出版社 2019 年版。

4. 朱景文：《现代西方法社会学》，法律出版社 1994 年版。

5. 中国社会科学院语言研究所词典编辑室：《现代汉语词典》（第 7 版），商务印书馆 2016 年版。

6. ［美］E. 博登海默：《法理学——法律哲学与法律方法》，邓正来译，中国政法大学出版社 1999 年版。

7. 张耕：《中国律师制度发展的里程碑》，法律出版社 1997 年版。

8. 范道津、陈伟珂：《风险管理理论与工具》，天津大学出版社 2010 年版。

9. 段开龄：《风险及保险理论之研讨——向传统的智慧挑战》，南开大学出版社 1996 年版。

10. 张继昕：《企业法律风险管理的理论与实践》，法律出版社 2012

年版。

11. ［波兰］玛格丽特·克尔：《法律职业伦理：原理、案例与教学》，许身健译，北京大学出版社 2021 年版。

12. 季卫东：《法治秩序的建构》，中国政法大学出版社 1999 年版。

13. 谭世贵：《律师法学》，法律出版社 2005 年版。

14. 马西尼：《现代汉语词汇的形成——十九世纪汉语外来词研究》，黄河清译，汉语大词典出版社 1997 年版。

15. 黄宗智：《法典、习俗与司法实践：清代与民国的比较》，上海书店出版社 2003 年版。

16. 辞海编辑委员会：《辞海》，上海辞书出版社 1999 年版。

17. 蔡定剑：《历史与变革：新中国法制建设的历程》，中国政法大学出版社 1999 年版。

18. 陶髦、宋英辉、肖胜喜：《律师制度比较研究》，中国政法大学出版社 1995 年版。

19. 刘思达：《割据的逻辑——中国法律服务市场的生态分析》（增订本），译林出版社 2017 年版。

20. 薛波：《元照英美法词典》，法律出版社 2003 年版。

21. 广东、广西、湖南、河南词源修订组；商务印书馆编辑部：《词源》，商务印书馆 2015 年版。

22. 黄建中：《比较伦理学》，山东人民出版社 1998 年版。

23. 中国社会科学院语言研究词典编辑室：《现代汉语小词典》，商务印书馆 1980 年版。

24. 王先谦：《荀子集解》，上海书店出版社 1986 年版。

25. 苗力田：《亚里士多德全集》（第 8 卷），中国人民大学出版社 1994 年版。

26. 马克思、恩格斯：《马克思恩格斯全集》（第 1 卷），人民出版社 1995 年版。

27. 廖申白：《伦理学概论》，北京师范大学出版社 2009 年版。

28. 李德顺：《价值论：一种主体性的研究》，中国人民大学出版社 2013 年版。

29. 张志铭、于浩：《转型中国的法治化治理》，法律出版社 2018 年版。

30. 王进喜：《律师管理体制比较研究》，中国法制出版社 2021 年版。

31. 李本森：《法律职业伦理》，北京大学出版社 2016 年版。

32. 美国律师协会：《面向新世纪的律师规制：惩戒执行评估委员会报告》，王进喜译，中国法制出版社 2016 年版。

33. 〔美〕德博·L. 罗德：《为了司法正义：法律职业改革》，张群等译，中国政法大学出版社 2009 年版。

34. 马克思、恩格斯：《马克思恩格斯全集》（第 6 卷），人民出版社 1965 年版。

35. 陈瑞华：《刑事诉讼的中国模式》，法律出版社 2008 年版。

36. 王丽：《律师刑事责任比较研究》，法律出版社 2002 年版。

37. 陈光中：《〈中华人民共和国刑事诉讼法〉修改条文释义与点评》，人民法院出版社 2012 年版。

38. 蒋琪：《顺势而为："蒋"述 10 年德和衡》，法律出版社 2021 年版。

## 三、文章

1. 期刊评论员：《用科学思想指导新时代律师事业改革发展》，载《中国律师》2019 年第 9 期。

2. 蔡长春、张晨：《深入学习贯彻习近平法治思想 奋力谱写律师事业发展新篇章——党的十八大以来我国律师事业发展综述》，载《法治日报》2021 年 10 月 11 日。

3. 陈卫东、孟婕：《40 年后再启程：改革奋进中的中国律师制度》，载《中国司法》2019 年第 11 期（总第 239 期）。

4. 李公田：《砥砺前行四十载，心怀梦想再出发》，载《中国律所访谈：四十周年纪念版（上、下册）》，法律出版社 2020 年版。

5. 司法部原副部长熊选国 2017 年 1 月 9 日在学习贯彻司法部《关于进一步加强律师协会建设的意见》座谈会上的讲话，载《中国律师》2017 年第 2 期。

6. 李弈：《社会治理法治化进程中律师的角色和功能研究》，吉林大学博士学位论文。

7. 习近平 2015 年 10 月 29 日在党的十八届五中全会第二次全体会议上的讲话（节选），载《求是》2016 年第 1 期。

8. 黄文艺:《法律职业特征解析》,载《法制与社会发展》2003 年第 3 期。

9. 王进喜:《中国律师法的演进及其未来》,载《西部法学评论》2008 年第 4 期。

10. 宋世杰、伍浩鹏:《律师整体独立论》,载《河北法学》2006 年第 1 期。

11. 朱最新:《粤港澳大湾区法律服务集聚发展研究》,载《特区实践与理论》2022 年第 1 期。

12. 王进喜:《律师事务所管理评价体系研究报告》,载《中国司法》2007 年第 8 期。

13. 王隽:《论合伙律师事务所的规范化管理——北京市律师协会关于本市律师事务所管理现状的初步调研分析》,载《中国律师》2009 年第 2 期。

14. 崔月琴、张冠:《转型社会的组织基础再造——以律师事务所为例》,载《学术研究》2013 年第 8 期。

15. 林昌炽:《对中小律所发展的思索》,载《中国律师》2018 年第 8 期。

16. 金鹰:《中小律师事务所发展现状及案例剖析》,载《法治研究》2011 年第 3 期。

17. 董冬冬:《"新四化"建设助力律所战略升级》,载《中国律师》2019 年第 9 期。

18. 武苑:《从中伦看涉外商业律师在法律服务市场中的角色》,转引自赵耀:《"一带一路"法律服务布局的难点与创新》,载《法制与社会》2016 年 12 月(上)。

19. 智合研究院:《中国律所四十年:萌芽、崛起、浪潮与蜕变》,载《中国律师》2019 年第 6 期。

20. 刘桂明:《中国律师四十年,谁是见证者?》,载《中国律所访谈:四十周年纪念版(上、下册)》,法律出版社 2020 年版。

21. 温晓燕:《律师执业环境的内涵、分类和评价标准》,载《焦作大学学报》2019 年第 1 期。

22. 韩长印、郑丹妮:《我国律师责任险的现状与出路》,载《法学》2014 年第 12 期。

23. 郭松、杜宇:《律师执业风险及其控制》,载《中南民族大学学报(人文社会科学版)》2018 年第 2 期。

24. 刘思达：《职业自主性与国家干预——西方职业社会学研究述评》，载《社会学研究》2006 年第 1 期。

25. 汤向玲：《职业资格与执业资格——两种资格的历史变迁与概念辨析》，载《高等职业教育——天津职业大学学报》第 15 卷第 1 期。

26. 张毅凯：《论律师行业竞争的法律规制》，浙江财经大学硕士学位论文。

27. 李本森：《我国律师职业化进程和发展策略》，载《中国律师》2000 年第 5 期。

28. 新则：《全国各省市律师发展规划及政策分析报告》，载《新则》公众号 2022 年 7 月 29 日。

29. 韩旭：《辩护律师核实证据问题研究》，载《法学家》2016 年第 2 期。

30. 崔明逊：《规制内涵探讨：从概念到观念》，载《人民论坛》2013 年第 26 期。

31. 孟建柱同志 2015 年 8 月 20 日在全国律师工作会议上的讲话，载《人民司法》2015 年第 10 期。

32. 段传龙：《新时代法治信仰的内涵与实况评估》，载《人民论坛》2021 年第 5 期。

33. 上官莉娜、戴激涛：《论宪法信仰的价值及树立》，载《武汉大学学报（哲学社会科学版）》2004 年第 6 期。

34. 孙登科：《论法治信仰的生成逻辑》，载《法治现代化研究》2018 年第 4 期。

35. 季金华：《法治信仰的意义阐释》，载《金陵法律评论》2015 年春季卷。

36. 尧新瑜：《"伦理"与"道德"概念的三重比较含义》，载《伦理学研究》2006 年第 4 期。

37. 李建华：《伦理与道德的互释及其侧向》，载《武汉大学学报（哲学社会科学版）》2020 年第 3 期。

38. 何启刚：《中国特色社会主义基本价值观念研究》，中共中央党校博士学位论文。

39. 韩东屏：《价值观念本体论》，载《中原文化研究》2015 年第 6 期。

40. 刘义兰：《医院安全文化与护理相关病人安全事件的研究》，载《华中科技大学学报》2008 年第 7 期。

41. 吴冰：《论文化在建设社会主义新农村中的功能》，载《辽宁行政学院学报》2010 年第 4 期。

42. 张喆：《我国公民文化素养研究》，齐鲁工业大学硕士学士论文。

43. 张立兴：《关于人生境界的思考》，载《华夏文明》2020 年第 5 期。

44. 林爱清：《提高人生境界构建和谐社会——有感于张世英先生境界说》，载《重庆工学院学报（社会科学版）》2007 年第 6 期。

45. 炽亚：《国际法律学家会议发表德里宣言》，载《现代外国哲学社会科学文献》1959 年第 5 期。

46. 肖扬：《律师工作改革的重大突破：全国司法厅（局）长座谈纪要》，载《中国律师》1993 年第 8 期。

47. 吴洪淇：《从纪律到规则：律师行业规范的演进逻辑》，载《法治研究》2009 年第 3 期。

48. 朱敏敏：《我国律师惩戒制度回顾与发展趋势探析》，载《公安学刊（浙江警察学院学报）》2017 年第 2 期。

49. 朱德堂：《新时代律师惩戒体系与行业惩戒的完善》，载《中国司法》2018 年第 7 期。

50. 曹扬文、宫照军、张玮：《中国特色律师行业惩戒模式研究——"两结合"管理体制下完善律师行业惩戒制度的思考》，载《中国司法》2019 年第 11 期（总第 239 期）。

51. 王进喜：《论〈律师法〉修改的背景、原则和进路》，载《中国司法》2017 年第 11 期。

52. 谭九生：《职业协会惩戒权边界之界定》，载《法学评论》2011 年第 4 期。

53. 王进喜：《论律师事业改革发展与行业党建》，载《中国司法》2021 年第 9 期。

54. 赵大程：《切实肩负起律师事业生力军的职责使命努力在服务"四个全面"战略布局中建功立业》，载《法制日报》2015 年 5 月 4 日第 2 版。

55. 代长春：《依法治国与律师使命》，载《法治博览》2017 年第 9 期（上）。

56. 刘培培：《新时代律师职业伦理的法治化构建》，载《中国律师》2020 年第 9 期。

57. 中共重庆市委统战部、重庆市律师协会、西南政法大学党委统战部联合课题组：《新形势下律师队伍思想状况及对策研究》，载《重庆社会主义学院学报》2016 年第 2 期。

58. 张文显：《社会主义核心价值观与法治建设》，载《中国人大》2019 年第 10 期。

59. 王梦：《社会发展对人核心素养的基本诉求》，载《课程教育研究》2015 年 9 月。

60. 宋占文：《当代中国律师文化》，载《中国律师》2007 年第 8 期。

61. 《律师事务所的文化建设》，载 https：//china. findlaw. cn/info/find-lawyer/lawyers/1912. html。

62. 郝永刚：《人生境界论》，复旦大学博士学位论文。

63. 单连春：《人生境界论》，东北师范大学博士学位论文。

64. 张琪娟：《加强新时代律师队伍理想信念教育》，载《中国律师》2020 年第 11 期。

65. 薛济民：《坚守中国特色社会主义法治工作者定位　做党和人民满意的好律师》，载《中国律师》2022 年第 5 期。

66. 蔡长春、张晨：《深入学习贯彻习近平法治思想　奋力谱写律师事业发展新篇章——党的十八大以来我国律师事业发展综述》，载《法治日报》2021 年 10 月 11 日。

67. 林鹏：《论我国法治信仰的缺失与建构》，载《法治与社会》2018 年第 9 期（下）。

68. 吴洪淇：律师职业伦理的评价样态与规制路径——基于全国范围问卷调查数据的分析，载《政法论坛》2018 年第 2 期。

69. 刘庆丰：《近十年国内社会价值观研究的现状与展望》，载《探索》2011 年第 5 期。

70. 束燕铭：《论社会价值观念的作用》，载《明日风尚》2017 年第 4 期。

71. 骆轩：《挑战与机遇并存发展与荣光并进——2019 年北京律师行业十大亮点工作》，载《中国律师》2020 年第 2 期。

72. 郝永刚：《研究人生境界的当代意义》，载《理论界》2013 年第 4 期（总第 476 期）。

73. 燕子：《连线律师行业十九大代表薛济民》，载《中国律师》2017 年第 11 期。

74. 张晨、宋安勇：《"举旗""亮剑"彰显"严管""厚爱"——切实做好律师维权惩戒工作》，载《中国律师》2021 年第 11 期。

75. 赵继成：《律师"伪证"为何频现：访中国社科院法学所研究员刘仁文》，载《法制资讯》2010 年第 2 期。

76. 曹力：《规制虚假民事诉讼的路径》，载《法制博览》2019 年 2 月（上）。

77. 徐世祯：《律所规模化"刹车"多个律所联盟宣布解散》，载《21 世纪经济报道》2021 年 11 月 30 日。

78. 帅勇：《全国律所大整改：一个浮夸的法律市场到底会忽悠谁》，载 https：//www. aisoutu. com/a/813371。

79. 李彬：《公司并购中的中介治理效应——基于风险过滤视角的实证分析》，载《兰州学刊》2015 年第 8 期。

80. 唐军：《企业并购中的法律风险防范及应对策略》，载《综合管理》2009 年第 5 期。

# 后　记

经过近两年的酝酿和思考，又经过近一年的撰写与修改，《律师执业风险管控研究》一书，终于由中国民主法制出版社出版发行。

值本书出版之际，我首先要感谢的是中国民主法制出版社《法治时代》杂志执行总编辑、法宣在线总编辑、桂客学院院长刘桂明先生。他不但为本书的出版予以全力支持和帮助，还在百忙之中热情为本书作序。其人格魅力与学术品德，皆当学界楷模。

感谢我的大哥蒋祖顺。他以七十多岁的古稀多病之躯，应邀担任本书的第一读者、第一审稿人、第一编辑和第一校对。没有他的精心指导，我的这部学步之作，不可能以现有的面目呈现在读者面前。

感谢我的夫人杨红。为了我的事业和工作，包括撰写这部著作，她默默地承担了所有的家庭琐事，且从无怨言。

感谢湖南农业大学商学院刘文丽教授。她对本书写作的鼓励、支持和帮助，使我受益匪浅。

感谢湖南省律师协会相关领导和湖南人和人律师事务所及江帆主任、湖南海川律师事务所刘立新主任、湖南云天律师事务所粟宝珍主任的关心、支持和鼓励，使我在撰写本书碰到困难时，具有足够的信心。

感谢中国民主法制出版社和翟琰萍、甄亚平两位编辑的辛勤劳动。我对她们认真负责的工作态度和严谨细致的职业精神表达由衷的谢意。

由于水平所限，本书的疏漏和不足在所难免。诚望各位律师同行和专家学者不吝赐教。

蒋登科

2022 年 9 月于长沙